KB146211

아르센 벵거 자서전

My Life in Red and White

MA VIE EN ROUGE ET BLANC

Copyright © 2020 by Editions Jean-Claude Lattès
Korean-language edition copyright © 2021 by Hans Media
Published by agreement with Editions Jean-Claude Lattès and Danny Hong Agency

이 책의 한국어판 저작권은 대니홍 에이전시를 통한 저작권사와의 독점 계약으로 한즈미디어(주)에 있습니다.
저작권법에 의해 한국 내에서 보호를 받는 저작물이므로 무단 전재와 복제를 금합니다.

Arsène
WENGER
아르센 벵거 자서전
My Life in Red and White

아르센 벵거 지음 | 이성모 옮김

한스미디어

L'ÉQUIPE
magazine

+

EPAREZ L'ÉTÉ
ES STAGES
E FOOT
U BANC
ESSAI

WENGER
ARSÈNE
AVANT
ARSENAL

« L'Équipe Mag » retrace en trois épisodes
l'histoire de celui qui n'a pas toujours été
le très respecté manager d'Arsenal.
Premier volet : son enfance et sa carrière de joueur.

'아스널 이전의 아르센'
나의 어린 시절과 선수 시절에 대해 다룬 르퀴프의 표지. © L'Équipe

나의 부모님. 루이스, 알퐁스.
나의 아버지.

나의 부모님, 형, 누나와 함께

두틀레나임에서 열린 결혼식에서.
내 앞은 사촌 마르탱.

두틀레나임에서 내가 뛰었던 첫 번째 팀.
제일 왼쪽에 코트를 입고 있는 사람이 아버지. 나는 뒷줄 오른쪽에서 네 번째.

1976년, 보반 선수 시절.
나는 뒷줄 왼쪽에서 네 번째.

내가 선수와 코치로 활약한 스트라스부르 아카데미 시절.
뒷줄 맨 오른쪽이 나.

프랑스컵 보반과 니스 경기.
나의 상대는 로저 주브.

UN ATOUT DE TAILLE DANS LE JEU DU FCM

ARSENE WENGER,
《UN GRAND BLOND AVEC...》

En annonçant, hier, que le FCM était en passe d'obtenir
la signature d'un grand «espoir» du football alsacien, c'est bien
à Arsène Wenger que nous faisions allusion. Mais, pour ne pas
gêner les tractations, nous ne pouvions citer de nom.
A présent, la mutation est réglée et Arsène Wenger, 23
ans (il est né 22-10-49 à Strasbourg) passe de l'AS Mutzig

라싱 스트라스부르 클럽에서.

모나코 감독이 된 후 영입된 선수들과 함께.
마크 헤이틀리, 글렌 호들, 레미 보겔, 파브리스 메헤 그리고 패트릭 바티스통(왼쪽부터 오른쪽으로).

훗날 발롱도르 수상자이자 라이베리아 대통령이 되는 조지 웨아와 함께.

1991년, 마르세유를 꺾고
프랑스컵 우승을 차지한 모나코.

MONACO :
LE CASSE-TÊTE
DE WENGER

"모나코 : 벵거의 고뇌"

프랑스컵 우승 멤버들과 함께.
왼쪽 위부터 하몽 디아스, 로저 멘디, 에마뉘엘 프티, 클로드 퓌엘, 프랑크 사우제, 장 루크 에토리.
아랫줄 왼쪽부터 헤랄드 파시, 유리 조카에프, 조지 웨아, 루크 소뇌르, 루이 바로스.

우승 기념 연회장에서 모나코의 라이니에르, 알베르 공과 함께.

모나코 감독 시절 내가 사용했던 경기 전, 경기 후 식단.

REGLES DE DIETETIQUE

Important : 1) - Eviter de boire en mangeant - un verre de vin à la
fin des principaux repas suffit - boire entre les
repas et au moins une 1/2 h avant de manger.

2) - Eviter l'absorption en même temps de légumes verts
et de pommes de terre.

3) - Eviter le café au lait ou le thé au lait : indigest(

RATION-TYPE EN PERIODE D'ENTRAINEMENT

Petit déjeuner (entre 7 h et 8 h) (café noir au réveil)	Céréales au lait sucré Pain grillé - confiture - beurre Jus de fr uit ou Fruit
Déjeuner entre 12 h et 13 h.	Crudité ou légume cuit assaisonné (citron-huile) Viande ou Poisson ou Foie 1 féculent ou 1 légume vert 1 fromage 1 fruit ou compote
Goûter 17 h	Thé ou café léger ou lait Biscottes ou Biscuits secs
Diner 19 à 20 h	Potage aux légumes passés Viande ou Poisson ou 2 oeufs au jambon 1 légume vert ou 1 féculent (suivant le menu de midi) 1 salade ou 1 fruit 1 entremets au lait ou 1 yaourt

----

Quantités à prendre chaque jour

Pain : 300 gr - P.d.t. : 400 gr

Céréales : 30 gr - Sucre : 50 gr - Confi-
ture : 50 gr

Viande : 250 à 300 gr - Lait : 0 l 400

Fromage : 60 gr - Beurre : 30 gr - Oeuf :
1/2

Légume vert : 500 gr - Fruit : 150 gr

Agrumes : 150 gr

Au moins : 1 repas par semaine prendre du foie

- à la place de la viande

2 à 3 repas par semaine prendre du poisson.

LA VEILLE DU MATCH

- repas habituels mais remplacer de préférence la viande par du foie
  de veau et éviter les féculents ainsi que les boissons alcoolisées.

APRES LE MATCH

- <u>Boire</u> : 300 gr d'eau de Vichy contenant 1 gr de sel
- <u>Eviter</u> : toute boisson alcoolisée ou riche en gaz carbonique
- <u>Prendre</u> : 1/2 heure avant le diner 1/2 1 d'eau d'Evian

- <u>Au diner</u> :
  - 1 bouillon de légumes salé
  - 1 plat de pâtes ou de riz ou de P.d.t. avec 15 gr de
    beurre frais
  - 1 salade verte à l'huile ou au citron avec 1 oeuf
    dur
  - 1 ou 2 tranches de pain (hypazoté) ou biscottes
  - 1 ou 2 fruits mûrs
  - 1 verre de bordeaux

LE LENDEMAIN

- <u>Petit déjeuner</u> : - 1 gr. tasse de café léger ou thé sucré avec
  (10 h)   biscottes
  - 1/4 1. de jus de fruit frais

- <u>Déjeuner</u> : - 1 légume crû - 1 plat de pâtes ou riz servi avec beur-
  re ou fromage râpé
  - 1 salade à l'huile ou au citron - Fruits mûrs ou secs
  - 1 verre de vin
- <u>A 16 h</u> : - 1/4 1 de jus de fruit
- <u>Diner</u> : - Habituel avec viande ou poisson

LE SURLENDEMAIN

- Les 4 repas doivent être copieux - Petit déjeuner habituel, plus
  1 tranche de jambon - Déjeuner habituel, plus gâteu de riz ou de
  semoule - Diner habituel, plus fromage.

- Les autres jours, retour au régime normal.

일본 감독 시절 나의 코치였던 보로 프라이모락, 그리고 우리의 통역사였던 무라카미 고와 함께.

1995년 일본 천황배 우승 후 나고야 그램퍼스 선수들과 함께.
앞줄 왼쪽부터 오른쪽으로, 프랑크 두리, 유스케 사토, 드라얀 스토이코비치, 테츠야 아사노, 테츠야 오카야마, 타카하시 히라노.
내가 있는 뒷줄에는 나와 보로 프라이모락, 타카후이 오구라, 야수야키 모리야마, 그리고 알렉산더 토레스.
© J. League

나의 딸 레아와 함께.

아내 애니, 레아와 함께.

프리미어리그, FA컵 우승을 차지했던 1998년, 아스널 주장 토니 아담스와 함께. © Stuart Macfarlane

프리미어리그, FA컵, 커뮤니티 실드에서 우승을 차지했던 2002년, 주장 패트릭 비에이라와 함께.
© Stuart Macfarlane

아스널 팬들에게 다가가 함께 기뻐하고 있는 모습. © Stuart Macfarlane

경기가 뜻대로 풀리지 않던 어느 겨울 경기 중의 모습. © Stuart Macfarlane

아스널 역사상
최다골 기록 보유자
티에리 앙리와 함께.
© Stuart Macfarlane

아스널의 최연소 선수이자
이후 주장이 되는
세스크 파브레가스와 함께.
© Stuart Macfarlane

"5년 만에 런던 클럽 아스널을 유럽 축구계 정상에 올려놓은 아르센 벵거" 르퀴프의 2001년 4월호 기사.
© L'Équipe

"따라야 할 예를 제시하다"(1999년 2월 24일 르퀴프 기사). 나는 불공평한 방법으로 FA컵에서 셰필드 유나이티드에 승리하고 싶지 않아서 직접 재경기를 제안했다. © L'Équipe

감독석에서 선수들과 함께.

아스널 회장 피터 힐우드, 아스널에서 오래 일한 켄 프라이어 이사, 영국 엘리자베스 2세 여왕과 함께.

에미레이트 구장 건축 현장의 모습(위)과 완공된 구장의 모습(아래). © Stuart Macfarlane

2014년 컵 결승전, 헐 시티를 상대로 웸블리 구장에서 3-2로 승리하며 우승한 후의 모습. 바카리 사냐, 올리비에 지루, 페어 메르테자커, 토마스 베르마엘렌, 매튜 플라미니, 미켈 아르테타 등과 함께. 아르테타는 훗날 아스널의 감독이 됐다. © Stuart Macfarlane

2017년, 첼시와의 결승전에서 2-1로 승리한 후의 모습. © Stuart Macfarlane

나의 마지막 홈 경기. 2018년 5월 6일 번리 전(아스널의 5-0 승리). © Stuart Macfarlane

팬들에게 작별인사를 고하는 순간. © Stuart Macfarlane

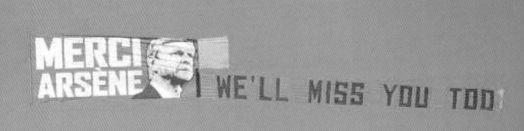

"고마워요 아르센, 당신이 그리울 겁니다." © Stuart Macfarlane

CONTENTS

프롤로그 · 32

1. 축구를 꿈꾸던 소년 · 41

2. 축구 선수였던 청년 · 57

3. 칸, 낭시. 감독으로서 맡은 첫 팀들 · 73

4. 모나코 · 95

5. 일본 · 123

6. 나의 집, 아스널에서의 삶 · 141

7. 무패 우승 · 187

8. 하이버리를 떠나 에미레이트를 짓다 · 205

9. 아스널에서의 나의 삶과 새로운 시대 · 217

10. 아스널 이후의 삶 · 251

에필로그 · 266

옮긴이의 말 · 269

커리어 기록 · 275

"모든 위대함은 드문 만큼이나 달성하기 어렵다."

- 〈에티카〉 중에서, 스피노자

"내면에 보유하고 있으나 인지하지 못하고 있는
위대함을 발견하게 하는 것."

- 〈템테이션 오브 더 웨스트〉 중에서, 앙드레 말로

프롤로그

2018년 5월 13일, 나는 아스널을 떠났다.

그 클럽은 22년간 내 인생의 전부였다. 아스널에 내가 가진 열정을 아낌없이 쏟아부었고, 그 덕분에 내가 원했던 감독의 삶을 살 수 있었다. 감독으로서 선수들의 삶에 영향을 주었고, 클럽에 확고한 플레이 스타일을 심었으며 잊지 못할 위대한 성과를 만들었다. 아스널에서 나는 요즘 감독들은 갖지 못하는 자유와 권한을 누렸다.

놀랍고 강렬했던 그 모든 잊지 못할 22년을 뒤로하고 아스널을 떠나는 것은 참으로 힘든 일이었다. 아스널은 여전히 내 삶의 일부다. 이제 아스널은 다른 이들이 이끌고 있지만 지금도 나는 아스널에 대해 이야기할 때마다 '나의 클럽'이라고 말한다. 그리고 여전히 클럽과 서포터, 선수, 코치들에게도 이전과 같은 열정을 갖고 있다. 나에게 중요한 것은 축구 경기와 사람들, 그리고 축구가 축구를 사랑하는 사람들과 축구를 위해 모든 것을 던지는 이들을 위해 안겨 주는 영광의 순간들이다.

지금도 내 안에는 아름다운 승리의 기억들과 함께 수년이 지난 지금까지도 그 경기를 다시 보기조차 꺼려지는 패배의 순간들이 공존

하고 있다. 그때 우리는 무엇을 잘못했던 걸까? 어떻게 하는 게 좋았을까? 도대체 무슨 일이 벌어진 걸까? 나의 삶 전체는 그 아름다운 승리와 좌절을 안겨 준 패배 사이를 끝없이 오갔다고 할 수 있다.

나는 축구 자체에 온 열정을 바쳤고 그 열정은 단 한순간도 사그라든 적이 없다.

아스널에 처음 도착했을 때, 잉글랜드인들은 내가 누군지조차 몰랐다. 사람들은 "아르센이 대체 누구야?(Arsène who?)"라는 질문을 끝없이 해 댔다. 나는 그들의 그런 반응을 이해할 수 있었다. 당시 나는 잉글랜드 축구 역사상 겨우 네 번째로 1부 리그 팀을 맡은 외국인 감독이었다. 내 앞의 세 감독들도 힘든 시간을 보냈다. 잉글랜드인들은 프랑스인들이 와인을 완성한 것처럼 그들만의 축구에 대한 확고한 철학을 갖고 있다. 프랑스인들도 잉글랜드인들에게 와인을 마시러 보르도에 오라고 하지 않는다. 22년 동안 나는 경기에서 이기기 위해 진심을 다해 노력했다. 아스널에 오기 전에도 축구에 존재하는 실망과 좌절, 분노, 이별 그리고 뛰어난 선수들에 대해 이미 알고 있었지만 아스널처럼 내 삶의 일부가 된 클럽은 없었다.

아스널은 나를 크게 변화시켰고 아스널도 나와 함께 변했으며 축구도 우리와 함께 변했다. 나의 축구 스타일과 내가 가진 열정을 축구를 통해 구현한 방식, 내가 감독으로서 누렸던 권한과 장기 재임기간 등은 오늘날의 축구계에서는 이미 사라져 찾아보기 힘들어졌다. 최근 프랑스 축구 지역 리그에서 1부 리그까지 두루 살펴보면 14세까지 축구팀 소속으로 뛰지 않은 선수가 프로 선수가 되거나, 19세까지 선수가 되지 못한 사람이 감독이 되는 것은 어렵다는 것을 알 수 있다. 또 아스널이 나에게 부여했던 클럽 관리나 선수 영입에 대한 전적인 권한을 갖고 있는 감독도 찾아보기 힘들다. 그것은 분명 나에게 행운이었지만, 나 역시 그를 위해 희생이 필요했다.

최근 축구계는 아주 크게 달라지고 있다. 그중에는 특히 의미 있는 변화들도 있다. 해외 구단주의 증가, 소셜미디어의 등장과 그 영향, 그것이 선수들과 감독들에게 주는 엄청난 압박감, 그로 인해 그 어느 때보다 높아진 기대와 부담 등이 그것이다. 축구 경기 그 자체도 경기 전과 후의 양상이 모두 달라졌다. 좀 다르게 말하면 훨씬 더 분석적이 됐다. 그러나 그 와중에도 결코 변하지 않은 한 가지가 있다. 그것은 경기가 진행되는 90분 동안 가장 중요한 요소는 바로 선수라는 사실이다. 경기 중에는 선수들이 곧 왕이다.

유럽 축구는 이제 예전처럼 세 개의 거대한 클럽(레알 마드리드, 바르셀로나, 바이에른 뮌헨 – 옮긴이)이 지배하지 않는다. 다른 팀의 수준이 모두 크게 향상됐기 때문이다.

각 팀의 분석가들은 하프타임에 매우 중요한 역할을 하고 있다. 선수들에게 경기를 더 잘 이해할 수 있도록 도움을 주는 것이 대표적인 예다. 이런 일은 과거에는 오직 감독만 할 수 있는 역할이었다. 그럼에도 여전히 결정을 내리는 것은 감독의 몫이다.

물론 축구를 과학적으로 분석하는 것도 중요하지만, 그러한 분석은 축구에 대한 깊은 이해와 함께 이뤄져야 한다. 최근 한 연구에서는 지나친 데이터 분석으로 인해 오히려 선수들의 사기가 꺾이는 측면도 있다는 것이 밝혀졌다. 이는 곧 선수들이 그러한 절차에 대해 확신을 갖지 못하고 있다는 사실을 방증한다.

감독들은 과거처럼 모든 결정을 자신의 판단에 따라 내리지 못하게 됐지만 동시에 팀의 결과에 대해 전보다 더 큰 책임을 지게 됐다. 감독에 대한 평가는 지나치게 극단화되고 있다. 오직 '위대한 감독'과 '쓰레기'만이 존재한다.

감독들은 이런 현실을 제대로 자각하지 못한 채 변화에 내몰리고 있다. 그렇더라도 자신의 신념을 잃어서는 안 된다. 이제 나에게는 모든 것이 더 분명히 보인다. 감독들에 대한 불합리한 공격과 과장된 반응, 그로 인한 감독들의 외로움이 말이다. 나는 매일 〈레퀴프 L'Équipe (프랑스의 유력 스포츠지 – 옮긴이)〉를 읽고 하루에 2~3개의 경기를 보고 있다. 그를 통해 어떤 말들이 오가는지, 어떤 일이 발생하는지 그리고 축구의 진정성은 과연 무엇인지에 대해 생각하곤 한다. 내가 나의 삶을 통해 열정과 헌신을 다했던 그때 그 모습을 떠올리면서 말이다.

이러한 변화를 보고 겪으면서 나는 늘 감독이라는 존재에 대해 생각해 왔다. 무엇보다도 축구란 무엇이고 어떠해야 하는지에 대해 보다 더 깊은 관심을 가졌다. 축구라는 게임 안에서는 무슨 일이든 일어날 수 있어야 한다. 90분이라는 시간 내에 선수들의 환상적인 움직임과 마법 같은 터치, 선수들의 재능과 용기 그리고 약간의 운이 드러나는 장면 같은 것들이다. 그리고 그 경기를 보는 사람들은 그 안에서 흥분을 느끼고 특별한 기억과 인생의 교훈을 얻을 수 있어야 한다.

축구는 성과를 내야 한다는 커다란 압박감 속에 존재하기 때문에 그 부담을 극복하기 위해서는 다른 각도에서 축구를 바라보는 자세가 필요하다. 또한 축구 클럽에는 전술, 계획, 실행이라는 세 가지 측면이 모두 필요하다.

나는 소년 시절부터 축구를 즐겼다. 아마추어 레벨이었지만 훌륭한 축구를 하는 감독과 선수들이 있었고, 그들은 매번 진지하게 경기에 임했으며 오직 축구에 대해 이야기하는 것만으로도 만족하곤 했다. 그들은 경기를 마친 후 이등 열차를 타고 밤새 이동해 아침에 스트라스부르Strasbourg로 돌아온 후에도 어떤 불만도 없이 곧바로 공장에 나가 일했다. 그리고 다음 경기에서 승리하겠다는 일념으로 힘든 훈련을 이겨 냈다. 그런 생활은 선수들 사이에 평생토록 이어질 연대감을 형성했고, 당시 내가 뛰었던 팀의 코치들 중 일부는 나의 평생 멘토가 되기도 했다. 그들은 열정적인 동시에 현실적이었으며 축구에 대한 사랑을 표현하는 방법을 잘 알고 있었다.

축구는 지금도 많은 사람들에게 행복을 주고 있다. 어떤 레벨에서 축구를 하느냐와 상관없이 행복을 느꼈던 그들처럼 나 역시 어린 시절 축구를 했을 때의 흥분과 행복한 기분을 여전히 기억하고 있다.

축구 경기가 없는 날은 나에게 공허한 날처럼 느껴진다. 나는 지금도 계속 축구를 보면서 배움을 얻고 있고 그런 성찰의 결과물을 통해 선수들에게 더 발전할 수 있는 기회를 주고 싶다. 그러나 지난 몇 달 동안에는 내가 좋아하는 팀의 경기나 재밌을 것 같은 경기를 일부러 보지 않고 딸이나 친구들과 시간을 보냈다. 이런 일은 이전 같았으면 불가능했을 것이다. 나는 지금 교외에서 지내든 런던이나 파리 같은 도시에서 지내든 여유를 즐기며 살고 있다.

35년 동안, 나는 열정에 사로잡힌 스포츠인으로 살았다. 극장이나 공연장에 가지 않았고, 내 주변에 있는 것들을 놓치며 살았다. 반대로 그 기간 동안 나는 단 하나의 경기와 대회도 놓치지 않았을 정도로 엄격하게 정해진 삶을 살았다. 이는 지금도 마찬가지다. 나는 5시 30분에 일어나자마자 운동을 시작하고 내가 지도했던 선수들이 먹었던 것과 똑같은 식사를 하고 있다. 이것이 나의 선택인지 혹은 습관인지 스스로도 헷갈릴 정도다. 그러나 이것이야말로 내가 사는 방식이다. 이런 루틴이 없다면 아마 불행하다고 느낄 것이다. 만약 행복이라는 것이 자신이 사는 방식을 좋아하느냐 아니냐에 달린 문제라면, 나는 지금 행복하다고 말할 수 있다. 지금 이 순간도 마찬가지다.

그 긴 시간 동안 나에게 가장 중요했던 것은 오직 다음 경기와 그 결과였다. 내가 바란 한 가지는 경기에서 승리하는 것이었고 나의 모든 생각과 시간은 오로지 그 하나의 목표를 위해 존재했다. 경기장에 서 있는 순간에만 온전히 그곳에 있었던 것 같다. 그 외의 다른 장소나 사람들과 있을 때는 그곳에 없는 사람처럼 살았다. 그래서 종종 아무것도 보지 못하거나 모든 것을 '레드 & 화이트'의 관점에서 보곤 했다. 낭시, 모나코, 나고야, 아스널. '레드 & 화이트'는 내가 이끌었던 모든 팀의 색깔이다. 나는 삶의 아름다움이나 즐거움 혹은 휴식을 충분히 즐기지 못했다. 휴가를 가고 싶다거나 여가를 즐겁게 보내고 싶다는 생각은 거의 해 본 적이 없다. 밤에 쉬는 시간마저 온통 축구 생각뿐이었다. 다음 경기를 생각하면서 선수들에게 어떤 조언을 해 줄 수 있을지, 몇몇 선수들을 다음 경기에 뛰게 할지, 혹은 쉬게 할지, 그들을 위로해 줘야 할지, 동기부여를 해 줘야 할지 등에 대해 생각했다. 이는 나를 계속 따라다니는 '유령'이나 마찬가지였다.

나는 종종 친구들에게 잔디(나는 아스널 홈구장의 잔디를 깊은 관심을 갖고 관리했고 그것이 경기 결과를 바꿀 수 있다고 경기장 관리인에게 매일 말하곤 했다)가 나의 유일한 약이라고 농담처럼 말하곤 한다. 친구들은 그 말을 듣고 웃었지만 그것은 어느 정도 사실이다. 아스널을 떠난 뒤로 나는 많은 클럽의 오퍼를 거절했다. 그곳에서는 내가 아스널에서 누렸던 만큼의 권한과 영향력을 갖지 못할 것이라 생각했기 때문이다. 그때 FIFA에서 새로운 제안을 했다. 나는 그것이 새로운 도전이자 축구를 위해 새롭게 일할 수 있는 기회라는 생각이 들어 그 제안을 받아들였다. 내가 다시 축구 감독의 천국과 지옥 같은 삶으로 돌아갈 때까지 말이다.

나는 내가 축구에 대해 알고 있는 것과 배운 것들을 축구를 사랑하는 모든 이들과 함께 공유하고 싶다. 특히 아직 축구의 힘과 영향력을 경험하지 못한 사람들에게 어떻게 하면 성공하고 승리할 수 있으며 패배로부터는 무엇을 배울 수 있는지를 공유하고 싶다. 이를 통해 전 세계에 공헌할 수 있는 구조를 만들고 싶다. 세계 어느 곳에서든 재능 있는 선수들이 발견되고 기회를 얻을 수 있도록 만들고 싶다.

이제 예전의 선수들은 나를 따라다니는 '유령'이 아니며, 다음 경기 때문에 악몽에 시달리지도 않는다.

누나가 죽은 뒤로 형 기Guy도 몇 달 전에 세상을 떠났다. 형은 나보다 다섯 살이 많았다. 나보다 먼저 축구를 시작한 형과 함께 나도 처음 축구를 하게 됐다. 우리는 부모님이 운영하시던 식당의 우리 침실과 마을의 거리 그리고 두틀레나임Duttlenheim 축구 클럽에서 축구를 했다. 막내였지만 의지가 강해서 형과 그 친구들과 함께 축구를 할 수 있었다. 이 모든 순간이 쌓이면서 꿈이 시작되었다.

내 모든 가치관이 형성되고, 여전히 고향처럼 느끼는 알자스Alsace에서 보냈던 소년 시절, 오직 알자스 사투리만 들을 수 있었던 그곳에서 나는 꿈을 꾸었다.

그 꿈은 나의 모든 것이 시작된 곳으로 나를 데려가 준다.

1

축구를 꿈꾸던 소년

"축구를 처음 봤을 때의 기억이 선명하다. 우리 팀 경기를 지켜보고 있었는데, 조금 떨어진 곳이었고, 성경책을 손에 꼭 쥔 채 믿음과 열정을 품고 승리를 기원하고 있었다. 다섯 살 혹은 여섯 살 무렵이었던 것 같다. … 몇 년이 지난 후 나는 성경책 대신 축구에서 승리하기 위해 필요한 선수들과 그 방법에 대해 탐구하기 시작했다."

ARSÈNE WENGER

나는 어린 시절부터 무언가에 대한 강한 열망을 갖고 있었다. 정확히 그 대상이 무엇인지 제대로 알지도 못하면서. 그 열망은 내가 자란 알자스(프랑스 동북부 지역으로 지리적으로 독일과 가장 근접한 지방 - 옮긴이) 지방의 두틀레나임 마을에서 시작된 것이 분명하다. 스트라스부르에서 몇 킬로미터 떨어진 곳에 있던 그 마을은 이제 존재하지 않는다. 시간이 지나면서 그 마을의 모든 것이 달라졌기 때문이다. 나는 지금과는 다른 세기에 살았던 다른 시대의 아이였다. 내가 알던 거리와 내가 처음 축구를 했던 곳, 나를 가르쳤던 사람들과 우리 클럽이 경기하던 축구장, 그곳을 지배하던 가치관과 아이를 키우는 방식 등 모든 것이 완전히 달라졌다. 그곳은 농부의 마을이었고 말이 최고의 재산으로 통했으며, 대장장이들이 살던 곳이었다. 하지만 이제 그 마을에는 그런 사람이 남아 있지 않다.

나는 그 섬과도 같았던 세상에서 태어나고 자랐다. 그리고 그곳 사람들과 그곳을 지배하던 가치관으로부터 영향을 받아 오직 축구만 생각하는 사람으로 성장했다. 내가 살던 곳은 육체적인 노력을 아주 중요하게 생각하는 세상이었다.

그 시절 내가 살던 마을은 다른 세상과 차단된 곳이었고, 알자스 지방의 다른 마을들처럼 종교적인 분위기에 지배되고 있었다. 그곳 사람들은 대대로 내려오는 이름을 사용했고, 우리는 어머니의 성인 '메스Metz'로 불렸다. 그곳에서의 생활은 손수건처럼 작은 크기의 공간 안에서 모두 이뤄졌다. 식당과 학교, 교회, 시청, 몇몇 가게들, 그리고 거의 아무도 가지 않는 기차역에서 2킬로미터 정도 떨어진 곳에 축구장이 있었다. 서로를 도우며 살았던 안식처 같은 그 마을에서 떠나려는 사람은 아무도 없었다. 마을 주변에는 주말이나 방학 동안 많은 시간을 보냈던 들판이 있었다. 나는 그곳에서 조부모님과 부모님 그리고 그들의 친구들처럼 소젖을 짜거나 힘든 육체노동을 배웠다. 그곳은 육체적 능력이 대우받고 존경받는 작은 농부들의 마을이었다. 내가 알던 남자들은 성실히 일하며 살아갔고 나는 그들을 정말 좋아했다. 그들의 수입은 결코 많지 않았다. 그들 대부분은 담배와 밀, 감자, 호밀, 비트 등을 생산하는 영세농이었다. 농사에 쓸 트랙터도 없어서 (1963년, 내가 13살이 되었을 때 마을에 트랙터가 처음 들어왔다) 대부분의 농부들은 오직 말과 사람의 힘에 의지해야 했다. 내 할아버지에게도 말이 한 마리 있었다. 그곳에서 말을 두 마리 보유하는 것은 부의 상징이었다.

과묵하고 거칠었던 그곳 사람들은 일요일 아침이면 나의 부모님이 운영하시던 작은 식당에 모여 시간을 보내곤 했다. 그들에게는 그 마을이 세상의 전부였다. 그들은 그 마을에서 우정을 쌓았고 연인을 만났으며, 그곳에서 일하고 자녀를 키우며 살았다.

나 같은 아이들도 세상에 대한 두려움 없이 서로 믿고 의지하며 자유롭게 지냈다. 그 폐쇄적인 세상에서는 누군가 어리석거나 잘못된 일을 저지르면 곧바로 그 사실이 알려져 벌을 받았다. 신앙(뱅거 감독은 가톨릭 신자다 – 옮긴이) 역시 우리에게 무엇이 옳은 일이고 무엇이 진실하고 도덕적인지에 대한 가르침을 줬다. 마을 아이들은 그 거리와 들판에서 모든 것을 함께하며 자랐지만 꿈들은 각자 달랐다.

나의 아버지 역시 그 마을에서 나고 자란 사람이었다. 아버지는 합리적이고 신앙심이 깊었으며 근면하고 마을에 대한 애정이 아주 깊은 사람이었다. 또한 참으로 이해심 많은 좋은 사람이었다. 그는 내 삶의 길잡이가 되어 준 사람이기도 하다. 아버지는 훗날 내가 고난을 겪거나 배신으로 힘들었던 순간에도 맞설 수 있는 믿기 힘든 힘과 가치를 전해 주셨다. 아버지는 수차례 '말가이누malgré-nous(2차 세계대전 중 독일군에 강제 징집되어 자신의 나라와 싸워야 했던 사람들)'의 일원으로 전쟁터에 나가야만 했다. 아버지가 전쟁에 대해 이야기한 적은 없지만 아버지의 용감함과 겸손함을 나는 늘 존경했고, 얼마나 힘든 시련을 겪어야 했는지도 어렴풋이 알고 있었다. 나는 2차 세계대전이 끝난 1949년 10월 22일에 태어났고, 그 당시 아이들처럼 침울한 전후 분위기 속에서 어린 시절을 보냈다.

아버지는 14세부터 17세까지 부가티(알자스 지방의 자동차 회사 – 옮긴이)에서 일하셨고 그 후에는 어머니와 함께 식당을 운영하다가 나중에는 스트라스부르에서 자동차 부품 가게를 운영하셨다. 아버지는 하루도 쉬지 않고 일하셨다. 매일 아침 7시에 일어나 식당 일을 잠시 도운 후 당신이 운영하던 가게로 출근해 일하신 다음 저녁 8시가 되면 집에 돌아오셨다. 귀가한 뒤에도 쉬지 않고 다시 식당 일을 도우셨다. 축구 클럽 사람들은 우리 식당에서 만나 경기 결과와 다음 경기 스케줄을 게시판에 붙여 놓곤 했다. 매주 수요일 저녁에는 1923년에 설립된 지역 축구 클럽 관계자가 식당에 모여 일요일 경기에 뛸 선수 명단을 구성하기도 했다. 그 무렵 아버지는 나와 형이 축구를 열심히 하고 있고 실력도 썩 나쁘지 않다는 것을 알고 우리 형제가 뛸 수 있는 유소년 팀을 만드셨다.

직접 말씀하신 적은 없지만 아버지는 축구를 좋아하셨다. 그에게 있어 축구는 바쁜 생활 속에서 마을에 활기를 불어넣는 여흥 중 하나였다. 그렇다고 다른 사람들처럼 축구에 대한 아주 강한 열망을 갖고 계신 것은 아니었다. 아버지와 어머니 모두 나나 형이 축구 선수가 되는 것을 바라지는 않으셨다. 오히려 부모님은 그런 일은 불가능하다고 생각하신 것 같다. 주로 미드필더나 중앙 수비수로 뛰었던 형은 축구에 제법 재능이 있었다. 형은 모든 조건을 갖추고 있었지만 가장 중요한 단 한 가지가 부족했다. 그것은 '의지'였다. 당시 형과 함께 운동하던 사람들 대부분은 축구를 직업으로 보지 않았고, 그저 하나의 취미나 시간 때우기 놀이처럼 생각했다. 그들에게 직업은 더 진지하고 심각한, 삶을 꾸려가기 위해 필요한 일이었고 축구는 그런 대상이 아니었다.

열심히 일하며 즐기던 그 시절의 분위기를 기억하고 있다. 우리는 그런 분위기가 충만한 곳에서 자랐다.

어린 시절 나는 자유로웠지만 때로는 외롭기도 했다. 언젠가 어머니는 그 시절의 나에 대해 "방에 혼자 둬도 걱정할 필요가 없었어"라고 말씀하신 적이 있다. 아마도 그것이 내가 독립성을 키울 수 있었던 배경일 것이다. 나는 방과 후는 물론 교회에 다녀오거나 일을 마치고 시간이 남을 때마다 쉬지 않고 축구를 하며 놀았다. 그 시절 나는 거리와 들판에서 축구를 하면서 정말 많은 것을 배웠다. 다른 아이들이나 형들과 축구를 하면서 훗날 외삼촌이 했던 말처럼 그때부터 이미 축구에 푹 빠져 있었던 것 같다. 축구에 대한 생각들이 서서히 내 안에 자리 잡더니 어느 순간 나를 완전히 사로잡았던 것이다.

축구를 처음 봤을 때의 기억이 선명하다. 우리 팀 경기를 지켜보고 있었는데, 조금 떨어진 곳이었고, 성경책을 손에 꼭 쥔 채 믿음과 열정을 품고 승리를 기원하고 있었다. 다섯 살 혹은 여섯 살 무렵이었던 것 같다.

그 어린 나이에도 실력이 부족한 우리 팀이 승리하기 위해서는 신의 도움과 나의 기도와 기적이 필요하다는 사실을 알고 있었다는 게 신기하다. 아름답고 훌륭한 경기를 펼쳐 승리하는 것이 불가능한 꿈이란 걸 알면서도 훗날 축구가 나의 유일한 꿈이자 종교가 될 거라는 사실을 이미 짐작했던 걸까? 나는 그때부터 승리에 대한 강한 열망을 품고 있었던 게 아닐까? 몇 년이 지난 후 나는 성경책 대신 축구에서 승리하기 위해 필요한 선수들과 그 방법에 대해 탐구하기 시작했다. 종교 대신 이성적으로 사고하기 시작한 것이다.

승리에 대한 열망이 드러나는 또 다른 기억도 있다. 나는 종종 밭에서 일하는 한 농부 아저씨를 돕곤 했는데, 내가 그를 도울 때마다 그는 짧은 휴식을 취하곤 했다. 그의 이름은 아돌프 코허Adolphe Kocher였다. 우리는 축구에 대해 이야기하며 지난 경기를 복기했고, 우리 팀의 실망스러운 경기력에 대해서도 토론했다. 어느 날 그는 자신이 과거에 훌륭한 선수였다면서 만약 자신이 우리 팀의 주전으로 뛴다면 팀의 실력이 훨씬 나아질 것이고, 마침내 경기에서 승리할 수 있을 것이라고 주장했다.

"두고 봐라, 꼬마야. 다음 경기에는 내가 직접 뛸 테니까."

나는 다음 경기가 열리는 날을 학수고대하며 기다렸다. 나는 그가 과연 어떤 플레이를 보여 줄까. 어떻게 골을 넣을까를 상상하며 며칠을 기다렸다. 그러나 그는 다음 경기에 나타나지 않았고 나는 그런 모습에 정말 크게 실망했다. 그때 나는 우리 팀이 승리하고 1위에 오르는 것 말고는 바랄 것이 없는 소년에 불과했다.

나의 부모님이 운영하시던 식당은 그 마을의 중요한 만남의 장소였다. 그 지역 대부분의 식당들처럼 매일 문을 열었고, 식당 한가운데에 난로가 있었으며, 20개 정도의 테이블이 있었다. 그곳에는 담배를 피우거나 맥주를 한두 잔씩 비우며 그들이 응원하는 팀과 이웃 마을의 팀, 다음 경기의 상대 팀, 그들이 좋아하는 팀(라싱 스트라스부르 Racing Club de Strasbourg) 등 축구 이야기를 끝없이 나누는 사람들이 있었다. 그렇게 분위기가 달궈지다 보면 이따금 식당 안에서 언성을 높이며 싸우는 경우도 생겼다.

그 식당(라 크와 도르La Croix d'Or)은 나의 학교나 다름없었다. 나는 그곳에서 누가 가장 시끄러운지, 누가 거짓말을 하고 있는지, 누가 은퇴한 선수인지, 그들의 다음 경기 예상은 어떤지, 무엇 때문에 화를 내고 있는지, 그들은 경기 결과를 어떻게 분석하고 있는지 유심히 그들의 대화에 귀를 기울였다. 하지만 중요한 것은 말이 아니라 그들이 보인 행동이었다. 그곳이 정말 사람들과 그들이 일하는 방식 등을 배울 수 있는 학교 같은 역할을 했던 걸까? 분명히 그렇다고 할 수 있다. 나는 과묵했던 아버지와 정반대로 아주 말이 많았던 그들을 지금도 기억하고 있다. 열 살, 열두 살 무렵에는 식당에서 늦게까지 일을 도와드리며 그 사람들이 나누는 모든 대화를 듣고 이해하려고 노력했다. 나중에 내가 함께 일하고 사랑했던 선수들과 감독들을 열광적으로 지지하며 이해할 수 있었던 것도 그때 그 식당 안에서 봤던 마을 사람들 덕분이라고 생각한다. 나는 아직도 그 사람들에게서 풍기던 불쾌한 알코올 냄새와 시끄럽고 폭력적인 행동들을 모두 기억하고 있다. 내가 좋아하는 사람들이 우리 식당에 손님으로 와서 술에 취해 폭력적으로 변하는 걸 보는 것은 즐거운 일은 아니었다. 그들은 감정을 억누를 필요가 있었다. 그런 생각은 나에게 큰 영향을 미쳤다. 동시에 인내심과 놀라운 직감력을 주었다.

나는 담배 연기로 가득한 그 공간을 떠나 식당 한 층 위에 있는 우리가 살던 방으로 올라갔다. 우리는 가족이라는 말이 어떤 의미인지 모를 정도로 바쁘게 살았다. 부모님은 하루 종일 식당에서 일하셨고, 아버지는 자동차 부품 장사까지 하셨다. 두 분은 열네 살부터 일하신 분이었고, 어머니는 아주 어릴 때부터 고아로 자라셨다. 두 분은 내게 있어 용기와 끈기, 근성을 가진 사람의 표본과도 같은 분이었다. 그들은 그런 삶을 살면서도 불평 한마디 하지 않으셨다. 우리는 함께 식사한 적이 거의 없었고 대화도 많이 나누지 않았다. 누나는 나보다 10살 위였고 형은 5살이 많았다. 나는 온 가족의 보호를 받은 막내였지만, 혼자 힘으로 자란 아이이기도 했다. 주변 모든 사람을 지켜보고 그들을 따라 하면서 빠르게 성장한 것 같다.

우리 집에서는 형과 누나의 숨겨진 단점과 좋은 점 같은 것을 완벽하게 관찰할 수 있었다. 나는 그들의 장점과 경험, 열정을 배우고 그들의 노력과 용기를 본받으려고 했다. 그 마을을 떠나기 힘든 환경 속에서 자란 그들의 겸손함과 검소함을 이해하려고 노력했다. 하지만 나는 다른 사람들과 다른 마을, 다른 종교에 대해서도 호기심이 강했다. 과거의 생활방식에 머물러 있는 사람들 틈에서 자라서 더 그랬던 것 같다. 나는 그 마을에서 탈출하고 싶었다. 그 행동 자체가 죄책감을 동반하는 일이라고 하더라도 말이다. 나는 그들을 버린 것이 아니었다. 그곳은 여전히 나의 세상으로 내 마음 속에 남아 있다. 그러나 나의 부모님과 형, 누나는 내가 그곳을 떠난 사실로 인해 모든 열정이 사라질 만큼 큰 영향을 받았다. 그들은 그에 대해 많은 말을 하지 않았다. 그들은 그 괴로움을 분명히 표현하거나 나를 책망하거나 칭찬하지 않았다. 가장 힘들어 한 사람은 형이었다. 그럼에도 우리는 아주 가깝게 지냈다. 내가 아스널에 있을 때 형은 매 경기를 보고 난 다음 전화를 걸어 그가 생각하기에 내가 잘못한 부분에 대해 형의 입장에서 큰소리치곤 했다.

그 마을에서 우리는 가진 것이 많지 않았다. 나는 가끔 그 작은 세상에서 우리가 나눴던 지독한 결핍에 대한 말들과 우리 팀의 패배, 진짜 축구장과는 거리가 멀었던 그 경기장, 삼촌이 일 년에 한두 번 스트라스부르 축구장에 데려갈 때마다 패배를 맛보고 흘리던 눈물 같은 불만족스러운 상황에서 벗어나려는 데서 내 열정이 생긴 게 아닌지 궁금할 때가 있다.

감독으로 일하는 동안 나는 어린 시절에 전통적인 유소년 아카데미에서 축구를 배우지 않거나, 어린 시절에는 인정받지 못하다가 나이가 든 뒤로 당당히 실력을 인정받은 올리비에 지루Olivier Giroud나 로랑 코시엘니Laurent Koscielny, 은골로 캉테N'Golo Kanté, 프랭크 리베리Franck Ribéry 같은 선수들을 많이 만났다.

그들과 비슷하게 나 또한 어린 시절을 생각할 때마다 기억나는 특별한 것 한 가지가 있다.

우리는 길거리에서 축구를 했다.

유니폼도 코치도 주심도 없었다. 유니폼이 없는 것은 문제가 되지 않았다. 오히려 주변 시야를 넓히고 비전을 습득하며 심화시키는 데 도움이 됐기 때문이다. 어릴 때 코치가 없었던 것 역시 좀 더 주도적으로 경기하는 능력을 발전시켜 줬다. 어쩌면 오늘날의 축구는 정반대로 가고 있는 것은 아닌가 생각했을 정도다.

우리는 종종 무작위로 팀을 나누거나, 가장 잘하는 두 선수가 뽑은 선수들로 팀을 나눠 축구를 하곤 했다.

나는 또래 친구였고 지금도 가깝게 지내는 조세프 메츠, 베릴스, 가이스텔스, 찰스 등과 어울려 축구를 했다. 우리는 서로를 아주 좋아했고 같은 학교에 다녔으며 취향도 비슷했다. 하지만 나는 형과 비슷한 또래의 나이 많은 선수들과도 함께 축구를 했다. 나이가 더 많은 사람들과 어울리기 위해서는 근성이 있어야 하고 영리해야 하며, 두려움이 없어야 한다. 두 집단과 함께 어울리면서 나는 서로 다른 세상에 편입될 수 있고 인정받을 수 있다는 사실을 빠르게 이해할 수 있었다.

우리는 누가 좋은 선수이고 누가 잘하는 선수이며 믿을 수 있는 선수인지 금방 알 수 있었다.

우리는 이기기 위해서 만큼이나 즐기기 위해서도 축구를 했다.

경기는 종종 반칙이나 언쟁으로 끝나기도 했다. 도중에 다치더라도 교체 선수가 없었기 때문에 옆에서 경기를 지켜봐야 했다. 그래서 더 더욱 경기 중에 살아남기 위해 노력해야 했다.

형과 나는 침실과 집 앞 거리, 식당 뒤편 공터에서 끊임없이 연습 했다. 말은 별로 하지 않았다. 형이 나를 아이처럼 여겨서 형과 함께 시간을 보내는 거의 유일한 방법은 계속 축구하는 것뿐이었다.

다른 마을 팀과 경기를 할 때는 다른 경기장으로 원정을 가기도 했 는데, 나에게는 그런 것도 하나의 세상에서 다른 세상으로 가는 여 행처럼 느껴졌다.

그 경기들은 아주 낮은 레벨의 아마추어들이 자유롭게 즐기는 열 정적이고 대단히 멋진 축구였다. 숙제를 해야 하거나 점심 먹으러 간 다는 이유로 혹은 교리 공부를 하러 간다고 하면서 경기가 중단되는 경우도 종종 있었다. 나는 그럴 때마다 화가 났다. 이처럼 축구는 내 게 끈기와 열정과 육체적인 노력의 중요성을 모두 가르쳐 준 훌륭한 선생님이었다. 나는 그것들로부터 많은 것을 빚졌다.

매 시즌을 마무리하는 네 팀의 토너먼트 경기가 열릴 때는 신부님 이 모든 팀들을 축복해 주셨고, 선수들은 퍼레이드가 지나가기 전에 부모님이 운영하는 식당에서 옷을 갈아입기도 했다. 그것은 우리들 의 월드컵이었다. 그 후에도 많은 즐거운 일들이 있었고, 그때의 경험 도 영원히 기억할 것 같다.

내가 아주 감탄했던 세르비아 선수에 대한 기억도 떠오른다. 그는 우리 마을과 비슷하지만, 더 가난했던 유고슬라비아의 시골에서 자랐다. 어린 시절 그의 삼촌은 하얗게 빛나는 멋진 새 축구공을 그에게 선물해 줬다. 그와 그의 형은 그 공을 소중히 아낀 나머지 공이 땅에 떨어지지 않도록 머리로만 패스하며 놀곤 했다. 그들에게 축구공은 그것 하나뿐이었기에, 소중히 다뤄야 했던 것이다. 그런데 어떤 경기에서 그의 그런 모습이 레드스타 벨그라데 코치의 눈에 띄었다. 그는 결국 헤딩 실력 덕분에 그 팀에 입단할 수 있었다. 만약 그에게 20개의 축구공이 있었다면 그는 어떤 선수가 되었을까?

공을 소중히 여기며 끈기를 갖고 실력을 향상시키기 위해 항상 노력한 그의 이야기를 나는 정말 좋아한다. 새하얀 축구공은 나에게도 소중했기에 그 선수의 이야기는 지금까지도 내 기억에 남아 있다.

이것이 내가 지금까지 해 온 축구였다. 만약 내 부모님이 축구에 열정적인 분들이셨다면, 다섯 살 때부터 학교에서 코치에게 체계적으로 축구를 배우거나, TV를 통해 모든 경기를 보면서 정해진 매뉴얼에 따라 축구를 배웠더라면 나는 과연 어떤 선수 혹은 감독이 되었을까? 당시 우리 집에는 TV가 없어서 축구를 볼 수 없었다. 오직 예외적인 몇몇 경우에만 1프랑을 내고 학교에 모두 모여 흑백 TV로 축구를 볼 수 있었다. 10살 때 학교에서 1960년 유러피언컵(챔피언스리그의 전신 - 옮긴이) 결승전을 본 기억이 난다. 그 경기에서 레알 마드리드는 아인라흐트 프랑크푸르트에 7-3으로 승리를 거두며 5회 연속 유러피언컵 우승을 차지했다. 그 무렵 내가 응원한 팀은 라싱 스트라스부르와 독일의 보루시아 뮌헨글라트바흐Borussia

Mönchengladbach였다. 하지만 나는 당시의 레알 마드리드를 정말 사랑했다. 그 팀은 모든 클럽 중에서 가장 강했고 아름다웠으며 인상적인 클럽이었다. 하얀색 유니폼을 입은 선수들이 정말 멋져 보였다. 코파Kopa, 푸스카스Puskás, 디 스테파노Di Stéfano처럼 내가 열망하던 선수들도 레알에서 뛰고 있었다. 그 팀은 말 그대로 드림팀이었다. 몇 년이 흘러 아스널에서 일하던 시절 레알 마드리드 감독 제안을 두 차례 받은 적이 있다. 어린 시절 좋아하던 클럽의 제안을 거절하는 것은 정말 어려운 일이다. 그러나 나에게는 아스널에서 해야 할 사명이 있었고, 지켜야 할 계획이 있었으며, 내가 직접 한 약속이 있었다. 참고로 나는 PSG, 유벤투스, 프랑스와 일본 대표팀에서도 감독 제안을 받은 적이 있다. 그 모든 제안을 거절하는 것은 정말 어려운 결정이었지만, 약속은 약속이었다. 나의 이런 정신적인 면 역시 어린 시절의 경험에서 나온 것이라고 생각한다.

당시 축구는 닿지도 못할 만큼 먼 세상의 일이었기에 내 주변의 그 누구도 축구가 나의 세계이자 삶이 될 거라 믿는 사람은 없었다. 마음 속 깊은 곳에서 나는 축구가 언제나 내 마음 속 첫 번째 순위라 믿었고 그렇게 되길 희망했다. 그런 꿈을 꾸지 않았다면 내 삶은 끔찍했을 것이다. 마을 대부분의 사람들과 달리, 나는 그곳을 떠나 진짜 경기장으로 나가서 진짜 시합을 경험하고 싶었다.

이를테면 그 시기는 희망과 발견의 시기였다.

먼 곳에서 온 선수들과 만날 때마다, 특히 아프리카에서 온 선수들을 볼 때마다 나는 그들이 자랐고 그들의 신체와 성격을 빚어낸 장

소와 어린 시절의 중요성에 대해 깨닫는다. 내가 유년 시절을 보낸 알자스 역시 나에게 행동방식은 물론 도덕적인 규범과 강인한 체력을 만들어 주었다. 당시의 흔적이 여전히 남아 있는 것도 있다. 내 척추뼈에는 아주 무거운 석탄 주머니를 옮기다가 생긴 움푹 파인 곳이 있는데, 이를 본 몇몇 의사들은 40세쯤에 휠체어 신세를 질 수 있다고 말하기도 했다. 다행히 그 흔적은 선수로 뛰는 데 큰 지장을 주지 않았고, 지금까지도 나는 건강히 잘 지내고 있다.

물론 좋은 축구 선수가 되기 위해서는 기술이 있어야 한다. 그 기술은 되도록 7세에서 12세 사이의 어린 시절에 배우는 게 좋지만 그것만으로는 충분하지 않다. 두려움을 모르는 태도와 과감하게 시도할 줄 아는 정신력, 끈기와 정신적 강인함, 약간의 광기와 열정 같은 것도 필요하다. 이런 것도 어린 시절에 길러지는 것들이다.

나는 어려서부터 내가 가진 한계에 도전했고 그것을 뛰어넘고 싶었다. 축구는 내가 그렇게 할 수 있는 기회를 주었다. 나는 육체적, 정신적 한계에 굴하고 싶지 않았고 그것들을 이해하고 극복하고 싶었다. 알자스 사투리만 할 줄 알았던 나는 학교에서 배운 것을 잘 이해하지 못하는 아이였다. 다른 일들도 마찬가지였던 것 같다. 부모님 역시 바쁘게 사시느라 제멋대로 방치된 채 살았던 내 학창 시절 모습은 '방관자'에 가까웠다. 다행히 15세 무렵부터 정신을 차리고 독학을 시작했다. 열심히 공부하면 무언가를 이룰 수 있다는 사실을 발견한 나는 결국 무사히 졸업시험에 통과해 스트라스부르 대학 경제학과에 진학할 수 있었다. 대학에서 내가 열심히 공부한 과목들은 훗날 예산을 계획하고 정리하는 방법부터 어떻게 투자해야 하는지, 선수들은 어떻게 구해야 하는지 등 축구 클럽을 운영하는 데에도 큰 도움을 주었다. 29살에는 영어에 자신감을 갖고 싶어서 영국 캠브리지로 3주짜리 단기 어학연수를 다녀오기도 했다. 영어를 배워두는 게 축구에도 분명 도움이 될 거라 생각했기 때문이다.

우리 마을에서는 가톨릭 세례를 받는 14살 무렵에 공장이나 밭에 나가 일을 시작하면서 그 대가로 담배와 시계를 받았다. 그 후로는 완전히 새로운 인생을 사는 셈이었다. 공장에서 일을 하지는 않았지만 나도 시계를 받았다. 담배는 그로부터 한참 지난 뒤에 칸에서 장 마르크 기우Jean-Marc Guillou와 매일 밤 몇 시간씩 축구 이야기를 하면서 피우기 시작했다.

식당을 파신 이후 어머니는 일을 그만두셨고 아버지는 자동차 부품 사업에 매진하셨다. 우리는 아버지가 새로 지은 집으로 이사했다. 하지만 두틀레나임 유소년팀에서 했던 축구와 식당 그리고 그 축구 클럽에서 배운 모든 것들은 지금까지도 나에게 큰 영향을 미치고 있다.

2

축구 선수였던 청년

"1960년대 형과 나는 두틀레나임 유소년 팀에서 뛰었다. 우리는 빨간색과 하얀색으로 된 유니폼을 입고 뛰었다. 누가 알았을까. 훗날 내가 뛰거나 감독을 맡게 되는 모든 팀이 빨간색과 하얀색 유니폼을 입는 팀이었다는 것을."

1960년대, 형과 나는 두틀레나임 축구 클럽에서 뛰었다. 그럭저럭 실력이 괜찮았지만, 나는 우리가 더 발전해야 하고, 더 증명할 것이 많다고 생각했다. 클럽에서도 우리를 마을에서 가장 뛰어난 선수라고 했을 정도로 재능을 인정했지만 그런 평가는 나에게 크게 중요하지 않았다. 우리 클럽은 가장 하위 리그에 속한 팀이었고, 그마저도 이기는 경우가 드물었기 때문이다. 그러나 나는 우리가 직접 팀을 이끌면서(우리 팀에는 감독이 없었다), 열정을 다했던 몇몇 경기에서 멋진 승리를 거두고 모두가 소리치며 기뻐했던 일을 아직까지 기억하고 있다.

그 팀에서 우리는 빨간색과 하얀색 유니폼을 입고 뛰었다. 운명이었는지, 그 뒤로 내가 선수로 뛰었거나 감독을 맡은 모든 팀의 유니폼은 같은 색이다.

우리는 제대로 훈련도 하지 못하고 경기에 나섰다. 주말에 경기가 있을 때는 수요일 저녁에 모여 어수선한 가운데 다음 경기 선발 명단을 정하는 미팅을 한 게 전부였다. 당시 우리 마을에 전기가 들어온 덕분에 저녁에도 연습을 할 수 있게 된 것을 다행으로 여길 정도였다. 그로부터 수년이 지난 뒤 다른 클럽과 다른 리그에 대해 알게 된 다음에야 두틀레나임 클럽이 내게 남긴 훈련이나 코칭 부족 같은 장단점에 대해 제대로 알게 되었다. 우리 팀이 약했던 이유는 제대로 된 체력 훈련이 부족했던 영향이 컸다. 당시 우리는 한두 명을 제외하면 모두 같은 마을 친구들과 한 팀을 이뤘는데, 모두 제대로 된 러닝이나 개인 훈련을 한 적이 거의 없었다.

그때 나는 부족한 경기 준비나 코칭의 부재에서 오는 팀의 심각한 문제들을 강한 정신력으로 극복할 수 있다고 생각했다. 나는 단순한 재미를 위해서나 그 마을의 유일한 여흥거리라서가 아니라, 순수하게 경기에서 이기고 싶어서 축구를 했다. 나는 춤도 제법 추는 편이었는데, 누구도 내게 춤을 가르쳐 준 적은 없었다. 여자 친구에게 부탁하거나, 두려움을 잊고 스스로 노력하면서 배웠다. 수영 선생님이 없어도 누군가 우리를 물속에 빠트리면 알아서 수영을 배우는 식으로 축구도 익혔던 것 같다.

주말마다 치른 경기에서 나는 마치 인생을 건 사람처럼 열심히 뛰었다. 매 경기마다 온 정성을 다해 경기에 임했고, 경기에서 질 때는 그 사실을 잘 받아들이지 못했다. 그러나 경기를 하는 순간만큼은 자유를 느꼈다. 경기 중에는 늘 에너지가 넘쳤다. 나중에 깨달은 사실이지만, 나는 경기 중에 느낀 활력만큼이나 경기 전에 느끼는 긴장감도 좋아했다. 축구장에서 뛰는 90분 동안 완전히 경기에 몰두하다 보면 딴 데 주의를 돌릴 겨를이 없었다. 경기 중에 비가 내리고 있다는 사실을 경기가 끝날 때까지 느끼지 못한 적도 있었다. 비에 완전히 젖어서 드레싱룸에 들어갈 때까지도 말이다. 나는 고통을 느끼면서도 이기기 위해 더 빨리 달리며 축구를 더 잘하기 위해 나 자신을 희생하며 노력했던 그 모든 시간들, 경기의 일부이자 예술이었던 그 시간들을 사랑했다. 두틀레나임에서도 더 나아지기 위해 끊임없이 스스로를 밀어붙였다. 그러한 노력은 훗날 다른 팀에서 나 자신을 증명해야 하거나 공을 받는 기술(나의 퍼스트 터치는 내가 바란 만큼 훌륭하지 못했다)이나 신체적 능력의 부족 같은 나의 기술적인 결함을 극복하는 데 큰 도움이 됐다. 그러나 중요한 것은 그런 것들이 아니라 초라한 팀에서 축구의 첫발을 내딛었다는 점을 이해하는 것이었다. 그래서 나는 경기장 위에서 자신을 표현하고 스스로를 뛰어넘기 위해 죽어라 노력하는 것을 좋아했다. 나는 일대일 대결도 즐겼다. 끈질겼고, 체력에도 자신이 있었다. 머지않아 나는 축구에 대한 나의 전술적 이해가 나쁘지 않다는 것도 깨닫게 됐다.

그 시절, 지금까지 친구로 지내는 그 선수들과 함께 우리 마을의 자랑으로 남을 만한 멋진 승리를 거둔 적도 있었다. 그러나 내 인생을 바꾼 것은 승리한 경기가 아니라 1-7로 완벽히 패했던 경기였다.

AS 무지크Mutzig를 상대로 한 그 경기에서 나는 두틀레나임의 미드필더로 출전했다. 상대 팀 감독은 막스 힐트Max Hild였고, AS 무지크는 두틀레나임과는 완전히 다른 세상의 팀이었다. 그들은 프랑스 아마추어 리그인 CFA 소속으로 감독을 제대로 갖추고 매 경기 아주 철저히 준비하는 팀이었지만, 우리는 전혀 그렇지 못했다. 우리는 지역 리그 팀이었고, 그들은 전국 리그 팀이었기 때문이다.

그 경기는 우리에게 재앙과도 같았다. 특히 나 스스로에게도 화가 났고 실망이 컸다. 나는 상대 팀의 몇몇 선수들을 알고 있었다. 그 중 미드필더로 뛰었고 지금도 나와 친구로 지내고 있는 장 마리 두통 Jean-Marie Duton이 내게 이런 이야기를 들려줬다. 힐트 감독이 드레싱 룸에서 승리한 선수들을 칭찬하면서 "오늘 아주 훌륭한 미드필더를 한 명 봤다"고 이야기해서, 장 마리는 그 선수가 자신인 줄 알았는데 알고 보니 나를 칭찬하고 있더라는 것이었다. 그 일 때문에 장 마리 의 기분이 상한 것 같았지만 그렇다고 우리의 우정에 금이 가지는 않 았다. 그는 나의 첫 번째 여자 친구와 자신이 결혼했다는 사실로 그 일에 위안을 삼는다고 그 후로도 진지하게 수차례 말하곤 했다.

팀들 간의 경쟁 관계와 상대에 대한 존중, 그로 인해 만나게 된 평 생 친구. 내게는 그때의 이런 것들 모두가 축구였다.

그 경기 이후 모든 것이 달라졌다. 나는 1969년 AS 무지크에 입단 했다. 드디어 제대로 된 감독의 지도를 받을 수 있게 된 것이다. 그것 은 완전히 새로운 차원이자 새로운 단계의 새로운 도전이었다. 그중 에서도 가장 중요했던 것은 축구의 아버지이자 롤모델 같은 존재를 만난 일이었다.

막스 힐트 감독은 1932년에 태어났다. 그는 알자스에서 자랐고 그 영향을 강하게 받았다. 게다가 그는 축구를 정말 사랑하는 사람이었 다. 그는 그의 고향인 베예하임Weyersheim에서 축구를 시작했고, 나 중에 리그 1(프랑스 1부 리그) 소속 클럽인 라싱 스트라스부르에서 뛰 었다. 그는 이후 비시윌러Bischwiller, 위치샤임Wittisheim에서 뛰다가 무지크에서 코치 생활을 시작했다. 그는 일을 하면서 배우는 사람이었다. 선수 시절 뛰어난 6번(수비와 공격을 연결하는 미드필더)이었던 그에게 1966년, 바그너 맥주 회사가 스폰서를 하던 무지크에서 감독 자리를 제안했다. 그는 어린 선수들을 육성하는 데 탁월한 능력을 보유했을 뿐만 아니라, 경기를 바라보는 자신만의 독특한 비전을 가진 훌륭한 전술가였다.

그는 신장이 167센티미터 정도 되는 키가 작은 남자였다. 알자스억양이 강하지만 성격이 좋고 친절했으며, 나처럼 축구에 대한 호기심과 강한 열정을 가진 사람이었다. 그는 내가 성장하고 싶고 플레이하고 싶고 배우고 싶어 하는 강한 열정과 조급함을 가졌다는 것을 감지했다. 그리고 그는 내게 바로 그런 축구를 할 수 있는 기회를 주었다. 그는 말이 많지 않았다. 예를 들어 그는 내게 단 한 번도 왜 그 경기에서 나를 눈여겨봤는지에 대해 설명하지 않았다. 그가 하는 모든 말과 칭찬이나 동기부여는 모두 축구에 대한 것이었다.

내가 좋은 선수가 되고 감독까지 될 수 있었던 것은 모두 힐트 감독 덕분이라고 생각한다. 무지크를 떠난 후 나는 뮐루즈Mulhouse와 보방Vauban 그리고 스트라스부르에서 뛰었다. 그 과정에서 폴 프란츠Paul Frantz 같은 훌륭한 감독을 만나기도 했고, 힐트 감독과 라싱에서 함께 뛰며 프랑스컵 우승을 차지했던 질베르 그레스Gilbert Gress를 만나기도 했다. 그들은 모두 알자스 축구의 정점이었고 축구에 미친 사람들이었다. 그들에게는 축구에 대한 강한 열정과 극한으로 사람을 몰아넣는 엄격함이 있었다. 그들은 모두 서로를 잘 알고 있었고 서로를 높이 평가했다. 폴 프란츠 감독은 질베르가 선수였던 시절 라싱에서 그를 지도한 적이 있었고, 힐트 감독은 질베르와 아마추어 대회에서 상대했던 적이 있었다. 질베르는 힐트 감독을 라싱의 유소년 아카데미 코치가 될 수 있도록 추천했고, 힐트 감독은 나를 그곳으로 데려갔다. 나는 그들의 그런 연결고리와 서로가 서로를 돕는 모습이 무척 좋았다. 그 시절은 우정이나 충성심 같은 덕목들이 중요하던 시대였다. 무지크를 떠난 뒤에도 나는 힐트 감독을 따랐다. 그가 부르면 나는 어디든 곧바로 그를 따를 준비가 되어 있었다. 그만큼 그는 나에게 가장 큰 영향을 준 사람이었다. 힐트 감독이 2014년에 세상을 떠났을 때 그 시기에 그에게 지도를 받았던 선수들은 모두 그의 무덤을 찾아가 감사 인사를 올렸다.

무지크에서 힐트 감독은 모든 선수를 하나로 뭉치게 하는 독특한 분위기를 만들었다. 그 당시 선수들 간의 우정과 감독과의 연대감은 정말 강했다. 우리는 함께 훈련하고 경기를 뛰고 식사하면서 축구에 대해 이야기했다. 우리는 늘 함께하면서 그로부터 많은 것을 배웠다. 물론 처음부터 쉬웠던 것은 아니었다.

나는 경기 속도를 조절하는 법부터 배워야 했다. 그때 나는 일주일에 두 번 훈련하는 팀에 갑자기 합류한 상황이었다. 그 전까지는 한 번도 그런 적이 없었다. 하지만 나는 주말이 되면 기진맥진할 정도로 매 훈련마다 최선을 다했다.

처음에 나는 의심으로 가득 차 있었다. 내가 잘할 수 있을지 확신할 수 없었기 때문이다. 훈련 중에 다른 선수들이 나에게 시험 삼아 장난을 걸기도 했다. 내가 어떻게 반응하는지 보려고 발을 걸었던 것이었다. 그대로 무너질 것인지, 항의를 할 것인지, 아니면 화를 낼 것인지 그때 나는 드레싱룸에서는 자신을 최대한 빨리 표현해야 한다는 것을 배울 수 있었다. 나는 싸우는 방식으로 내 존재를 드러내는 쪽을 택했다.

나는 의심을 용기로 바꾸는 방법도 배웠다. 다른 사람들의 평가나, 결과에 대한 평가 같은 두려움으로 인해 나의 플레이가 영향받게 되는 것을 원하지 않았다.

힐트 감독은 그런 부분에서도 나에게 중요한 영향을 끼쳤다. 무지크에 입단할 당시 나는 전혀 중요한 선수가 아니었다. 그 팀에서 나의 존재를 각인시키는 데 애를 먹는 동안 힐트 감독은 나에게 기회를 주었다. 그가 나를 경기에 출전시킨 것은 선수들에게는 시간을 줄 필요가 있다는 중요한 교훈을 전해 주었다. 이런 지도 방식은 오늘날에는 오히려 더 어려워졌다. 요즘 선수들은 이전보다 경기에서 뛸 준비가 더 잘 되어 있지만, 이전보다 더 적은 기회를 받고 있기 때문이다.

새 클럽으로 옮길 때마다 나는 새롭게 배워야 했고 단점들을 극복하면서 다시 한번 나를 증명해야 했다. 게다가 나는 욱하는 성질까지 있었다. 그러나 이후에 무지크, 뮐루즈, 보방, 스트라스부르 등의 클럽들을 거치고 감독으로 일했던 경험을 통해 인생이란 수많은 역경과 내면의 두려움 같은 온갖 감정들을 겪으며 성장해 나가는 과정이라는 것을 빠르게 이해할 수 있었다.

무지크를 떠난 후에 1973년에 FC 뮐루즈에 입단했다. 그곳에서 나는 폴 프란츠 감독과 만났다. 무지크 시절처럼 그곳에서도 새롭게 시작하는 것이 어려웠다. 그곳에서의 첫 시즌이 가장 힘들었던 것 같다. 부상마저 겹치면서 인내심을 유지하기가 어려웠다. 자신감도 떨어졌고 무지크 시절 나를 도왔던 작은 성공도 찾을 수 없었다. 그러나 두 번째 시즌에는 완전히 달라졌다. 그 사이에도 나는 계속 훈련을 하면서 더 발전하기 위해 노력했다. 덕분에 나는 기대하지 않았던 1군 팀에서 뛸 기회를 얻을 수 있었다. 그때 클럽이 재정난을 겪으면서 나와 다른 두 선수가 클럽 회장과 연봉 협상을 하게 되었다. 아마 그때가 축구 클럽의 관점과 선수로서의 관점에서 돈 문제에 대해 처음으로 협상했던 때가 아니었나 싶다. 우리는 시즌 중에는 50%의 연봉만 받고 팀이 리그에 잔류할 경우에는 시즌 종료 후에 나머지 연봉을 모두 한 번에 받는 식으로 합의했다. 당시 상황을 고려할 때 그것이 모두에게 합리적인 결론이었다고 생각했다. 그러나 얼마 후 나는 팀의 몇몇 선수들이 따로 회장을 찾아가 100% 연봉을 달라고 요구했다는 사실을 알게 됐다. 그 시즌이 종료된 후 나는 힐트 감독을 따라 (보방이라는 이름으로 흔히 불리는) ASPV 스트라스부르로 이적하는 바람에 남은 연봉 50%는 끝내 받지 못했다.

당시 뮐루즈는 내 커리어의 다음 단계를 준비하기 위한 아주 훌륭한 학교였다. 나는 그들과 협상하면서 클럽 전체적인 관점에서 생각하거나 선수들과 이사진 사이에서 가교 역할을 하는 일들을 좋아했다. 100%의 연봉을 받을 자격이 충분하다는 걸 알면서도 희생했던 사실까지 만족했을 정도였다. 하지만 결국 거짓말과 배신으로 인한 쓰라린 경험으로 마무리되고 말았다.

보방에서 3시즌을 보낸 후, 1978년 힐트 감독 덕분에 나는 리그 1

클럽 라싱 스트라스부르의 선수가 됐다. 마침내 나의 꿈이 현실이 된 것이다. 그 클럽은 내가 어린 시절 푹 빠졌던 클럽이자 내게 너무 먼 곳이라 여겼던 클럽이었다. 그곳에서 나는 나의 모든 것을 다 바쳤다. 훈련장에 가장 먼저 도착했고 하루에 네 번이라도 기꺼이 훈련했다. 나의 모든 시간을 그 클럽의 홈구장에서 보냈다. 나는 그 무렵 홈구장에서 10분 거리에 있는 루 드 롬Rue de Rome에서 살았다. 그곳에서 뛰는 동안은 하루에 몇 시간 동안 훈련을 하는지도 세지 않았고, 희생을 한다는 생각조차 하지 않았다. 그곳은 내가 있고 싶은 곳이었기 때문이다.

스트라스부르에서 나는 선수인 동시에 유소년 팀을 지도하는 역할도 맡았다. 이 역시 힐트 감독 덕분이었다. 그 덕분에 나는 선수로서의 시간과 유소년 코치로서의 시간을 나누며 두 역할을 함께 하기 시작했다. 그와 나는 오랫동안 팀 운영에 대해 논의했고, 특히 독일에서 열리는 온갖 경기를 함께 가서 보곤 했다. 그럴 때마다 나는 워밍업부터 시작해서 경기가 끝나는 순간까지 단 하나의 장면도 놓치지 않으려고 노력했다. 어떤 날은 새벽 네다섯 시가 되어서야 돌아온 적도 있었다. 그 모든 것이 나에게는 귀중한 경험이었다. 힐트 감독은 내가 나중에 감독이 될 만한 사람이라는 걸 알았던 첫 번째 사람이었다고 생각한다. 그는 내게 유소년 팀 코치로 일할 기회를 줬고, 훗날 자신이 1군 팀에서 자리를 잃고 유소년 팀 코치로 갈 기회가 있었을 때에도 "이제 네 차례다"라며 나에게 그 자리를 양보했었다.

나는 그곳 아카데미에서 많은 경험을 즐겼고 일을 하면서 많은 것을 배웠다. 선수들에게 직접 마사지를 하거나 그들의 부모와 만나기도 하고 선수단의 이동을 직접 준비하기도 했다. 가능한 모든 훈련을 직접 눈으로 확인했다. 그로부터 배울 수 있는 것이 많았기 때문이다. 전술의 기초를 공부하기 위해 책을 읽었고 그 지역 스포츠 교육 과정이었던 CREPS를 이수하기도 했다. 그 결과 비시Vichy에 있는 축구 협회에서 지도자 자격증을 받을 수 있었다.

스트라스부르는 나에게 코칭에 필요한 모든 것을 실험해 볼 수 있었던 연구실과도 같은 곳이었다. 다행히 나는 많은 이들로부터 신뢰를 얻을 수 있었다. 나는 선수들을 위해 그들에게 필요한 새로운 방법을 찾아서 알려 주고 싶었다. 그러나 그곳에서도 스스로에 대한 의구심을 갖고 있었다. 그때 나는 30세였고, 18~19세 선수들을 지도하고 있었다. 나는 그들에게 뭘 가르쳐야 할지 끊임없이 고민했다. 그들을 위해 무엇이든 과감하게 할 수 있는 준비가 되어 있어야 했다. 예를 들어 나는 클럽에 정신과 의사를 처음으로 데려오기도 했다. 그 의사는 매주 선수들과 따로 만나서 그들에게 두려움과 맞서는 방법을 알려 주곤 했다. 당시에도 전례가 없는 일이었던 만큼 요즘 클럽들 중에도 이런 방법을 쓰는 클럽은 많지 않을 것이다.

스트라스부르는 내가 선수들의 정신적인 능력을 향상시키는 일을 시도하기 시작한 클럽이기도 하다. 실력 있는 선수는 물론이고, 좋은 활약을 해야 한다는 부담감에 시달리는 선수들에게도 항상 최적의 선택을 내리기 위한 경기 분석력이 필요하다는 사실을 일깨워 주었다.

지도자로서의 내 삶에 영향을 준 사람들은 이외에도 많다.

지역 리그 시절, 재키Jacky와 피에로 데뮈Pierrot Demut처럼 축구의 기초를 알려 준 조언자들이 있었다. 피에로와 나는 스트라스부르에서 CREPS 과정을 함께하는 동안 많은 대화를 나눴다.

루마니아 출신의 페트레스쿠Petrescu는 CREPS 과정에 참가해서 우리에게 그의 훈련 방식에 대해 가르쳐 주었다. 그의 방식에는 그 나름의 예술과 철학이 담겨 있었다. 그는 지도자로서 축구에 대한 이해를 진일보시키는 데 큰 도움을 줬다. 그는 자신의 나이보다 20년은 더 앞서 있는 듯한 사람이었다. 선수들의 장단기 기억을 향상시키는 법을 연구하고 있었고, 선수들이 어떻게 배우는지 완벽하게 이해하고 있었다.

전국 리그 레벨에서는 조르쥬 볼로뉴Georges Boulogne가 있다. 그는 풍부한 경험을 바탕으로 코치들을 가르치는 이론과 훈련 프로그램 등을 정립한 사람이다. 그는 클럽 회장들을 설득해서 유소년 훈련 센터를 정식으로 만들게 했고, 프랑스 국가대표팀 코치로 일한 경력도 있었다. 그는 자신이 하는 일을 정확히 이해하고 있는 사람이었다. 지도자라는 일이 얼마나 외로운 직업인지, 그 가치를 얼마나 인정받지 못하고 있는지도 잘 알고 있었다. 당시에도 감독이나 코치들은 별다른 이유 없이도 언제든 잘릴 수 있는 사람들이었다. 나는 그와 함께 프로 코치 자격증을 받은 뒤부터 지금까지 가깝게 지내고 있다. 그는 내가 중요한 시합에서 지거나 우승을 놓쳤을 때 나에게 전화해서 "때로는 다른 사람들 차례가 있는 법일세"라며 위로하곤 했다. 그의 말은 사실이었다. 그걸 잘 알면서도 패배를 받아들이는 일은 늘 힘들었다.

선수로서의 경력을 끝내는 계기는 의외로 쉽게 다가왔다. 어느 날 스트라스부르 회장이 나에게 "자네도 이제 나이가 들기 시작했군" 하고 말하자 깜짝 놀랐다. 그날 나는 출전조차 하지 않았기 때문이다. 그러나 나는 그의 속뜻을 곧 알아차렸다. 그의 말에는 이제 내가 감독으로서의 커리어를 준비할 때라는 의미가 담겨 있었다.

모든 것이 논리적인 일련의 흐름에 따라 자연스럽게 진행되었다. 나는 나를 더 발전시키는 데 도움을 준 많은 사람들과 만났다. 그런 기회를 통해 나에게 다가온 기회를 붙잡았고, 중요한 순간에 어떻게 결정을 내리는지를 배울 수 있었다.

그 시절, 내가 뛰었던 클럽들에서 존경하는 지도자들에게 배운 모든 경험들은 내게 아름다운 추억과 쓰라린 기억을 남겼다.

1978-79시즌 스트라스부르에서 뛰던 시절의 한 경기가 특히 기억에 남는다. 그 시즌에 우리는 리그 우승을 차지했다. 랭스Reims를 상대로 한 경기에서 나는 상대 윙어인 아르헨티나 선수 산티아고 산타마리아Santiago Santamaría를 막아야 했다. 그는 정말 훌륭한 선수였다. 공을 가로채더니 나의 실수를 틈타 순식간에 득점에 성공했다. 그건 분명한 나의 실수였다. 그때 내 자신에게 정말 크게 실망했다. 지금 이 순간까지도 그때 내가 얼마나 화가 났고 얼마나 큰 죄책감에 시달렸는지 생생하게 기억하고 있다. 물론 그 시절에 기록한 멋진 골에 대한 기억과 훌륭한 승리의 기억도 여전히 남아 있지만 산타마리아와의 그 일은 지금도 내게는 뼈아픈 기억이다.

폭력적이고, 불공정한 몇몇 경기들이 존재하던 시절이었다. 당시에는 TV 중계도 없었기 때문에 심판들도 지금과는 다른 방식으로 경기를 관장하던 때였다. 심지어 경기가 끝난 후에 선수들 간에 폭력 사태가 벌어지는 일도 있었다. 종종 분노가 강력한 동기부여로 작용하기도 했다.

물론 그런 시간들이 정말 힘들 때도 있었다. 그럴 때가 나와 함께한 선수들 그리고 경쟁자로 만났던 선수들에게 가장 큰 존경심을 느끼던 순간이었다. 당시에는 알프레도 디 스테파노Alfredo Di Stéfano, 펠레Pelé, 프란츠 베켄바우어Franz Beckenbauer, 귄터 네처Günter Netzer 같은 선수들이 진짜 스타였다. 특히 네처는 나와 비슷한 유형의 미드필더였는데, 공격 전개 방향을 한 번에 바꾸는 그의 롱 패스는 내게도 선망의 대상이었다. 나는 베켄바우어의 엄청난 팬이기도 했다. 그는 정말 지능적이고 우아한 플레이를 하는 예술가 같은 선수였다. 나는 그와 선수로서는 한 번도 상대해 보지 못했지만 모나코 감독 시절 마르세유 감독이었던 그와 상대했던 적은 있다.

무지크에서 선수로 뛸 때 오세르Auxerre의 감독으로 만났던 기 루Guy Roux도 기억이 난다. 그때 나는 그의 팀을 상대로 결승골을 넣었는데, 성격이나 스타일이 매우 달랐음에도 나는 그가 이룩한 성과에 존경을 표했다. 그는 오세르를 유러피언컵으로 이끌었고, 특히 한 클럽을 종신 감독으로서 44년 동안이나 이끌었다.

프로로서 성장하는 그 모든 시간 동안 나는 늘 감독을 우러러보았다. 선수들과 경기를 존중하고, 축구의 아름다움을 지키며, 자신의 팀을 강하게 만드는 것을 우선으로 생각하고 다른 팀의 약점에 지나치게 의존하지 않는 감독들. 그것이 힐트, 질베르 그리고 요한 크루이프Johan Cruyff의 방식이었다. 내게 있어 축구는 오직 사람들을 꿈꾸게 할 수 있을 때 진정으로 가치 있는 것이었다. 나는 그들이 자신의 팀을 이끄는 방식을 지켜보면서 그것을 이해할 수 있었다.

또한 나는 축구에 대한 자신만의 철학을 갖고 개성을 표출하면서, 두려움에 굴복하지 않고 맞서 싸우는 그런 선수들도 무한히 존중하게 되었다.

그것이 바로 나의 클럽에서 뛸 선수들에게서 내가 원하고 또 열망하는 것이었다.

선수를 움직이게 만드는 것이 무엇인지를 이해하는 것, 선수가 가진 두려움과 분노를 이해하고 그가 팀을 위해 공헌하는 그 나름의 기술을 알아내는 것 그리고 항상 다른 지도자들을 존중하고 그들에게 귀를 기울이는 것, 그것이 바로 내가 그 시절에 느끼고 또 배운 것이었다. 그것들을 모두 배웠을 무렵, 나는 고향 알자스와 멘토와 친구들을 떠나 새로운 도전을 맞이하게 되었다.

3

칸, 낭시.
감독으로서 맡은 첫 팀들

"감독의 역할은 선수들이 축구를 위해 필요한 이 모든 것들을 제대로 이해할 수 있도록 돕는 것이다. 이를 위해 감독은 선수들 내면에 있는 어린아이와 소년 그리고 현재의 그들과 고루 대화를 나눌 수 있어야 한다. 감독이 선수들의 현재 모습만 이해하고 승리와 성과를 요구한다면 축구를 통해 즐거움을 원하던 그들 내면의 '어린아이'들을 놓칠 때가 많다."

RC 스트라스부르는 젊은 시절 열정을 바쳤던 팀이었다. 나는 그 팀의 트레이닝 아카데미에서 코치로 일했고 유소년 선수들과 많은 시간을 보냈다. 가능하면 직접 가서 볼 수 있는 알자스 지방과 독일에서 열리는 모든 경기를 보려고 했고, 코칭에 도움을 줄 수 있는 책도 모두 찾아 읽었다. 또한 트레이닝 센터 안에 5~7세 아이들을 위한 작은 학교를 열기도 했다. 당시 나에게는 클럽 내의 환경을 바꿀 수 있는 자유와 선택권이 있었고, 나는 늘 혁신적인 방법을 찾아 다녔다. 어쩌면 나는 그곳에 오래 머물 수도 있었을 것이다. 스트라스부르의 이사들이나 멘토들이 권했던 것처럼 그곳에서 계속 열심히 노력하고 한 단계 한 단계 올라가 1군 팀의 코치가 될 때까지 말이다.

하지만 나는 왠지 모르게 늘 안락한 현실보다는 모험에 나서기를 원했다. 새로운 축구와 새로운 선수들, 새로운 사람들과 새로운 코칭 방법을 계속 발견하며 멈춤 없이 발전하고 싶었다.

뮐루즈 2군 팀과의 경기에서 나는 장 마르크 기우와 만났다. 그 만남은 힐트 감독이나 조르쥬 볼로뉴와의 만남처럼 내 인생의 큰 전환

점이 됐다.

장 마르크는 첫 번째 팀인 앙제에서도, 그 후에 뛴 니스에서도 뛰어난 선수였다. 그는 다른 선수와 비교가 안 될 정도로 실력 있는 공격형 미드필더였다. 그는 1978년 아르헨티나 월드컵에 출전한 프랑스 대표팀에서 활약한 선수이기도 했다. 그는 그보다 한 세대 뒤에 프랑스에서 배출된 황금 세대로 인해 다소 주목을 덜 받았던 세대의 선수였다. 당시 선수들은 한 클럽에 오래 머무르면서 실력을 증명해야 했기에 그만큼 많은 희생을 하면서 뛰어난 성과를 내려고 노력한 선수들이 많았다. 이는 오늘날과는 큰 차이가 있다. (전혀 과장하지 않고 말하자면) 요즘에는 선수의 재능을 알아보는 데 한 경기만으로도 충분한 경우들이 있다. 선수 생활을 마친 후 장 마르크는 뮐루즈의 감독이 됐고, 팀을 1부 리그로 승격시켰다.

우리 팀과의 경기가 끝난 뒤 그가 나를 따로 불러서 만나자고 했다. 우리는 그날 네 시간 동안 대화를 나눴다. 그 후로 이어진 그와 나의 아주 가까운 관계는 그날 단 하루 만에 만들어졌다. 그는 그때도 지금도 아주 강한 개성을 가진 사람이고 축구에 대한 자기만의 주관이 아주 뚜렷한 사람이다. 축구에 대한 그의 생각을 아주 좋아했던 나는 늘 그와 의견을 함께 나눴다. 그가 당시 2부 리그 팀이었던 AS 칸의 감독이 되었을 때, 그는 내게 그의 수석코치 겸 아카데미 코치 자리를 제안했다.

나는 스트라스부르에서 함께 일했거나 나에게 조언했던 그 누구와도 상의하지 않고 그의 제안을 받아들이기로 결정했다. 칸에 가서 그를 만난 다음 당시 단장을 맡고 있던 리처드 콩테Richard Conte와 만났다. 그와 나는 훗날 친구 사이가 됐지만, 그를 만난 것은 그날이 처음이었다. 우리는 밤새 계약에 대해 논의했고 아침이 다 될 때까지도 결론을 내리지 못했다. 우리가 그날 논의했던 수준은 요즘 사람들이 들으면 웃을지도 모른다. 하지만 주관이 강하고 지기 싫어하는 것이 그때 우리의 모습이었다. 우리는 싸울 준비가 되어 있었다. 훗날 우리 세 사람은 놀라운 트리오가 됐다. 논쟁을 하는 일 없이 다른 사람의 의견을 존중했고, 같은 클럽을 위해 같은 목표를 품고 오직 앞으로 나아갔다.

그날 우리가 논쟁을 벌인 주제가 지금도 기억에 선명하다. 그날의 그 대화 덕분에 그와 나는 오늘까지도 가까운 친구 사이로 지낼 수 있었다. 그리고 그날의 일은 내가 알자스 지방을 떠나 지도자로서 가진 첫 번째 진지한 협상이었다. 나의 본능에 따르면서도 강한 의지를 품고 내가 다른 모든 이들의 우려와 달리 그 자리에 꼭 어울리는 사람이라는 사실을 증명하고 싶었다. 한편으로는 걱정되기도 했지만 그 걱정이 나를 사로잡게 하고 싶지는 않았다.

AS 캉으로 떠날 때의 내 마음과 당시 축구계의 상황에 대해 떠오르는 생생한 기억이 하나 더 있다. 내가 알기로 그때 장 마르크는 공격수를 영입하기 위해 수소문 중이었다. 캉으로 가기 전 나는 〈프랑스 풋볼(프랑스의 유명 축구 전문지로 '발롱도르'를 주관하는 유력 매체 – 옮긴이)〉에서 SC 오랑주Orange 소속으로 뛰고 있는 라미네 은디아예 Lamine N'Diaye라는 선수에 대한 흥미로운 기록을 보게 되었다. 그는 당시 최고의 공격수에 걸맞은 득점력을 지니고 있었다. 캉으로 가기 직전에 전화로 그에게 했던 말이 거의 그대로 기억이 난다. 그와 나는 오랑주 부근 고속도로 근처에서 친구들과 함께 만나 대화를 나눴다. "축구화 챙길게요. 멋진 축구를 할 수 있을 것 같습니다." 우리와 함께하기로 한 그가 다음 날 찾아왔다. 우리는 그와 함께 4대 4 게임, 일대일 게임을 했고 그 즉시 그가 엄청난 잠재력을 가진 아주 뛰어난 선수라는 걸 확신할 수 있었다. 나와 함께 그를 지켜본 장 마르크도 생각이 같았다. 다음 날, 우리는 1군 계약을 맺기 위해 그를 칸으로 데려갔다. 그는 내가 처음 발탁한 선수였고, 그 후 나와 가까운 친구가 됐다. 그는 이후에도 칸, 뮐루즈 등에서 뛰면서 리그 1에서 오랫동안 활약했다. 나중에 그는 카메룬의 코통스포르 FC 드 가루아 Coton Sport de Garoua를 이끌었고, 세네갈 대표팀 감독으로 일하기도 했다. 또, 콩고 클럽 TP 마젬베에서도 성공적인 시즌을 이끌기도 했다. 그러나 여전히 내 기억에 남아 있는 것은 그날 오랑주 부근 주차장에서 그와 만나 대화를 나눴던 일이다. 오늘날 그런 식으로 선수를 영입하는 것을 상상이나 할 수 있을까?

결과적으로 AS 칸에서 수석코치 겸 유소년 아카데미 총괄자로 일한 기간은 1년뿐이지만, 나에게는 그 1년이 아주 중요한 시간이었다.

사실 그건 나에게 아주 큰 도전이었다. 스트라스부르를 떠나 칸으로 향했을 때의 내 심정을 사실대로 말하자면 마치 롤스로이스를 버리고 2기통 자동차를 타는 것 같은 느낌이었다. 그것은 분명 한 단계 아래로 이동하는 것처럼 보였지만 동시에 새로운 무언가를 시작하는 시점이었다는 점에서 흥미로운 기회이기도 했다. 특히 장 마르크와 리처드 그리고 나의 관계는 아주 좋았다. AS 칸은 아직 만드는 단계에 있던 클럽이었고 2부 리그 클럽이었으며 프로 구단으로서 구조적 측면이 아직 부족한 구단이었다. 리처드와 장 마르크 그리고 내가 모든 것을 만들어야 했다. 아카데미 훈련을 조직하는 일부터 새로운 젊은 사람들을 채용하는 일, 선수들의 트라이얼을 진행하는 일, 1군 팀을 뽑고 구성하는 일, 훈련 과정을 다시 고민하는 일까지 우리는 수많은 일들을 해치우며 24시간을 온전히 다 쏟아부었다. 그건 정말 큰 경험이었고, 아주 강도가 높은 시간이었다. 그리고 그것이 내가 그 1년을 지금도 아주 즐겁게 회상하고, 또 중요했던 한 해로 생각하는 이유다.

가족과 친구들과 함께 지내던 스트라스부르에서와 달리 남프랑스의 그 도시에서 보낸 첫 6주 동안에는 오직 장 마르크와 리처드만 만날 수 있었다. 알자스를 떠나는 일은 가슴 아픈 일이었다. 나는 혼자 고립되어 정말 금욕적인 생활을 하며 지냈다. 내 집에는 침대와 소파, TV밖에 없었고 나는 매일 밤 녹화한 경기를 보고 또 보며 하루하루를 보냈다. 그렇게 외로운 생활을 해 보는 것 역시 완전히 새로운 도시의 새로운 클럽으로 이적하는 선수들의 마음을 이해하는 데 도움을 주었다.

그 경험 덕분에 나는 늘 선수들에게 최소 6개월의 시간을 주고 새 장소에 적응하면서 축구에 집중할 수 있도록 했다.

완전히 낯선 곳에서 외롭고 고독한 생활을 하는 동안 나는 사람들과의 교류나 방해 없이도 어느 곳에서든 열정만 있다면 살 수 있다는 것을 배웠다. 물론 그런 생활을 하면서 생기는 걱정은 완전히 사라지지 않았지만, 그것 역시 견딜 만한 것이었다. 나는 팀과 함께 어울리는 것을 좋아하면서도 혼자 있는 것을 좋아하는 사람이었고, 축구의 즐거움이나 어려움을 함께 나누는 것만큼 혼자서 의사결정을 내리고 준비하는 것을 좋아했다.

또한 그 시절은 내가 처음 알자스 축구와는 전혀 다른 기술과 정신을 가진 축구를 만났던 때이기도 했다. 남프랑스 지역의 축구는 일반적으로 발 기술에 좀 더 집중하지만, 알자스 축구는 좀 더 직선적인 롱볼 플레이나 공간을 만들어 내는 플레이를 추구한다. 칸의 축구는 좀 더 기술적이고 빠른 짧은 패스 위주로 이루어졌으며, 더 과격했다. 이는 또 하나의 중요한 차이점이었다. 상대 팀이나 주심에 대한 공격적인 태도는 종종 도를 넘어 감독이 통제하기 어려운 상황을 만들 때도 있었다. 알자스에서 지낼 때는 그런 것을 전혀 경험해 보지 못했지만 나는 그것에도 금방 적응했다. 그 경험 역시 나에게 큰 도움이 됐다. 어린 선수들을 상대할 때는 이런 면에 더 적극적으로 대응할 필요가 있기 때문에, 우리가 선수들을 두려워하지 않는다는 점을 분명하게 보여줘야 했다. 나는 그럴 때의 긴장감과 열정도 아주 좋아했다.

1군 팀의 수석코치로 일하는 동시에 아카데미 팀을 이끄는 것은 일의 양 자체로만 볼 때도 정말 힘든 일이었다. 어떤 날은 유소년 선수들을 8시 30분부터 10시까지, 2시에서 4시 사이에 지도하고. 1군 팀 선수들은 10시 15분부터 12시까지 그리고 4시부터 6시까지 하루에 총 네 번의 훈련을 지도하는 날도 있었다. 팀이 경기를 위해 이동할 때는 나도 늘 함께 다녔고 일요일에 다시 돌아온 후에는 곧바로 경기 후 회복 훈련을 한 다음 마르세유에서 열리는 2군 팀 경기를 위해 이동하기도 했다. 그건 나에게도 다른 사람들에게도 고된 강행군이었다. 사실 이런 일은 내 커리어 내내 마찬가지였다. 나는 장 마르크를 믿었고 그도 나를 믿었다. 우리에게는 상호 간의 신뢰가 굳게 형성되어 있었다. 내 일에 있어서 자유로운 권한을 부여받았고 그 대신 나 역시 늘 클럽에 소속된 사람으로서 행동했다. 클럽과 계약을 맺을 때는 하루 종일 협상할 수도 있었지만 일단 계약에 한 번 서명하고 나면 내가 할 수 있는 한 최선을 다했다. 그리고 나는 지금까지 단 한 번도 나의 이익을 위해 이미 서명한 계약을 다시 거론한 적이 없었다.

나는 내 자리에서 최선을 다하고 훈련의 질을 향상시킨다면 선수들로부터 존중받을 수 있다는 확신을 갖고 있었다. 그리고 그것을 가능하게 하는 것은 재정적인 측면 같은 것이 아닌 근면한 노력이라고 생각했다. 우리의 목표는 1부 리그로 승격할 수 있는 팀을 만드는 것과 훌륭한 유소년 아카데미를 만드는 것이었다. 회장과 감독, 코치, 선수들 모두가 하나의 목표를 위해 최선을 다해 노력했다. 그 결과를 만들기 위해 모두 부지런히 노력하면서 가족 같은 화목한 분위기가 형성됐다. 놀라운 팀워크와 계속해서 도전하는 정신력, 승리를 위한 열망과 우리만의 축구를 즐기는 분위기도 만들어졌다. 그것은 그 후로도 내가 이끈 모든 팀에서 바랐던 모습이었다. 경기가 끝나고 나면 모두 함께 식사를 했고, 다음 날 아침에도 같이 아침 식사를 하면서 수많은 대화를 나눴다.

그때 함께한 우리 팀 선수들은 모두 성숙하고 열정적인 선수로 성장했다. 그들은 딱히 젊다고 할 수 있는 선수들은 아니었지만 강철 같이 단단한 성공에 대한 의지를 가진 선수들이었다. 미드필드의 라미네 은디아예와 장 페르난데스Jean Fernandez, 질 람필리옹Gilles Rampillon과 이브 베르투치Yves Bertucci, 공격수 패트릭 레벨리Patrick Revelli와 베르나르 카스텔라이니Bernard Castellani, 수비수 질 이켐Gilles Eyquem과 바티스트 헨틸리Baptiste Gentili, 베르나르 카소니Bernard Casoni 등이다.

칸은 내가 선수들에 대해 더 많은 것을 배우고 거의 '무無'의 상태에서 시작해 강한 의지를 바탕으로 발전과 성공을 이뤄 낸 곳이었다. 과거의 오세르나 오늘날의 아미엥Amiens 등이 거둔 성과가 당시 우리의 그것과 유사했다.

칸은 내가 지도자 시절 초보적인 실수를 저지른 곳이기도 했다.

지도자는 선수와 같이 경기장에서 배워야 한다. 처음에 장 마르크와 나는 우리 팀에 대해 제대로 파악하지 못한 상태에서 선수들의 포지션에 대한 정확하지 못한 판단을 내렸다. 우리는 공격력이 매우 강했지만 동시에 공격수들 간의 밸런스는 좋지 않은 팀이기도 했다. 또 실점이 너무 많았다. 장 마르크는 뛰어난 혁신가였고, 위험을 감수하는 것을 두려워하지 않았다. 축구에서는 팀의 밸런스가 아주 중요하고 그 밸런스를 찾기 위해서는 시간이 필요하다. 때로는 그 밸런스가 한 선수에 의해 좌지우지될 때도 있다. 나는 장 마르크에게 점유와 전진 사이의 밸런스가 얼마나 중요한 것인지를 배웠고, 또 공격적인 팀의 자세는 적절한 백업이 뒷받침되어야 하고 그에 따르는 위험을 미리 알고 적절한 균형을 찾는 것이 중요하다는 것도 배웠다. 즉 한 팀의 창의적인 선수들이 상대 팀을 공략하기 위해서는 적절한 숫자의 수비형 미드필더가 뒷받침돼야 한다는 사실을 이해할 수 있었다. 나는 장 마르크나 힐트 감독처럼 상대 팀의 약점만 노리지 않는 감독이 되고 싶다고 다짐했다.

스트라스부르에 있을 때 나는 어린 선수들을 육성하는 데 특히 관심을 가졌었지만, 칸의 경우에 더 중요한 것은 현재의 성과였다. 곧바로 눈에 보이는 결과를 낼 필요가 있었기 때문이다. 따라서 곧바로 결과로 드러나는 모든 결정 하나하나가 중요해졌다. 모든 것이 단기적인 성과에 초점이 맞춰져 있었기 때문이다. 우리는 되도록 빨리 좋은 조화와 밸런스를 낼 수 있는 팀을 만들 필요가 있었다.

종종 선수들의 포지션을 바꾸면 좋은 결과가 나오곤 한다. 그런 부분에서는 감독의 관찰력이 아주 중요한 역할을 한다. 축구야말로 그 어떤 심리 테스트보다 사람의 성격을 쉽게 파악할 수 있는 종목이다. 경기장 위에서는 그 어떤 겉치장도 존재하지 않는다. 오직 자신 그대로의 모습만이 보일 뿐이다.

칸에서 장 마르크와 나는 훗날 피해야 할 또 하나의 실수를 했다. 시즌이 시작되기 전 우리는 상 마틴 베주비Saint-Martin-Vésubie에서 3주간 선수들과 훈련을 가졌는데, 그때 선수들에게 너무 강한 훈련을 실시한 나머지 선수들을 과할 정도로 지치게 만들었다. 당시 우리는 하루에 세 번 훈련을 했고, 매일 아침 산에 오르는 조깅을 실시했다. 몇몇 선수들은 오후 8시에 잠자리에 들기도 했는데 몇몇 선수들은 다음 날 훈련에 대한 걱정 때문에 잠을 잘 수 없었다고 호소하기도 했다.

그 선수들은 서서히 에너지가 부족한 모습을 보이기 시작했다. 그들에게는 회복할 시간이 필요했다. 이후에도 훈련의 강도가 유지되면서 그 영향으로 선수들의 퀄리티는 높아진 반면 민첩성이 줄어든 모습을 볼 수 있었다. 지금도 나는 그런 강도 높은 훈련이 실전에 도움이 된다고 믿고 있지만, 동시에 너무 지나친 훈련은 특히 시즌 초반에 선수들에게 악영향을 미친다는 것도 분명히 깨닫게 됐다.

칸에서 내가 거둔 또 다른 큰 수확은 지도자로서 선수들을 직접 이끌고, 프로 선수들을 지도할 기회를 얻었던 것이었다. 나는 그 일이 무척 즐거웠다. 장 마르크가 코트디부아르의 유망한 선수를 영입하기 위해 몇 주 동안 자리를 비운 일이 있었다. 나는 그 선수와 훗날 AS 모나코에서 다시 만났다. 그 선수의 이름은 유수프 포파나 Youssouf Fofana인데, 그는 엄청난 힘과 폭발력이 특출한 선수였다. 장 마르크가 갑자기 자리를 비우면서 그 자리를 내가 대신하게 됐다. 내가 직접 팀을 선발하고 팀과 함께 이동하며 결과에 대한 책임을 지게 됐다. 그러면서 그 책임감과 그 끝없는 긴장감 그리고 그 힘을 내가 좋아한다는 것을 깨달았다. 칸이라는 팀을 혼자서 온전히 책임져 본 그때의 경험은 이후 나의 경력에 아주 중요한 영향을 미쳤다. 그때 내가 그 일을 진정으로 원한다는 것, 즉 축구 감독이 바로 나의 꿈이라는 사실을 깨달을 수 있었다.

그 시즌에 우리는 프랑스컵 8강에서 모나코에 패하며 탈락했다.

그러나 시즌 초기에는 당시 좋은 팀이었던 바스티아를 탈락시켰고, 그때부터 서서히 우리가 발전하고 있다는 자신감과 에너지를 얻을 수 있었다. 우리는 그 팀에 분명한 미래가 있다고 느꼈다. 알랭 모이장Alain Moizan과 알베르트 에몽Albert Emon, 펠릭스 라쿠에스타Félix Lacuesta와 다니엘 산체스Daniel Sanchez 등과 함께 장 마르크와 리처드가 팀을 이끌면서 1부 리그 승격에 도전했다. 그때 우리가 만든 아카데미는 훗날 지네딘 지단Zinedine Zidane이나 패트릭 비에이라Patrick Vieira, 요한 미쿠Johan Micoud 같은 특별한 선수들이 거쳐 간 축구 학교가 됐다.

그해 말, 나는 FC 소쇼 몽벨리아르Sochaux Montbéliard와 AS 낭시 Nancy로부터 오퍼를 받았다. 그들의 오퍼를 받자마자 나는 장 마르크와 상의했고, 그는 내게 낭시로 가는 것이 좋을 것이라는 조언을 해 주었다. 그들이 다른 팀들보다 더 적극적이었고, 서로를 존중하는 사이였던 알도 플라티니Aldo Platini가 단장으로 일하고 있었기 때문이다. 나는 낭시의 회장과도 직접 만난 뒤 칸을 떠나 낭시로 향하기로 결정을 내렸다. 그것이 리그 1 클럽과의 첫 번째 프로 계약이었다.

34세의 나이에 나는 1군 팀의 감독이 됐다. 그것은 내게 분명한 한 단계 위로의 성장이었다. 나는 1부 리그 팀의 감독이 되어 에메 자케 Aimé Jacquet, 장 클로드 수아데우Jean-Claude Suaudeau, 제라르 울리에 Gérard Houllier, 다니엘 장드푸에Daniel Jeandupeux 같은 유명 감독들과 함께 새로운 세계에서 경쟁하게 됐다. 이들은 모두 훌륭한 커리어를 쌓은 감독들이었다. 기 루 감독은 이미 오세르에서 자리를 잡은 상태였다. 이 무대는 내가 나 자신을 증명해야 하는 제대로 된 시험대이기도 했다. 에릭 마르탱Eric Martin이나 루벤 움피에레레Ruben Umpierrez, 브루노 제르망Bruno Germain, 디디에 카시니Didier Casini, 디디에 필리페 Didier Philippe, 알베르 카르티에Albert Cartier 같은 몇몇 경험 많은 선수들은 내게 의심스러운 시선을 보내기도 했다. 나는 랭스에서 뛰고 있던 장 루크 아리바트Jean-Luc Arribart를 영입했다. 당시 낭시는 경험 많은 선수들이 많은 강한 팀이었지만 돈이 없었다. 낭시는 훌륭한 비전을 가진 클로드 쿠니Claude Cuny 회장이 이끌고 있었는데, 그가 바로 낭시를 프로 클럽으로 만든 주인공이었다. 낭시는 그 덕분에 훌륭한 시스템과 아카데미를 가질 수 있었다. 특히 낭시는 뛰어난 주장인 미셸 플라티니Michel Platini가 뛰기도 했던 팀이다. 그는 1978년 니스를 상대로 승리하며 낭시의 프랑스컵 우승에 기여하기도 했다. 대단한 선수였던 플라티니는 1980년대의 진정한 스타 중 한 명이었고, 훗날 프랑스 대표팀을 이끌기도 했다. 나는 그와 그 세대 선수들이 프랑스 축구에 자신감을 가져다준 것에 찬사를 보내고 싶다. 그들 덕분에 프랑스는 1984년 유로에서 우승을 차지할 수 있었고, 그 후 그들이 거둔 모든 성공 역시 그 위에 쌓아 올린 성과였다.

낭시는 어린 감독이었던 내게 큰 도전인 동시에 많은 것을 배우게 해 준 학교와도 같은 곳이었다. 예산에 맞춰 팀을 운영하며 절약하는 방법은 물론 메츠나 보르도처럼 우리보다 더 재정적으로 풍족한 클럽들을 상대하는 방법 등에 대해 배울 수 있었다.

나는 최전방에 앞장서서 낭시를 이끌었다. 그 시기는 정말 흥미로운 시간이었다. 물론 힘든 순간들도 있었지만, 배울 부분이 많았던 시기이기도 했다. 그곳에서 나는 미셸 플라티니의 아버지인 알도 플라티니 단장에게 의지했다. 그는 뛰어난 시야를 바탕으로 아주 날카로운 평가를 할 줄 아는 사람이었다. 나는 그와 아주 많은 대화를 나눴다. 그를 포함해 칸, 낭시에서 만난 모든 이사진들은 나를 기꺼이 도와줬다. 경제적인 수단을 동원하기가 어려웠던 상황에서도 나는 나 자신의 방법을 시도하고 혁신적인 방법을 계속 고민하며 팀을 발전시켜 나갈 수 있었다.

나는 훈련 외에도 식이요법과 마사지, 정신적인 준비, 수면, 삶의 질 그리고 선수들 주변의 사람들까지 선수들의 능력에 관련된 것이라면 모든 것에 주의를 기울였다. 선수는 항상 준비하는 자세로 살아가야 한다. 나는 알자스에서 지내던 시절부터 이런 부분에 대해 특히 피에로 데뮈와 함께 많은 생각을 나눴다. 어떤 선수들은 훈련에서 최선을 다하지만, 훈련장 밖에서 그 모든 노력의 성과를 잃어버릴 수도 있다. 그러나 자신을 계속 더 발전시키기 위해 노력하는 선수들에게는 그것이 가능하다. 중요한 것은 선수들이 스스로 만들어 내는 발전이다.

'보이지 않는 훈련', 즉 생활 습관이나 체력 관리 등에 대한 올바른 태도와 식습관, 수면, 스트레칭, 마사지 같은 심리적인 지원과 동기 부여가 선수들의 발전을 가능하게 하는 요인이다. 이는 하나의 혁신이다. 특히 선수들이 훈련에 임하는 자세가 중요하다. 훈련을 할 때도 승리를 향한 마음가짐을 잊어서는 안 된다. 선수 생활을 5년 정도 하다 보면, 그런 자세를 가진 선수들과 현재에 만족하는 선수들 사이에는 엄청난 차이가 발생한다.

낭시에서의 첫해, 클럽은 좀 더 경험 있는 선수들이 많았고 두 번째와 세 번째 해에는 나중에 그들의 감독이 되는 알랭 패랭Alain Perrin이 지도한 유소년 선수들이 더 많았다. 나는 선수들을 관찰하면서 그들을 통해 공격과 수비 그리고 선수들이 갖는 두려움 등에 대해 근본적으로 이해할 수 있게 되었다. 많은 지도자들이 선수 경험이나 15~17세 사이 유소년 선수들이 성장하는 아카데미에 대한 경험 없이 일을 시작한다. 다행히도 나는 스트라스부르와 칸에서 처음 기술을 익히는 단계에 있는 선수들(7~12세)부터 육체적으로 발전하는 시기의 선수들(12~16세) 그리고 정신적으로 강해지는 시기(17~19세)와 마침내 결정적으로 그 모든 것의 정점을 찍는 시기(19~22세)의 선수들을 모두 지켜볼 수 있었다. 마지막 시기의 선수들이 지성적인 면을 갖추지 못하거나 동기부여가 없다면 다른 모든 것들이 물거품이 될 수도 있다. 선수를 육성하는 것은 장기적인 노력이 필요한 일이다. 나는 낭시와 모나코, 아스널을 거치면서 장기적인 노력을 기울이는 것이 가장 중요하다는 사실을 깨달았다.

선수들은 그런 시기를 차례로 거치며 성장하고 그 과정을 통해 축구라는 무대에서 봉사할 준비를 마친다. 축구는 그들에게 종교가 되어야 한다. 축구를 위해 노력하고 매 순간 가장 좋은 선택을 내릴 수 있어야 한다. 때로 그 선택이 개인적인 충동과 반대되는 것일지라도 그 모든 과정은 중요하다. 선수들이 이 모든 것을 한 번에 이해할 수 있는 것은 아니다. 그들에게는 시간이 필요하다. 공을 받고 상대 선수와 몸싸움을 벌이고, 공을 잃을 위기를 감수하면서 올바른 결정을 내릴 수 있기까지 걸리는 시간이다. 감독의 역할은 선수들이 축구를 위해 필요한 이 모든 것들을 제대로 이해할 수 있도록 돕는 것이다. 이를 위해 감독은 선수들 내면에 있는 어린아이와 소년 그리고 현재의 그들과 고루 대화를 나눌 수 있어야 한다. 감독이 선수들의 현재 모습만 이해하고 승리와 성과를 요구한다면 축구를 통해 즐거움을 원하던 그들 내면의 '어린아이'들을 놓칠 때가 많다.

나는 늘 나의 선수들을 스트레스가 많은 환경으로부터 보호하고, 그들이 내리는 결정이나 그 결정에 따르는 결과에 대한 두려움에서 벗어나 오직 안전하게 축구에만 집중할 수 있도록 만들어 주기 위해 노력했다.

어린 코치들이 조언을 구하러 올 때면 나는 그들만의 축구에 대한 청사진을 그려 보라고 권한다. 그리고 축구 그 자체가 그들에게 가르침을 주는 존재이며 축구를 주의 깊게 관찰하는 것이야말로 그 어떤 말보다 효과적이라고 말해 주곤 한다.

경기 중에 존재하는 수십억 개의 경우의 수가 축구를 풍성하고, 놀랍고, 환상적인 스포츠로 만들어 준다. 선수들은 그들의 기술을 이러한 각각의 상황에 맞게 활용할 수 있어야 한다. 경기 중에는 모든 것이 예상대로 이뤄질 수 없기 때문에 늘 모든 상황에 대비해야 하고 그에 맞게 자신의 위치를 바로잡고 결단을 내릴 수 있어야 한다. 선수들은 이 모든 자질을 갖추기 위해 노력해야 하며, 이를 위해 끊임없는 자기 혁신을 가할 필요가 있다. 축구에서 벌어지는 상황들은 그가 과거에 경험한 상황과 결코 같을 수 없기 때문이다. 축구는 크게 세 가지 기준에 의존한다. 볼 컨트롤과 의사 결정 그리고 실행의 질이 그것이다.

감독은 그의 팀 구성원에게 축구를 존중하는 마음과 공동체 의식을 심어줘야 한다. 내가 감독으로 이끌었던 팀에도 팀의 규칙에 느슨한 태도를 가진 선수들이 있었다. 그런 선수들이 팀을 위해 더 노력하게끔 설득하는 것, 팀이 그들에게 보답하게끔 만드는 것이 바로 감독의 역할이다. 경쟁의 레벨이나 대회의 레벨이 높으면 높을수록 이런 선수들이 팀에 미치는 나쁜 영향은 더 커진다. 낭시에서부터 아스널까지 나는 내가 맡았던 모든 팀 선수들이 팀이나 다른 선수들을 속이는 행동은 절대 할 수 없도록 관리했다.

낭시 시절에는 그런 부분이 정말 중요했다. 지금은 내 삶이 아스널과 너무나도 깊이 연관되어 있기 때문에 많은 사람들이 그 이전 팀에서 내가 했던 일과 그로부터 배운 일에 대해서는 많은 관심을 갖지 않는 측면이 있는 것도 사실이다.

낭시에서 감독 생활을 했던 3년 동안 나는 모든 삶을 낭시에 쏟아부었다. 헌신을 다하며 선수들의 마음을 얻기 위해 노력했고 때로는 엄격한 태도를 보이기도 했다. 몇몇 반항적인 선수들과 마찰이 있었던 것도 사실이다. 나는 내가 클럽에게 그랬듯이 모든 선수들도 나와 같은 마음으로 클럽과 축구를 대하기를 바랐다. 나에게는 그것이 무엇보다 중요했다. 나의 감독 커리어가 걸려 있다고 생각하면서 모든 일에 최선을 다해야 했다. 그때가 바로 내가 감독으로서 모든 면에 깊은 관심을 갖고, 문자 그대로 감독으로서 모든 것을 감독하고 관리하는 존재가 되기 시작한 시기였다.

나는 낭시가 다른 리그 1 클럽들에 비해 재정 상황이 좋지 않다는 것을 알고 있었다. 그들은 다른 클럽들에 비해 팀의 규모나 서포터수, 유러피언컵 같은 유럽 대항전 경력 등에서 열세였다. 나는 클럽의회장만큼이나 신중하게 비용을 사용했다. 뮌헨에서 ISPO 스포츠 트레이드 페어가 열리면 거기까지 혼자 운전을 해서 찾아가 부스 하나하나를 직접 돌면서 우리 클럽이 사용할 축구공을 구입하기 위한 협상을 하곤 했다. 한번은 더비Derby와 한 시즌에 축구공 100개를 합리적인 가격에 공급하는 계약을 직접 협의하고 내 클럽을 위해 내가한 일에 행복을 느끼며 자랑스러운 마음으로 낚시에 돌아온 적도 있었다.

그런 과정을 거치며 축구에서 가능한 최선의 결과를 내기 위해서는 아주 작은 섬세한 부분들도 모두 중요하다는 사실을 이해하게 됐다. 그것이 내가 매일 아침 경기장의 잔디 관리인과 잔디 상태를 더좋게 만들기 위한 논의를 하거나, 팀의 스타 선수가 팀을 떠날 때 아직 몸값이 비싸지 않은 어린 선수들에게 기회를 줬던 이유다.

처음부터 가장 선두에서 1군 팀을 이끌었기 때문에 특히 첫 시즌에는 지금까지도 기억에 남는 좋은 경기와 승리를 맛보기도 했다. 반면 동시에 열정의 대가와는 다른 쓰라린 경험을 하기도 했다. 나는내 선택에 따라 늘 팀과 함께했다. 주말 경기에 뛰지 못하는 선수들의 실망과 그들이 나에게 품을 수 있는 반발감 등을 관리해야 한다는 사실과 그러면서도 그들에게 새로운 동기부여를 해 줄 수 있어야한다는 사실도 알고 있었다. 무엇보다 패배에 대한 책임은 오직 감독만의 것이라는 사실을 받아들여야 했다. 몇몇 패배들은 육체적으로도 받아들이기가 힘들 만큼 충격을 주기도 했다. 특히 두 번째, 세 번째 시즌에 팀의 분위기가 깨지면서 모든 것이 전보다 더 어려워졌다. 패배가 점점 늘면서 그런 상황을 감내하는 방법을 배우는 동시에, 축구가 내게는 삶과 죽음의 문제와 같다는 것을 깨닫게 됐다.

크리스마스이브에 열린 경기에서 패했던 적이 있는데, 그 경기가 끝난 뒤로 부모님께 인사드리러 갔던 일을 제외하고는 며칠 동안 집 밖에 나가지 않았다. 마치 나 자신이 좀비가 된 것 같은 느낌이 들었다. 지금 생각하면 그런 타협하지 못하는 성격이 조금 부끄럽기도 하지만, 지금까지도 나는 왜 패배를 그토록 받아들이지 못했는지 이해하기 어렵다. 반면 동시에 그때 겪었던 아픔과 고통 같은 어두운 부분들이 나에게 인내심을 가르치고 더 활력을 갖게 하는 동기가 됐다는 사실도 알고 있다. 나 자신이 고통을 겪고 있는 가장 어려운 상황에 처한 와중에도 다른 사람들을 동기부여할 수 있는 방법을 찾아야 했다. 결국 나는 크리스마스 휴가를 혼자서 보냈다. 누구도 나의 상황을 알 수 없었던 시기에 다른 선수들이 모두 휴가를 떠난 뒤 홀로 남아 시간을 보냈다. 그 어두운 시기가 지나면 다시 긍정적인 생각을 되찾을 수 있을 거라 믿었다. 그때 나는 3주 동안 혼자 지내면서 내면의 고통을 다스리고 지난날을 돌아보며 시간을 보냈다. 지금 돌이켜 보면 그때의 3주라는 시간은 이후에 내가 겪은 일들에 대한 백신 같은 역할을 했던 것 같다.

내가 겪은 또 하나의 예는 그 경험들 덕분에 모든 패배 뒤에도 승리가 가능하다는 것을 확신하게 된 계기에 대해 설명해 준다. 14살 때 누구도 설명하기 힘든 불가사의한 고열에 시달리며 삶과 죽음의 문턱을 넘나든 적이 있었다. 그러던 어느 날 갑자기 그 열이 내리면서 다시 에너지를 되찾았다. 나와 내 몸은 그때 얼마나 괴로웠는지 지금도 생생히 기억하고 있다. 고열에 시달릴 당시에는 아직 키가 큰 편이 아니었는데 신기하게도 나은 뒤로 키가 쭉쭉 자랐다. 17살 때는 180센티미터까지 자랐다. 그 일은 절대 희망을 잃지 말고, 패배 앞에 굴복하지 말라는 교훈을 나에게 안겨 주었다.

그 후로 나는 무엇이든 견뎌 낼 수 있다는 믿음을 갖게 됐다.

나는 낭시에서의 시간이 힘들 수 있다는 것을 빠르게 알아차렸다. 첫 번째 시즌에 세 경기를 치른 후 우리는 보르도와 함께 리그 선두에 올랐다. 하지만 보르도와 만나 알랭 지레스Alain Giresse에게 실점하며 패했다. 그 패배 역시 나에게는 하나의 터닝포인트였다. 경기를 잘 풀어 갔지만 보르도가 우리보다 더 좋은 경기를 했고 우리는 그에 맞서 싸워야 했다. 두 번째 시즌에 우리는 리그 1 잔류에 성공했고 세 번째 시즌에는 시즌 마지막 경기까지 잔류를 위해 싸워야 했다. 운 좋게도 우리는 이사진의 지지를 받았고, 강등이 확정됐던 순간조차 그들이 나에게 5년 재계약을 제시했을 정도로 신뢰를 받았었다. 나는 낭시에 남아 그들을 다시 리그 1으로 승격시킬 마음의 준비가 된 상태였다. 그 와중에 나는 PSG의 프란시스 보렐리Francis Borelli와 모나코의 장 루이 캄포라Jean Louis Campora 회장에게서 제안을 받았다. 나는 그들 모두와 만났고 많은 고민을 했다. 나에게 모나코를 선택하라는 조언을 했던 사람은 칸의 단장이었던 리처드 콩테였다.

4

모나코

"패스를 하는 것은 곧 다른 선수들과 의사소통하는 방식인 동시에 다른 선수에게 봉사하는 행위이다. 좋은 패스를 하기 위해서는 패스를 받는 사람의 입장에서 생각해야 한다."

장 마르크, 리처드와 AS 칸에서 함께 일했을 때, AS 모나코를 보면서 특별한 느낌을 받았었다. 모나코는 프랑스 리그 중에서도 원칙을 중요시하는 클럽 중 하나였고, 대공 레이에Prince Rainier 3세가 클럽의 재정적인 부분에 직접 깊이 관여하고 있는 클럽이었다. 그 왕가는 그때나 지금이나 스포츠에 매우 큰 관심을 갖고 있고 국왕 알베르Prince Albert 2세는 직접 스포츠를 즐기고 있기도 하다. 모나코는 또 내가 자주 만나던 장 루이 캄포라가 1975년부터 이끌었던 팀이기도 했다. 37세의 나이에 모나코 같은 클럽을 이끄는 것은 과감한 도전이었지만. 나에게는 큰 꿈이 있었고 내가 원하는 축구에 대한 확고한 생각도 갖고 있었다. 모나코는 내가 원하는 선수들과 원하는 훈련 조건 그리고 삶의 질을 보장해 줄 수 있는 클럽이기도 했다. 그것이 내가 PSG로 가거나 낭시에 남는 대신 모나코를 선택한 이유였다.

캄포라 회장은 다른 많은 감독들 중에서 나를 선택했고, 나는 한 단계 더 높은 수준에서 나를 증명해야 했다. 모나코의 경험 많은 선수들 모두가 처음 보는 이 알자스 출신 남자는 누구지 하며 의아해하는 분위기였다. 심지어 나는 이제 막 강등된 팀의 감독이었고, 고

참 선수들보다 나이가 그렇게 많지도 않은 데다 엄격하고 차가운 인상까지 풍기는 사람이었다. 나는 그 선수들에게 내가 클럽의 높은 야망을 이룰 수 있는 사람이라는 것을 증명해야 했다.

캄포라 회장은 전 감독이었던 스테판 코바치Stefan Kovács를 완전히 내보내지 않은 상태였다. 이는 내가 필요한 자질을 갖췄는지 지켜보고 그로부터 조언을 얻기 위해서였다. 모나코에서는 감독 시절 초기부터 늘 감시받는 느낌이 들었다. 새 팀에 이적한 선수들이 경기장 위나 드레싱룸에서 자기 존재감을 스스로 보여줘야 하는 것처럼 나 역시도 나에게 요구되는 가치들과 축구에 대한 철학을 빨리 증명하고 인정을 받아야 했다. 그래서 나는 가급적 코바치와 거리를 두면서 수석코치 자노 프티Jeannot Petit와 함께 일하기 시작했다. 자노 역시 내가 모나코에 왔을 때 이미 그곳에 있었던 사람이고, 톱 레벨의 스포츠나 모나코 등에 대해서도 잘 알고 있는 사람이었다. 클럽의 시스템을 잘 이해하는 수석코치를 두는 일은 감독들에게 매우 중요하다. 자노는 수년간 모나코에서 축구를 했던 사람이고 기술이사 앙리 비앙케리Henri Biancheri 역시 매우 믿음직한 사람이었다. 그 역시 모나코에서 뛴 적이 있었다. 우리 모두는 매우 잘 어울렸다. 모두가 열심히 일했고 시즌 초반에 좋은 결과를 얻은 덕분에 나에 대한 의구심은 서서히 사라져 갔다.

하부 리그 팀에서 축구를 시작했다는 점과 선수 생활 초기에 많은 패배를 겪었다는 점, 유명하지 않은 클럽들을 거쳤다는 점, 좀 더 힘든 환경을 겪어 본 경험이 있다는 점, 이 모든 것들이 내게 가치를 매길 수 없는 교훈을 줬다. 그것은 겸손해지는 것이었다. 겸손은 나로 하여금 첫 시즌에 좋은 결과를 얻었을 때도 자만하지 않게 만들어 준 동시에 결과가 좋지 않을 때도 지나치게 좌절하지 않도록 만들어 주기도 했다.

내가 그때까지 가꿔 온 야망과 겸손 사이의 균형이 모나코에 도착했던 시기의 나라는 사람을 정의하는 가장 큰 특징이었다.

새 시즌이 시작되기 전에 우리는 우리 팀의 새로운 'No.10'을 찾아 나섰다. 회장은 나에게 잉글랜드 대표팀의 플레이메이커이자 토트넘과의 계약이 종료될 예정이며 PSG로부터 관심을 받고 있던 글렌 호들Glenn Hoddle을 추천했다. 디나모 자그레브에서 윙어로 활약했던 기술이 좋은 선수인 마르코 믈리나리치Marko Mlinarić도 추천했다. 캄포라 회장은 나에게 자그레브로 직접 가서 그를 만나 본 뒤 결정을 내려 달라고 요청했다. 자그레브에서 돌아온 날, 캄포라 회장의 딸이 공항에서 나를 기다리고 있었고 내일 아침 6시까지 결정을 내려야 한다고 귀띔해 줬다. 나는 그날 집에 돌아가서 밤새 그의 경기 장면이 담긴 비디오테이프를 보았다. 그리고 그 두 선수 중 한 명은 분명 우리에게 큰 도움이 될 거라 생각하면서 고민에 잠겼다.

아침 5시 30분에 호들의 에이전트에게 전화를 걸었다. 당시 호들은 공항에서 PSG에 입단하기 위해 파리로 이동할 준비를 하고 있었다. 나는 그들에게 파리가 아닌 모나코행 비행기를 타라고 말했다. 우리는 창의성이 뛰어난 선수가 필요했는데, 호들은 내가 본 경기에서 바로 그런 능력을 보여 준 선수였다. 우리는 그보다 몇 주 앞서 잉글랜드 출신 공격수 마크 헤이틀리Mark Hateley도 영입했었는데, 나는 이 두 선수가 좋은 호흡을 보여 줄 거라 생각했다. 호들은 훗날 모나코의 레전드 선수가 됐다. 함께 뛴 선수들도 그를 높이 평가했고, 팬들은 지금도 그를 당대 최고의 선수라고 생각하고 있다.

1988년, 모나코에서 보낸 나의 첫해는 축구인으로서의 꿈이 이뤄진 한 해였다. 나는 리처드가 살던 빌프랑슈Villefranche에 아파트를 구했다. 매일 라 투르비에La Turbie 클럽에 가서 선수들과 만났을 정도로 오직 선수들과 다음 경기에만 관심을 기울였다. 몇몇 친구들을 만날 때도 축구에 대한 이야기를 주로 나눴다. 물론 리처드와 장 마르크도 좋은 친구였지만 칸의 예술가였던 페리차Peritza와 칸에서 선수로 뛰었고 내가 무척 좋아하던 보로 프리모락Boro Primorac, 베르나르 마시니Bernard Massini, 롤랑 슈벨Roland Scheubel 등과도 만났다. 이들은 모두 내가 품었던 꿈을 이해하고 지지해 줬던 사람들이다.

모나코의 구성원 모두는 넘어서야 할 큰 도전을 앞두고 있었다. 모나코는 아직 유러피언컵 1라운드를 통과하지 못한 상태였고, 프랑스 리그에서도 한동안 우승을 하지 못하고 있었다. 우리는 모두 모나코가 그들에게 맞는 마땅한 자리에 올라서길 바랐다.

그 바람을 가능하게 하기 위해 우리는 캄포라 회장의 야심에 의존해야 했다. 그는 프랑스 축구에 대해 아주 잘 알고 있었고 프랑스 리그 회장인 장 사둘Jean Sadoul과는 친구 사이였다. 캄포라 회장은 나만큼이나 지는 걸 싫어하는 사람이었다. 그는 아주 훌륭한 아카데미를 구축했고 나는 그 아카데미의 코치였던 피에르 투르니에Pierre

Tournier와 유소년 선수들을 돌봐 주는 역할을 했던 폴 피에트리Paul Pietri와도 좋은 관계를 쌓았다.

우리는 또한 뛰어난 선수들로 구성된 드림팀을 만들기도 했다. 그들 중 몇몇은 1979년부터 1983년까지 강인한 제라르 바니드Gérard Banide 감독이 발탁한 뒤로 모나코에서 자리 잡은 선수들이었다. 세계 최고의 레프트백이었던 마누엘 아모로스Manuel Amoros, 클로드 퓌엘 Claude Puel, 골키퍼 장 루크 에토리 그리고 모나코에서 매우 영향력이 컸던 도미니크 비요타Dominique Bijotat, 브루노 벨로네Bruno Bellone, 루크 소노르Luc Sonor 같은 선수들이다. 그들은 경기장 위에서도 자신감을 뽐내는 선수들이었다. 그들은 자신이 무엇을 원하는지 분명히 알고 있었고, 사람들이 그들을 무시하도록 내버려 두지 않았다. 나는 그들과 훈련을 하면서 그것을 바로 알아차렸다. 그들은 축구에 대한 경험과 지식에서 비롯된 카리스마를 뽐내고 있었다. 그들은 어려운 일이 있을 때면 자신을 통제할 줄도 알았다. 그들은 또한 요즘은 보기 힘든, 삶을 즐길 줄 아는 선수들이었다. 그 시대의 선수들은 축구를 통해 풍요로운 삶을 살기 시작했지만, 그들이 그런 삶을 살 수 있었던 힘든 과정을 잊지 않았다. 그들은 감독을 존중하면서 모든 일에 대해 자신들의 의견을 내며 논의했고 많은 주제에 대해 서로의 생각을 나눴다. 그들은 변호사나 에이전트 같은 감독과 선수 사이에 끼어드는, 특히 가족으로 구성된 그런 사람들에게 둘러싸인 선수들도 아니었다.

그들은 자신들을 진정한 모나코인이라고 여겼고, 자신들의 클럽과 도시를 위해 싸울 준비가 된 진정한 모나코 정신을 대변하는 존재들이었다. 자존심과 야망을 함께 품고 영광을 이루기 위해 싸우는, 평범함을 거부하는 사람들. 그들과 함께하는 모든 사람들도 같은 마음으로 일했다. 나는 우리가 할 수 있는 한 최선을 다해야 한다는 마음가짐이 참 좋았고 그런 자세가 우리의 축구와 경기장에서의 태도에도 영향을 미쳤다고 생각한다.

모나코 생활과 내 고향에서 지낼 때의 차이점에 대해 생각하면 정신이 어질할 지경이다.

첫 번째 경기는 중요하다. 진정한 테스트이기 때문이다. 우리의 첫 상대는 마르세유였다. 마르세유는 보르도와 함께 우리의 주요 라이벌 팀 중 하나였다. 당시 마르세유의 스타플레이어는 장 피에르 파팽Jean-Pierre Papin이었다. 하지만 우리는 자신감이 부족했다. 우리 팀역시 준수한 편이었지만 과연 우리가 리그 정상인 그들과 겨룰 만큼 준비가 됐을까? 우리는 과연 리그 중위권 수준의 팀일까 아니면 정상권 수준의 팀일까? 그런 의문을 가졌던 것 같다.

우리는 전반전부터 확실한 리드를 잡았고 결국 3-1로 승리를 거뒀다. 그 경기는 우리에게 아주 중요했다. 팀 전체에 자신감을 심어 준동시에 선수들이 나를 믿게끔 해 주었기 때문이다. 그다음 경기에서 우리는 랑스Lens로 이동해 다시 한번 인상적인 승리를 거뒀다. 6경기 동안 우리는 몽펠리에Montpellier에 당한 1패를 제외하면 매우 강한 경기력을 선보였다. 7번째 경기는 훨씬 어려웠다. 우리는 니오르Niort를 홈으로 불러들여 겨뤘지만 패하고 말았다. 캄포라 회장은 자제력을 잃었다. 그 경기는 그가 선수들에게 직접 와서 말을 건넨 몇 안 되는 경기 중 하나였다. 그는 아직 내가 팀에 대한 완전한 통제력을 갖지 못하고 있을 때 직접 찾아와서 나를 거들어 줬다. 그 덕분에 선수들은 나에 대한 믿음을 잃지 않았고, 그들 자신에 대한 자신감도 잃지 않았다고 생각한다. 나는 그 시즌에 우리가 거둔 성공과 리그 우승은 모두 그 순간 덕분이라고 확신할 수 있다.

나는 점점 더 나의 가치와 믿음을 선수들과 코치들, 팀 전체와 함께할 수 있게 됐다. 나는 매우 강한 강도의 훈련을 시켰고, 적극적으로 지도했다. 몇몇 선수들은 지금도 그때 내가 외치던 소리와 우리가 주고받은 말들을 기억할 것이다. 나는 훈련 중 선수들이 형편없는 패스를 하거나 강한 의지를 보이지 않는 것을 내버려 두지 않았다. 때때로 불공평한 적도 있었을 테지만, 우리 팀에는 강한 성격의 선수들이 많았기에, 나의 그런 노력이 그들의 에너지를 끌어올리는 데도 도움이 됐을 것이라 생각한다. 내가 좀 더 훈련에 관대해진 것은 나중의 일이었다.

나 자신의 건강 상태도 아주 좋았다. 열심히 일했고, 전면에 나서서 선수들을 이끌었다. 그런 면들이 모든 선수들에게 영향을 미쳤다. 10일간 훈련 캠프를 갔을 때는 하루에 세 번씩 훈련했고 선수들에게 매우 엄격한 식단을 지킬 것을 요구했다. 그때 했던 모든 노력들은 모두 경기에 나서는 선수들을 최상의 컨디션으로 만들기 위한 것이었다. 또한 선수들에게 최고의 마사지사와 최고의 의료진을 준비해 줬다. 이 모든 것들은 – 심지어 경기장의 잔디까지 – 최상의 경기를 치르기 위해 중요한 요소였다. 모나코의 잔디 관리인은 내가 팀을 떠났을 때 아마 샴페인을 터뜨리지 않았을까? 모나코의 경기장은 주차장 위에 지어졌다. 주차장 콘크리트와 경기장 사이에 약 40센티미터의 토대가 있었지만 여름이 되면 고온과 해풍 때문에 잔디에 최악의 상황이 발생하곤 했다. 그것이 우리의 패싱 게임을 방해하는 요소 중 하나였다. 그래서 나는 경기장을 사용하지 않을 때는 잔디를 보호하기 위한 커버를 펼쳐 놓았고 훈련 시간에는 커버를 치웠다. 가끔 잔디 위에 커버가 없는 날이나 제대로 설치되지 않은 날은 잔디 관리인을 따로 불러 조치를 취하도록 했다.

앞에도 말했던 것처럼, 피에로 데뮈와 나는 스트라스부르에서의 '보이지 않는 훈련', 즉 식단 관리의 중요성에 대해서도 자주 이야기를 나눴다. 나는 선수들도 이 주제에 대해 자유로운 의견을 내길 바랐다. 그러면서 나도 자연스럽게 식습관 관리를 체득하게 됐다. 훈련 중이거나, 운동을 할 때나, 여행을 다니거나, 식사를 할 때 모두 마찬가지였다. 하지만 딱 한 가지 담배는 예외였다. 나는 칸에서 수석코치로 일하던 시절 밤마다 축구 비디오를 보면서 담배를 피우기 시작했다. 모나코 시절에는 내내 담배를 피웠다. 당시 벤치에서 담배를 피우고 있는 내 사진을 본 사람도 있을 것이다. 그러나 결국 나는 자신을 극복하고 금연에 성공했다. 훗날 내가 아스널 감독이 된 것도 담배를 끊은 것이 영향을 끼친 덕분이라 생각한다! 나는 늘 선수들에게 강조하기에 앞서 감독이 가장 먼저 본보기를 보일 수 있어야 한다고 생각했다.

나는 모든 팀에서 각 선수들에게 가장 잘 맞는 포지션을 찾아 주기 위해 노력했다. 그들이 자신의 강점을 경기장 위에서 더 잘 드러내고, 더 공격적이고 더 매력적인 축구를 할 수 있도록 도와주는 역할이었다. 에토리와 마로로스, 바티스톤, 소노르처럼 경기 중에 나의 뜻을 선수들에게 전해 주는 역할을 했던 선수들도 있었다. 그것이 내가 모나코에서 배운 교훈 중 하나다. 감독이 선수들과 좋은 관계를 맺을 때, 감독은 더 강력해진다. 만약 그렇지 못할 경우에는 파도를 거슬러서 수영을 하는 꼴이 되고 만다. 감독이 가진 가치와 철학을 팀과 잘 공유하고 함께 앞으로 나아가기 위해서는 선수들의 믿음과 감독에 대한 확신이 필요하다.

그 무렵 내가 의존한 또 한 명의 선수는 호들이었다. 그는 모나코에서 오래 뛴 선수는 아니었지만 그가 만들어 낸 결과로 모두의 존경을 받은 선수였다. 그는 또 내가 아는 몇 안 되는 아주 독실한 신앙을 가진 선수들 중 한 명이었다. 그는 우리가 원정 경기를 다닐 때마다 손에서 성경 책을 놓지 않았다. 경기장 위에서 그는 진정한 마법사였다. 퓌엘의 강한 태도도 아주 좋아했다. 내가 그를 출전시키지 않을 때도 그는 나의 결정을 이해했다. 나는 그에게 자신이 어떤 선수인지 잘 돌아보길 원했다. 그는 분명한 강인함을 가진 투사 같은 선수였다. 그는 심지어 훈련 중에도 항상 이기고 싶어 했고 상대 선수를 맘대로 플레이하게 내버려 두는 일이 없었다. 반면에 소노르는 아주 빠른 속도와 드리블 능력을 가진 선수였다. 나는 그의 포지션을 바꿔 측면에서 뛰도록 하면서 개인 훈련을 시켰다. 다른 경기들을 보면서 크로스를 따로 훈련하게 하는 등의 별도 훈련을 하게 했다. 일대일 훈련도 마찬가지였다. 모든 선수들에게는 특별히 훈련해야 할 영역이 따로 있는 법이다.

당시에는 모든 팀이 맨투맨 수비를 했지만 우리는 지역방어 시스템을 썼다. 바티스톤과 보게는 이미 지역방어를 하고 있었지만, 이후에 로저 멘디Roger Mendy가 가세한 이후 더 많은 선수들이 지역방어 훈련을 했다.

모나코에서 우리는 다른 어떤 것보다도 기술적인 훈련을 강조했다. 다른 선수에게 패스를 하는 것은 다른 선수들과 의사소통하는 방식인 동시에 다른 선수에게 봉사를 하는 행위이다. 좋은 패스를 하기 위해서는 패스를 받는 사람의 입장에서 생각할 줄 알아야 한다. 그것은 지성과 겸양이 필요한 행위이며, 나는 그것을 기술적인 공감이라고 부른다.

훈련은 선수들의 능력을 향상시키는 동시에 그들을 개인이자 그룹으로서 표현할 수 있게 해 준다. 나는 각 선수들의 단점을 모두 알고 있었고 어떻게 하면 그들을 최고 레벨로 끌어올릴 수 있을지에 대해 고민했다. 동시에 나는 모든 선수들에게 아주 큰 기대를 걸고 있었다.

감독은 선수들과 감정적으로 연결되어야 하는 동시에 냉정한 결정도 내릴 수 있어야 한다. 그리고 감독으로서의 신뢰를 유지하기 위해서는 반드시 선수 선발에 대한 결정권을 놓치지 않아야 한다. 코치나 회장이 선수 선발에 관여한다고 생각하는 순간, 이미 그 감독은 선수들로부터 믿음을 잃은 것이나 다름없다.

감독은 항상 선수들과 쌍방향 커뮤니케이션을 할 수 있어야 한다.

지도자들은 종종 자기 자신의 소통 능력을 과신하는 경우가 있다. 따라서 지도자들은 이런 부분을 항상 잊지 말아야 한다.

- 평균적으로 3분의 2 정도의 사람들이 자신들의 능력이 더 좋게 평가받았을 때 더 노력하는 경향이 있다.
- 30% 이하의 사람들은 자신이 조언받은 것에 대해 자신감이 부족하거나 분명하고 실용적인 이해가 되지 않은 채로 실행하는 경향이 있다. 타인에게 조언을 할 때는 그들의 자신감과 성과를 높일 수 있도록 명확하게 전달하는 것이 필요하다.
- 부정적인 의견을 전할 때는 선수들이 더 발전하는 계기가 될 수 있도록 최소한 세 가지의 긍정적인 포인트를 먼저 제시해야 한다.
- 동시에 여러 가지 목표를 요구하지 마라. 한두 개 정도면 충분하다.
- 시간과 장소가 매우 중요하다는 것을 잊지 마라.

축구 선수가 되는 것은 분명 가장 어려운 목표 가운데 하나지만 동시에 안일함에 빠지기 쉬운 일이기도 하다. 축구는 팀 경기라서 개인이 팀 안에 숨을 수 있기 때문이다. 급여는 높지만 누구도 계속 발전하도록 재촉하는 사람은 없다. 선수들 주변 사람 중에서 그들을 객관적으로 판단하는 사람은 없다. 오히려 모두 선수들을 유혹하기에 바쁘다. 그런 상황에서 어떻게 하면 정체되지 않을 수 있을까? 내게 훈련의 가장 중요한 기능은 선수들의 기술적, 정신적 레벨을 끌어올려 선수들이 정체되지 않고 계속 발전하게 만드는 것이었다.

감독은 또한 팀이 과감하게 위험을 감수하고 도전할 수 있게끔 만들어야 한다. 패했을 때도 당당하게 자기 자신을 믿고 계속 나아가면서 선수들에게 책임을 돌리지 말아야 한다. 경기를 준비할 때 감독은 상대의 약점을 공략하는 것도 중요하지만, 그 전제 조건은 자기 팀의 진가를 드러내는 것이 되어야 한다는 사실을 잊지 말아야 한다. 상대 팀의 강점에 너무 집중하다 보면, 자기 팀 선수들을 두렵게 만들거나 그들로 하여금 경기 중에 숨어 버리게 만들 수 있다. 모나코 시절 우리가 강했던 이유는 그 어떤 선수도 팀의 뒤에 숨지 않고 강하게 앞에 나섰다는 점이다. 그들은 누구도 두려워하지 않았다.

모나코는 감독이 팀의 스타일과 선수들의 태도를 좌우하고 아주 큰 영향을 미칠 수 있다는 것을 강하게 경험한 곳이다. 모나코의 스타일은 자기 팀의 퀄리티를 중시하고 긍정적인 자세로 경기를 대하는 것이었다. 감독의 역할은 팀에 멋진 스타일을 정착시켜 승리를 거두게 하는 것이다. 그 스타일은 곧 한 팀을 드러내는 증표이자 그들이 축구를 존중하는 방식이다. 자신의 옛 선수들이 훗날 감독이 되어 이런 축구에 대한 비전을 각각의 개성에 맞춰 다른 선수들에게 전하는 것을 보는 것은 흐뭇한 일이다.

모나코에서의 첫해가 끝날 무렵, 우리는 리그 우승을 차지했다. 아직도 나는 그 시즌에 우리가 거둔 승리보다 패배가 더 기억나지만, 감독으로서 처음 거둔 리그 우승은 결코 잊을 수 없는 것이었다. 그 전까지 나는 팀에 승리를 안기는 법을 아는 감독이었지만, 리그 우승은 전혀 다른 것이었다. 그것은 시즌 내내 대다수의 경기에서 승리를 거뒀다는 의미이자, 꼭 필요한 순간에 그 리그의 최강자가 됐다는 의미였다. 그 우승은 내가 어디에서 왔는지 결코 잊지 않게 만들어 준 동시에 정말 큰 자신감을 안겨 주었다.

그 우승은 또한 1군 팀에 여전히 신경을 쓰면서도, 유소년 팀에 좀 더 많은 관심을 기울일 수 있는 기회를 줬다. 나는 피에르와 함께 유소년 선수 대부분의 경기를 지켜보면서 새로운 선수를 발굴하기 위해 노력했다. 모나코에서 우리는 이사진과 코치들이 진정한 팀을 이뤄 새로운 선수를 발굴하기 위해 힘썼다.

그때 내가 발견한 특별한 선수가 바로 조지 웨아George Weah였다.

클로드 르 로이Claude Le Roy가 카메룬 감독을 맡고 있을 때였다. 클로드가 나를 만나러 모나코에 왔을 때 우리는 함께 점심을 먹으며 헤이틀리가 자주 부상을 당하는 고민에 대해 이야기를 나누고 있었다. 나는 당시 그를 대신할 백업 공격수를 찾고 있었다. 클로드는 내게 토네르 야운데Tonnerre Yaoundé에 괜찮은 선수가 한 명 있다고 말해 주었다. 그가 카메룬으로 돌아간 후 나는 매주 그에게 전화를 걸어서 그가 말했던 재능 있는 선수에 대해 물었고, 앙리 비앙체리를 카메룬으로 보내 직접 그를 스카우트하도록 했다. 한 경기를 지켜본 앙리는 내게 전화를 해서 그 경기에서 조지가 골절 때문에 붕대를 하고 뛰었기 때문에 많은 활약을 보이지는 않았지만, 그가 공을 받을 때마다 관중들이 흥분하는 모습을 보았다고 말했다. 그건 아주 좋은 징조였다. 나는 23세였던 조지 웨아를 모나코로 데려왔다. 첫 훈련에서 본 그는 형편없었다. 유럽에서 뛸 만한 수준의 신체적 조건을 전혀 갖추고 있지 않았다. 그래서 모두가 그에게 별다른 기대를 걸지 않았다. 그는 영어를 할 수 있었지만 수줍음이 많았다. 처음에 조지와 나 둘뿐이었을 때는 그럴 수도 있다. 한 감독이 한 선수를 데뷔시키고 나면 둘 사이에는 정말 특별한 관계가 형성되기 마련이다.

조지는 정말 믿기 힘들 정도로 노력했다. 나는 그에게 달리기 훈련을 계속 시켰다. 우리 둘이 함께 달리며 훈련한 적도 있다. 훈련은 사람을 더 강하게 만드는 법이다. 그는 점점 다른 선수들로부터 인정을 받기 시작했다. 그는 마른 체형을 가진 선수였지만 몸이 단단했다. 얼마 안 가 그는 기술적으로도 모두의 기대를 뛰어넘을 만큼 성장했다. 영리했고, 강했고, 매 경기마다 점점 자신감을 갖고 뛰었다. 첫 경기에서 그는 상대 페널티박스에서 상대 수비수들에게 엄청난 압박을 당한 이후에도 아무런 불평을 하지 않고 그것 그대로 받아들였다. 아주 놀라운 일이었다. 나는 그에게 가끔 "그냥 그대로 누워 있어, 페널티야"라고 말하곤 했는데도 그는 넘어지자마자 곧바로 다시 일어났다. 그는 실로 정직한 사람이었고 오직 축구에만 집중하는 사람이었다. 그는 1988-89시즌부터 우리 선수로 뛰면서 큰 활약을 보여 주었다. 나는 그를 발루르 레이캬비크Valur of Reykjavik와의 경기에 출전시켰고 그가 골을 넣으면서 유러피언컵 2라운드에 진출할 수 있었다. 조지는 특히 호들과 함께 뛰면서 조금씩 진정한 스타의 길을 걸었고 마침내 세계 최고의 선수로 성장했다. 처음에 그는 혼자 외롭게 시작했지만, 이후 나는 같은 아프리카 출신인 제임스 데바James Debbah를 1991년에, 공격형 미드필더 켈방 세브웨Kelvin Sebwe를 1992년에 영입했다. 이후 세 선수는 뗄 수 없는 관계로 발전했다.

1988년에 조지를 처음 본 사람들 중 그가 1995년에 발롱도르를 수상할 거라고 예상한 사람은 아마 없었을 것이다. 그는 진정한 기적의 사나이였다. 그가 그 정도까지 발전할 수 있을 거라고 생각한 사람은 아무도 없었다. 모나코를 떠난 후로도 그는 PSG와 AC 밀란을 거쳐 마르세유, 아부 다비에서 커리어를 이어 갔다. 나는 그가 발롱도르를 수상할 때 밀라노에 있었는데, 그는 내가 그곳에 있다는 것을 알고 시상식에 참가해 달라고 부탁했다. 나에게는 초대권이 없었기에 관리자들이 나를 입장시켜 주지 않았다. 그때 조지가 직접 밖으로 나와 나를 데리고 들어갔다. 시상식이 끝난 후 그가 내게 건네준 발롱도르 트로피를 본 관리자들의 표정은 어땠을까. 아마도 그때가 선수가 감독을 시상대로 불러서 자신의 상을 감독에게 건넨 유일한 시상식이 아니었을까 싶다.

모나코에서의 두 번째 해였던 1989년 마르세유와의 경쟁은 더 심해졌고, 그해 챔피언은 마르세유가 차지했다. 그들은 마치 나의 아스널 시절 맨유와도 같은 존재였다. 그들은 당시 최고의 프랑스 선수들을 보유한 재능과 열정이 넘치는 팀이었다. 그들의 팬들도 마찬가지였다. 나는 마르세유와 우리 팀이 경기할 때 느끼는 그 팽팽한 긴장감이 너무 좋았다. 그 시기 리그 1은 마르세유와 우리의 독무대였다! 그 시즌 우승컵은 마르세유가 가져갔지만, 우리는 늘 그들과 1위 자리를 다퉜다. 그리고 그 시즌은 우리가 유러피언컵에서도 인상을 남겼던 시즌이었다. 아이슬란드 클럽 발루Valur를 1라운드에서 꺾었고 2라운드에서는 클럽 브뤼헤를 상대로 홈에서 6-1이라는 대승을 거뒀다. 훌륭한 승리였지만, 그 후 우리는 특이한 상황 속에서 갈라타

사라이Galatasaray를 상대하게 됐다. 터키 홈구장에서 열린 경기에서 벌어진 논란 때문에 UEFA가 쾰른에서 다음 라운드를 갖도록 했는데, 특이하게도 쾰른은 독일에서 가장 큰 터키 커뮤니티가 있는 곳이었고 갈라타사라이 홈구장보다 세 배 더 많은 관중을 수용할 수 있는 구장에서 경기가 열렸다. 결국 그 경기는 7만 명의 터키 팬들 앞에서 펼쳐졌고, 그렇기 때문에 우리는 그날의 패배를 더욱 더 받아들이기가 힘들었다.

그다음 시즌에도 우리는 계속 팀을 강화하면서 싸워 나갔고 계속해서 어린 선수들을 발굴했다. 조지 다음으로 발굴한 선수는 릴리앙 뒤랑Lilian Thuram이었다. 릴리앙 역시 조지처럼 기적 같은 유형의 선수였지만, 그의 경우는 조금 달랐다.

그는 CS 퐁텐블로Fontainebleau에서 뛰던 오른쪽 미드필더였다. 모나코 유소년 팀 코치가 그를 내게 소개했는데, 뒤랑이 뛰던 팀의 회장이 나와 친구 사이였다. 나는 그에게 전화를 걸어서 그 선수의 잠재력에 대해 말했고, 그도 내 말에 동의했지만 조금 전에 뒤랑이 니스로 이적하는 계약을 맺었다고 말했다. 우리는 그를 가로채기로 했다. 사람을 보내서 그가 우리와 계약을 맺게 하고, 그에게 그 즉시 리그 사무국에 계약을 알리는 레터를 보내도록 지시했다. 니스에서 뒤랑과 계약을 맺은 사람은 월요일이 되어서야 그 레터를 사무국에 보냈다. 그렇게 간발의 차이로 뒤랑은 모나코 선수가 됐다.

그는 미드필더였지만 나는 그를 중앙 수비수로 기용했다. 그가 공중 볼 경합에 매우 능하고 아무도 두려워하지 않는 놀라운 신체적인 능력을 갖고 있었기 때문이다. 그에게 더 필요한 기술은 전술적인 부분이었다. 그는 수비수에게 필요한 민첩성은 부족했지만 배우고자 하는 열망은 엄청났다. 부상 이력 때문에 그를 곧바로 출전시키지는 않았다. 의사의 소견에 따르면 공을 강하게 차면 근육에 무리가 생긴다고 했다. 그는 양쪽 다리에 같은 문제가 있었다. 결국 그는 수술을 받았고 이후 1년간 팀에 돌아오지 못했다. 그러나 1년이 지난 후 그는 마치 무릎 수술을 받은 적이 없는 것처럼 훈련에 임했다. 그것도 기적이었다. 만약 누군가 내게 그가 미래에 프랑스 대표팀 최다 출전기록을 세우고 월드컵에서도 두 골을 넣는다고 말했다면 미쳤다고 말했을 것이다!

그것은 겸손함과 아집에 대한 또 다른 교훈이었다. 축구에서는 인생과 마찬가지로 가능성을 포기해서는 안 되는 순간이 있다. 나는 그를 신뢰했고, 그의 배우고자 하는 엄청난 열망을 믿었다. 나 역시도 그가 뛴 경기 중에 특히 메츠와의 경기에서 심한 실수를 한 다음 그를 팀에서 제외한 적이 있다. 그러나 그는 자신의 실수를 이해하고 다시 경기에서 보완하는 본보기와도 같은 선수였다. 처음 시작할 때 그는 다른 선수들보다 수준이 낮았고, 이후에도 기술적인 면에서는 부족한 점이 있었지만 그는 끝내 자신을 최고의 레벨까지 끌어올렸다.

우리는 1989-90시즌에도 마르세유와 리그 우승 경쟁을 벌였지만, 결국 리그 3위로 시즌을 마무리했다. 그다음 해에는 두 번째로 프랑스컵 우승을 차지했다. 유럽 대항전에서도 우리는 점점 발전하고 있었고, 결국 1992년에는 컵위너스컵 결승전에 진출하면서 유럽 최고의 팀들과 경쟁할 수 있다는 것을 증명했다.

우리는 승리하면서 다음 단계로 나아갔고 최고 레벨에서 경쟁할 수 있는 팀으로 성장했다. 그 세대의 선수들은 앞서 언급했던 선수들과 조지 웨아와 릴리앙 튀랑 등이 있었다. 그 뒤로도 모나코와 다른 클럽의 유소년 팀에서 발굴한 새로운 선수들이 계속 등장했다. 그 기간 중에 유소년 팀에서 발굴한 선수 중에는 에마뉘엘 프티Emmanuel Petit가 있다. 처음에 그는 다소 겉도는 유형의 선수였다. 몇몇 선수들은 그를 반항아라 부르기도 했고, 실제로 중요한 경기를 앞두고 새벽 두 시에 호텔에 돌아온 일도 있었다. 그때 그는 밤에 잠이 오지 않아서 산책이 필요했었다고 이야기했다. 나는 그를 믿기로 했고 그 경기에 그를 출전시켰다. 그는 좋은 활약을 펼치며 내 기대에 부응했다. 때로 선수의 커리어는 아주 작은 일에 의해 좌지우지되기도 한다. 경기에서 뛸 때 그는 팀을 위해 모든 걸 다하는 선수였다. 그는 불안에 맞서 싸우는 투지와 비범한 정신력은 물론 팀을 먼저 생각하는 너그러운 아량과 엄청난 체력을 갖추고 있었다. 그와 함께 뛰어 본 모든 선수들은 그가 얼마나 뛰어난 선수인지 잘 알고 있다.

유리 조카예프Youri Djorkaeff도 그 시기에 데뷔했다. 그는 당시 2부 리그의 스트라스부르에서 뛰고 있었다. 내 고향 친구가 뛰어난 선수라며 소개했고, 그를 직접 보러 갔던 자노가 실제로 그렇다고 알려줬다. 그는 종종 자신의 실력을 과신하기도 했지만, 그 역시 팀을 위해 헌신해야 할 때를 알고 있었다.

우리의 훈련 방식과 강도, 다음 경기를 위한 준비 등을 강화하기 위해 우리는 계속 새로운 방법을 시도했다. 우리는 많은 새로운 시도를 했는데, 그중 하나는 나의 친구인 장 마르크가 직접 개발한 것이었다.

'톱 스코어Top Score'는 선수들을 관찰하고 그들의 퍼포먼스를 분석하는 도구였다. 예를 들면 전진 패스에는 10점, 측면 패스에는 5점, 백패스에는 2점 등 선수들의 훈련 내용을 점수화하고 공격과 수비 각각의 동작에 점수를 주는 방법이었다.

처음에 장 마르크는 자신이 개발한 방식을 다른 사람들에게 판매하는 데 애를 먹었다. 우리는 매일 그에 대한 대화를 나눴다. 나도 그 프로그램이 훌륭하다고 생각해서 그 개발 과정에 참가했다. 선수들의 퍼포먼스에 대한 객관적 평가의 지표가 될 수 있다고 생각했기 때문이다. 그 이전에는 모두 감독의 주관적 평가에 의존했지만, 그것만으로는 충분하지 않았다. 모든 것이 감독의 직관적 판단이었기에 그러한 객관적 데이터를 바탕으로 결정을 내린다는 점이 나에게 중요하게 다가왔다. 나는 선수들의 패스의 질에 대한 평가와 공을 탈취하는 횟수 등에 대한 객관적 데이터가 필요했다. 우리는 선수들의 기술적, 전술적 역량을 수치화하고 싶었다. 훗날 잉글랜드에서 나는 그러한 방법을 실제로 활용한 첫 번째 감독이 됐다. 나는 그 프로그램을 운영하는 회사와 계약을 맺었고 그 회사는 훗날 그들의 기술을 '프로존ProZone'이라는 회사에 팔았다. 그래서 나는 프로존과 계약 관계가 됐다. 2011년에는 스탯 DNA라는 회사와도 계약을 맺었다. 이 두 회사는 각기 서로 다른 평가 체계를 가진 회사였다.

나는 모나코에서 선수들의 발전과 성장에 대한 기록을 만들고 유심히 지켜볼 수 있었다. 톱 스코어 덕분에 32세가 되면 미드필더들의 수비 공헌도가 내려가는 반면 공격 기여도가 높아진다는 것을 알 수 있었다. 그것은 싸울 힘은 줄어들지만 좀 더 전술적인 선수가 된다는 의미였다. 그런 방식 덕분에 나는 축구의 다른 측면에 대해 이성적으로 이해할 수 있었다.

감독이 모든 것을 다 알 수는 없다. 실망감에 사로잡히거나 화가 나서 객관적인 판단을 내리지 못할 때도 있다. 감정에 휩싸일 수 있는 인간이라서 겪는 한계는 내가 한 경기를 여러 차례 보는 이유가 되었다. 톱 스코어는 객관성을 확보할 수 있는 좋은 도구였다. 캄포라 회장과 자노, 나까지 모두가 톱 스코어가 가진, 특히 이적 시장에서의 활용도에 주목했다. 우리는 PSG나 마르세유, 혹은 유럽의 다른 빅클럽들보다 돈이 넉넉하지 못하다는 것을 알고 있었다. 우리는 재정적인 부분을 매우 세심하게 관리했고 그래서 더더욱 이적료가 비싸지 않은 선수를 찾아야 했다. 톱 스코어 덕분에 우리는 아직 다른 클럽들이 발견하지 못한 유망주들을 찾아낼 수 있었고, 우리 아카데미의 선수들에게 기회를 부여하는 데에도 큰 도움을 받았다.

그다음 해인 1992년에 우리는 컵위너스컵에서 아주 좋은 활약을 펼쳤지만 결승전에서는 끔찍한 패배를 당했다. 우리는 결승전까지 단 한 경기도 패하지 않고 진출했다. 특히 퓌엘이 팀 수비의 중심을 잡아 주면서 핵심적인 역할을 했다. 그러나 그가 훈련 중에 부상을 당하면서 출전이 불가능해지자 나는 좀 더 공격적인 전술로 베르더 브레멘Werder Bremen을 상대하기로 했다. 결승전 분위기를 바꾼 것은 결승전 하루 전날 발생한 푸리아니 비극Furiani tragedy이었다. 바스티아 대 마르세유의 프랑스컵 준결승전 도중에 축구장의 한쪽 테라스가 무너지며 많은 사람들이 사망하고 부상당한 사건이 발생한 것이다. 결승전이 열리는 리스본의 한 호텔에서 우리는 다음 날 경기가 제대로 진행될지 알지 못한 채 하루를 보냈다. 그런 일이 발생한 다음 날 어떻게 축구를 할 수 있단 말인가? 우리는 그날 좋지 못한 축구를 했고, 경기장도 텅 비어 있었으며, 우리의 정신은 다른 곳에 가 있었다. 그리고 그날의 패배는 우리 모두에게 평생의 아쉬움이 됐다. 바로 다음 날 우리는 캄포라 회장과 함께 바스티아 교회와 병원을 찾아갔다. 바스티아는 제한된 재정을 꾸리면서도 많은 기여를 한 클럽이었다. 우리는 모두 슬픔과 분노를 느꼈다. 그것은 1985년 헤이젤 참사Heysel disaster와도 매우 유사한 경험이었다.

그럴 때는 우리가 세상과 동떨어진 것처럼 느껴지기도 한다. 우리는 서서히 그 아픔에서 회복됐지만, 우리는 그때 세상을 떠난 사람들을 잊지 않았고 클럽들과 리그나 조직위 사람들도 그런 비극이 다시는 일어나서는 안 된다는 사실을 절실하게 배웠다.

1993-94시즌, 몇몇 선수들이 떠났고, 부상자도 많았기에 우리는 유소년 선수 발굴에 집중했다. 유럽 대회에서는 그 시기에 막 리브랜딩됐던 UEFA 챔피언스리그에서 좋은 흐름을 이어 갔다. 우리는 AEK 아테네Athens, 수테우아 부크레스티Steaua Bucharest 그리고 갈라타사라이에게 멋진 승리를 거뒀다. 그러나 AC 밀란과의 준결승전에서 대패를 당하고 말았다. 모나코가 그 수준까지 나갔던 적이 없었던

것은 사실이지만, 그 패배는 그 무렵 축구계에 발생하던 승부조작, 심판 매수 같은 여러 스캔들과 나와 마르세유 사이에 있었던 논쟁 등이 더해지며 또 하나의 아픈 기억으로 남게 됐다. 승부조작 스캔들에 대한 조사는 특히 그 후 수년간 축구계의 모든 사람들에게 악영향을 미쳤다.

지금까지도 나는 그것에 대해 말하는 것이 어렵다. 그토록 많은 의혹들이 있었지만 그 의혹들에 대한 증거가 불충분할 때 어떻게 그에 대해 말할 수 있단 말인가? 또 실제로 무슨 일이 벌어졌는지 아는 사람들이 내게 발언하지 말라고 촉구할 때 내가 어떤 말을 할 수 있었을까? 또 프랑스 축구계와 내가 그 암흑의 시기로부터 이미 수년이 지난 후에 그에 대해 어떻게 말할 수 있을까? 나는 그저 그때의 일이 축구와 인간성에 대한 나의 신념을 훼손하지 않았다는 사실에 안도할 뿐이다.

당시 우리는 그것이 일시적인 현상이고 소수의 인원들만 관련된 것이라 생각했다. 중요한 것은 누군가가 다른 사람을 의심했다가도 그 의심이 풀리면 그 선수들을 당당하게 믿는 것이라 생각한다. 그리고 그런 의심들이 축구 그 자체에 영향을 미치지 않도록 하는 것이 중요하다. 항상 다른 사람을 의심하며 바라봐서도 안 된다. 우리는 마르세유가 훌륭한 팀이라는 것을 알고 있다. 그들이 승리하는 요인이 무엇인가에 관계없이 말이다.

그 불편했던 분위기와 드레싱룸에서 선수들과 빚어진 불협화음 그리고 어떤 팀이 그 승부조작에 연루됐는지 아닌지에 대한 온갖 비밀스러운 이야기들이 나를 운명론자로 만들었다. 우리 모두는 그런 의심을 한편에 접어두고 우리가 믿는 것에 집중해야 했다. 나 역시 분노를 억누르기 위해 노력했다. 그리고 그 기간 내내 패배할 때도 그 일로 인한 영향을 패배에 대한 핑계로 삼지 않기 위해 노력했다. 실제로 우리는 두 배로 더 노력했다. 만약 내가 의심받는 상태였다면 선수들을 제대로 이끌 수 없었을 것이다. 감독은 안내자이다. 안내자가 되기 위해서는 선수들로부터 믿음을 얻어야만 한다. 나는 그때의 심각한 분위기가 나의 꿈에 영향을 미치고 아름다운 스포츠인 축구를 훼손하게 만들고 싶지 않았다. 수단과 방법을 가리지 않고 이긴다는 것은 내가 절대 가져 본 적이 없는 생각인 동시에 내가 결코 택하지 않을 선택지였다.

모나코를 떠나 일본으로 향한 것은 내게 아주 긍정적인 영향을 줬다. 그 순간 그 전까지 느꼈던 아픔을 더는 느끼지 않아도 됐기 때문이다. 당시의 의심이나 의혹들도 모두 사라졌다. 그러나 그 시기는 여전히 우리의 그림자 속에 남아 있다. 나는 그때 벌어진 일들이 몇몇 선수들의 스포츠에 대한 생각에 영향을 미쳤을 거라고 생각한다. 그렇게 많은 불공정과 좌절을 경험하고 나면, 무엇이든 그런 의혹을 누그러뜨릴 수 있는 것에 기대게 된다. 나는 그것이 비록 순간적인 일에 불과할지라도 공정함을 위해 계속 싸울 것이다. 그것은 결코 많은 비용이 필요한 일도 아니다. 최근 나는 VAR에 대한 많은 비판 기사를 읽었지만 그것이 중대한 발전으로 가는 한걸음이라고 생각한다. 많은 사람들이 VAR은 축구의 흥분 요소를 사라지게 하거나 실수로 지나친 오심이 시즌이 진행되면서 균형을 이룰 거라고 주장한다. 그러나 그런 주장은 증명할 수 없다. 오심이 균형을 이룬다는 증거가 없기 때문이다. 그리고 그것이 사실이라고 하더라도 그것은 오심 자체를 심각하게 생각하지 않거나, 심지어 많은 오심을 받아들여야 한다는 결과로 이어지게 된다.

그와는 반대로 당시 프랑스 축구계가 끔찍했던 시절에 내가 겪은 상처를 치유하는 한 방법은 정의와 투명성을 높이기 위해 노력하는 일이었다.

모나코에서 보낸 5년이라는 시간은 승리의 의미에 대해 발견하고 유럽 대회의 흥분과 격렬한 라이벌 관계를 경험한 시기였다. 나는 모나코에서 7년 동안 머물렀고 그건 모나코 감독 중 가장 긴 재임기간이었다. 내가 그만두기 몇 달 전에 나는 바이에른 뮌헨의 제안을 거절했다. 나의 클럽과 나의 선수에게 충실하고 싶었고, 또 내가 클럽과 맺은 계약을 준수하고 싶었기 때문이다. 그러나 그 시즌은 많은 선수들이 부상을 당하며 매우 형편없는 성적으로 시작했다. 그러자 1994년 8월, 회장은 나와의 계약을 해지하는 것을 선택했다. 내가 계약 기간 이상 모나코에 머물 생각이 없다는 것을 알면서도 말이다. 나는 그것이 다소 불공평하고 잔인한 방법이라고 생각했지만, 그것이 감독이라는 직업의 엄정한 현실이라는 것도 알고 있었다.

오늘날 모나코는 아주 많이 바뀌었다. 팀의 성격도 바뀌었고, 이사진은 전보다 더 비즈니스적인 마인드를 갖고 있으며 좋은 팀을 만드는 것에만 신경 쓰지 않는다. 최근 모나코는 대형 이적을 위한 이적료를 마련하기 위해 수익률을 가장 강조하고 있다. 그것이 팀워크를 해치는 경우라도 말이다. 세월이 흐르면서 모든 것이 바뀌었고 구단 주, 감독, 선수들도 모두 빠르게 바뀌고 있다. 오직 팬들만이 충성스럽고 열정적인 모습 그대로 남아 있다. 이러한 변화와 함께 축구라는 스포츠에 생긴 새로운 규제들이 내가 이끌었던 모나코라는 팀을 그 당시와는 아주 다른 팀으로 바꿔 놓은 것 같다.

일본으로 떠나면서 나는 오직 모나코에서 얻은 것들만 잘 간직하고 싶었다. 나의 재임 기간 중 모나코는 더 높은 단계를 목표로 하는 야심에 찬 최고 수준의 클럽이 됐으며, 모나코에서 유소년 시절을 보내거나 훈련을 받았던 선수 중에서 훌륭한 선수들도 탄생했다. 그중 대표적인 선수가 17세 이하 팀에서 뛰던 티에리 앙리Thierry Henry였다. 1994년에 데뷔한 그는 이후 놀랍도록 날카롭고, 지능적이고, 강한 신체적인 능력을 지닌 선수로 성장했다. 훗날 나는 그와 아스널에서 다시 만나게 된다. 나는 한동안 내가 잃었던 것들로부터 교훈을 얻고 싶었다. 나는 경기와 대회들 그리고 축구에 대한 순수함과 긍정적인 관점 등을 나고야에서 다시 경험할 수 있었다.

5

일본

"꽃꽂이나 스모, 야구 같은 일본 문화에서 볼 수 있는 것처럼 내 선수들은 아름답고, 정확하면서도 섬세한 움직임을 중시했다. 그것은 일종의 우아한 기품을 향한 끝없는 탐구와도 같았다. 나는 늘 그런 것들을 무척 좋아했다."

모나코 감독 시절, 나는 바닷가가 보이는 빌프랑슈쉬르메르 Villefranche-Sur-Mer에서 살았다. 그곳의 풍경은 목가적이었다. 그곳에서 나는 친구들을 만났고 훗날 결혼하게 되는 애니도 만났다. 그녀와 나는 1997년에 딸 레아를 낳았다. 애니가 자주 경기장에 찾아오면서 우리는 처음 만나게 됐다. 그녀는 전직 농구 선수였고, 나를 만나기 전에 프로 농구 선수와 결혼해서 아이 두 명을 낳은 적이 있었다. 나와 만났을 당시 그녀는 체육 교사였고 자기 반 학생들을 경기장에 데려오곤 했다. 우리의 사랑은 서서히 진행됐다. 우리 둘 모두 만나기 전에 서로 다른 삶을 살았고, 다른 사람과 만난 적도 있었으며 홀로 지낸 적도 있었다. 나에게 가장 중요한 것은 자유였다. 나는 혼자 사는 법을 일찍부터 배웠고 내가 만든 규칙에 따라 살았으며, 평생 열정을 바치고 싶은 것도 있었다. 그러나 모나코에서 애니와 만난 뒤로 우리는 서로를 조금씩 알아가면서 점점 더 이해하게 됐고, 스포츠에 대한 열정과 그에 필요한 규율과 요구사항 등에 공감하며 가까워졌다. 우리는 자주 만나는 사이가 됐고, 내가 일본으로 옮긴 후에도 그녀가 종종 찾아와 함께 휴가를 보내기도 했다.

1994년 가을, 나는 막 끝난 FIFA 월드컵 기술위원회의 의뢰로 분석 작업을 하고 있었다. 그 작업은 꽤 흥미로웠지만 매일 전념해야 하는 클럽 축구에 비할 바는 아니었다. 나는 그때까지 수년간 쉬지 않고 선수들과 함께 일했지만, 그 무렵에는 경기장에서 선수들에게 코칭하던 때를 그리워하고 있었다. 리비에라Riviera는 정말 아름다운 곳이었지만, 나는 이미 그곳의 놀라운 풍경과 라이프스타일에 사로 잡혀 있었음에도 새 클럽을 맡고 싶다는 열망에 빠져 있었다. 빌프랑슈를 떠나는 것이 얼마나 어려웠는지 묻는 사람들에게 나는 늘 이런 이야기를 하곤 한다. 이 이야기는 내가 당시에 어떤 사람이었는지를 잘 보여 주는 한 예다. 모나코에서 나는 가장 아름다운 전망을 가진 집에서 살고 있었지만, 경기에서 패한 날은 창밖을 쳐다볼 생각도 하지 않았다. 일본에서도 나는 정말 편한 아파트에서 지냈지만 내 방 창문 너머로는 벽밖에 보이지 않았다. 그래도 상관없었다. 경기에서 이긴 날에는 그 벽이 세상에서 가장 아름다운 풍경으로 보였으니까.

나와 나고야 클럽 그램퍼스 에이트Grampus Eight club in Nagoya를 연결시켜 준 사람은 레드스타 벨그라데와 디나모 자그레브에서 뛰었던 밀란 칼라산Milan C´alasan이었다. 나는 그 즈음 1993년에 출범한 J리그 붐이 일어나고 있다는 사실을 주변에서 들어서 알고 있었다. 당시 J리그에는 엄청난 선수들이 모여들고 있었다. 레오나르두Leonardo가 가시마 앤틀러스에서 뛰고 있었고, 둥가Dunga는 주빌로 이와타에서 뛰고 있었다. J리그는 자금력이 풍부했고 지금은 아니지만 당시에는 선수와 감독에게 유럽보다 더 높은 급여를 제공했다. 나는 밀란이 소개한 클럽에 호기심이 생겨서 그곳에 가 보고 싶다며 관심을 드러냈다. 물론 그들이 나에게 어떤 계약을 제공할지는 전혀 모르는 상태였다.

나는 에이전트였던 밀란과 단둘이 나고야로 향했다. 도시와 클럽을 슬쩍 둘러봤는데, 나고야는 특별한 볼거리가 없는 산업도시 같은 인상이었다. 그곳은 분명 관광지가 아니었기 때문에 지내기 편할 것 같다는 느낌을 받았다. 나고야는 J리그가 시작된 해에 창단한 프로 구단이었고, 클럽의 전신은 1939년에 창단한 도요타 모터 SC였다. 그 클럽은 실업팀이라서 선수들이 회사를 위해 필사적인 각오로 뛰었다고 한다. 그들은 정말 회사를 위하는 마음이 강했던 것 같다. 하지만 나는 그 클럽이 (내가 직접 관전한 홈경기에서도 느꼈지만) 큰 위기에 빠져 있다는 것을 알아차렸다. 그때 그 클럽은 무려 17연패에 빠지며 J리그의 짐처럼 여겨지고 있었다. 당시 J리그에는 2부 리그가 없었기 때문에 강등당할 염려는 없었지만, 그들은 이미 리그 최하위까지 처져 있었다. 내가 직접 본 경기도 마찬가지였다. 선수들은 분명 헌신적으로 플레이했지만 조직력이 떨어졌고, 수비형 미드필더나 창의적인 공격형 미드필더, 준수한 센터백, 믿음직한 골키퍼 같은 좋은 선수가 부족했다. 그러나 나는 그 팀의 잠재력을 봤고 클럽 내부의 분위기도 좋다고 느꼈다. 나를 신뢰하는 이사진들과 그곳에서 아주 많은 일을 할 수 있겠다는 생각이 들었다. 이처럼 뭔가를 내 의지대로 꾸밀 수 있는 상황을 나는 아주 좋아한다.

다음 날, 우리는 계약에 대해 논의했고 그들은 내게 정식 계약을 제안했다. 아직 결정을 내리지 못한 나는 2~3주 정도 생각할 시간을 달라고 하고 빌프랑슈로 돌아왔다. 그들의 경기를 담은 비디오테이프를 챙겨 와서 팀을 분석하고 무엇이 부족한지, 내게 자유로운 권한이 주어진다면 어떻게 그들을 가장 잘 도울 수 있는지 등을 생각할 시간이 필요했다. 나는 새로운 도전에 나설 준비가 되어 있었다.

나는 일본으로 가서 정식으로 감독을 시작하기도 전에 그들에게 필요한 선수를 찾기 시작했다. 나고야가 내게 약속한 이적료 예산 내에서 영입할 수 있는 선수 한두 명을 찾기 위해 브라질로 직접 날아갔다.

상파울루에서 나는 긴 시간 동안 브라질 리그 경기를 반복해서 봤다. 어느 날 한 에이전트가 비디오테이프를 들고 찾아와서 나에게 "이 센터백 한번 봐. 이 선수가 당신이 찾는 선수야"라고 말했다. 곧바로 그 비디오를 봤는데, 정작 내 눈을 사로잡은 것은 추천한 선수가 아니라 상대 팀에서 뛰고 있는 선수였다. 그는 그 선수와의 미팅을 주선해 줬고, 그의 에이전트와 리우데자네이로에서 만나기로 했다. 그 사이 나는 그 선수의 다른 비디오를 모두 살펴봤고 그 선수에 대해 확신을 갖게 됐다. 그는 축구를 잘 이해하고 있었고, 경기를 예상하는 눈이 좋았으며 장신에다 뛰어난 기술까지 갖추고 있었다. 그야말로 나고야에 필요한 모든 걸 갖춘 선수였다. 나는 그가 직접 뛰는 걸 한 번도 보지 못했지만, 비디오만 보고 그를 영입해야겠다고 결심했다. 그 선수는 알렉산더 토레스Alexandre Torres였다.

그의 대리인과 다음 날 두 시에 만나기로 약속을 잡았다. 대리인을 만나기 전에 나는 그의 이름을 듣지 못했는데, 그를 만난 순간 조금 불편한 느낌이 들었다. 그의 얼굴이 낯익었기 때문이다. 그의 이름은 카를로스 알베르토Carlos Alberto였다. 브라질의 전설적인 라이트백이자 1970년대 대표팀 주장까지 지냈던 사람이었다. 그는 알렉산더의 에이전트 이전에, 그의 친아버지였다. 그는 브라질 축구협회와 사이가 좋지 않았고, 그것이 그의 아들이 대표팀에서 뛰지 않은 이유 중 하나였다. 그런 상황이 나의 선택을 오히려 더 신뢰하게 만들었고, 그가 뛰는 걸 직접 본 후에는 더더욱 확신이 들었다. 그는 그냥 괜찮은 수준의 선수가 아니라 엄청난 정신력과 클래스를 가진, 그러나 아직 다듬어지지 않은 선수였다. 그 두 사람은 나와 친구가 되었고 훗날 아스널에 종종 찾아오기도 했다.

크리스마스 휴가 때 애니와 함께 부모님을 만나러 알자스로 떠나기 전에 나는 세르비아와 브라질의 친선전이 펼쳐진다는 사실을 알아냈다. 혹시 세르비아 팀에서 좋은 선수를 발견할 수도 있다는 생각이 든 나는 크리스마스 파티를 취소하고 브라질에 남았다. 비록 그 경기에서 특출한 선수를 발견하지는 못했지만, 당시 나고야에는 이미 훌륭하지만 제대로 활용되지 못하고 있던 세르비아 선수가 있었다. 드라간 스토이코비치Dragan Stojkovic가 그 선수였다. 내가 그를 적절히 도와준다면 그 역시 진심을 다해 노력할 것이고, 과거의 폼을 되찾을 가능성이 높다고 판단했다.

알렉산더 토레스 외에도 나는 일본에서 나와 함께 도전할 두 명의 선수를 더 발견했다. 공격형 미드필더 헤랄드 파시와 또 다른 미드필더 프랑크 두릭스였다. 파시는 모나코에서 나를 위해 뛰었던 선수고, 두릭스는 칸에서 뛰었던 선수다. 두릭스와 계약하기 위해 나고야 이사 중 한 명이 니스로 왔는데, 계약서에 서명을 하기 직전에 그가 이 계약을 망설이고 있다는 것을 눈치챘다. 그는 내게 "이 선수가 그렇게 좋은 선수는 아닐지도…"라고 말했다. 그 말을 들은 순간 나는 일본으로 가려던 계획을 거의 철회할 뻔했다. 아마도 대부분의 사람들이 한 번쯤은 경험했을 법한, 모든 것이 순조롭게 진행되다가 갑자기 계획이 틀어지는 상황이었다. 그것은 원칙의 문제였다. 그 일로 인해 그 후 내가 나고야에서 보냈던 18개월이 아예 없었던 일이 될 뻔했다. 나는 그 이사에게 10분을 줄 테니 다시 생각해 보라고 말했고, 그 선수를 영입하지 않으면 나도 나고야에 가지 않을 수 있다고 말했다. 결국 그는 계약서에 서명했고, 나고야도 그 선수들을 영입한 것을 결코 후회하지 않았다.

두릭스와 파시는 아주 뛰어난 선수들이었다. 나는 그들이 나고야에 어떤 이점을 가져다줄 수 있을지 정확히 파악하고 있었고 반대로 J리그가 그들에게 어떤 도움을 줄 수 있을지도 알고 있었다. 그것은 서로에게 좋은 기회였다. 프랑스 축구의 암흑기를 견딘 후 일본으로 가는 것은 한편으로 생각하면 도망가는 것처럼 보일 수도 있지만, 다른 한편으로 해외 선수들에게는 새로 시작하는 리그의 낯선 환경에서 자신들의 축구를 마음껏 드러낼 수 있는 기회이기도 했다. 나는 일본행이 그들의 인생은 물론 내 인생도 바꿀 수 있다고 믿었다.

나고야에서 선수들과 적응해 가기 시작한 몇 주 뒤 보로 프리모락이 수석코치를 맡기 위해 나고야로 왔다. 그는 유고슬라브 클럽과 프랑스 리그의 릴과 칸에서 훌륭한 능력을 보여 준 선수였고 아주 열정적인 사람이었다. 그러나 그가 진정한 지도자로서의 능력을 발견한 곳은 일본이었다. 그곳에서 그와 나는 감독과 코치로 좋은 관계를 맺었고 이후 아스널에서도 우리의 관계는 계속 이어졌다. 우리는 축구에 대한 비전이 거의 같았다. 그는 팀 스포츠에 대한 매우 깊은 통찰력을 갖고 있었고, 매 훈련마다 내가 말을 하기도 전에 무엇을 원하고 있는지 알아차렸다. 그는 또 아주 호기심 많은 사람이어서, 어느 곳이든 어떤 상황이든 그것을 잘 받아들였고 선수들도 그를 아주 좋아했다. 우리는 둘 다 파트너 없이 일본으로 와서 혼자 지냈기 때문에 파트너들이 휴가 때마다 일본을 방문하곤 했다. 그와 나는 파트너들이 없을 때는 함께 지냈다. 그래서 우리는 늘 혼자가 아니었다. 우리는 축구와 일을 위해 살았다. 당시 그와 나의 관계를 잘 보여 주는 한 가지 기억이 떠오른다. 부모님이 아스널을 방문했을 때 보로와 나는 양가 가족을 모두 초대해 함께 만난 적이 있다. 나의 아버지와 보로는 그날 저녁 내내 진지한 대화를 나눴다. 나중에 아버지께 무슨 이야기를 그렇게 오래 하셨는지 물었더니, 아버지는 사실 보로가 하는 말을 전혀 이해하지 못했다고 말씀하셨다. 마치 보로가 그와 나만 이해할 수 있는 언어로 말했던 것처럼. 그 언어는 다름 아닌 일본에서 만들어진 것이었다!

시즌이 시작되기 전 나는 모든 외국인 선수와 일본인 스태프들을 오키나와 섬에서 열리는 전지훈련에 소집했다. 전지훈련에는 우리 팀이 보유한 선수 35명 중 20명만 소집했다. 그렇게 하는 편이 조직력을 높여 강한 팀을 만드는 데 도움이 될 거라 생각했기 때문이다. 그러나 나는 곧 끔찍한 딜레마에 빠졌다. 막상 훈련을 시작하고 보니 선수들의 태도나 발전을 위한 열망이 선수 전원을 불렀어도 문제없을 만한 수준이었기 때문이다. 그들은 나무랄 데가 없었고, 모두 발전하려는 강한 열망을 품고 있었다. 냉정한 시각으로 몇몇 선수들을 주전에서 제외시켜야 한다는 것을 알고 있었지만, 일본에서 본 선수들은 자신의 클럽에 완벽하게 헌신하려는 자세를 갖고 있었다. 일본에서 보낸 18개월 동안 나는 모든 선수들이 투자를 아끼지 않으며 끊임없이 노력하는 모습을 볼 수 있었다. 선수들이 훈련 시간이 시작되기 전부터 개인 훈련을 하다가 지치는 일이 없도록 종종 훈련장에 있는 축구공을 미리 수거해야 할 정도였다. 그런 선수들의 엄청난 노력이 외국인 선수들에게도 영향을 미쳤다. 예를 들어 스토이코비치는 당시 몇 개월 동안 실전에 출전하지 못한 상태였다. 그가 다시 예전의 폼으로 돌아가기 위해서는 엄청난 노력을 기울여야 했다. 그래서 나는 그에게 강도 높은 훈련을 주문했는데 그는 완전히 자신의 모든 걸 내던지며 훈련에 임했다. 결국 그의 노력은 빛을 봤다. 그는 나고야에서 7년 동안 활약하며 팀을 대표하는 스타플레이어가 됐고, 훗날 같은 팀의 감독이 됐다.

오키나와에서 몇 주간의 훈련을 마친 후 우리는 상파울루를 상대로 첫 연습 경기를 가졌다. 당시 세계 챔피언은 브라질이었는데, 그래서 그 경기는 우리에게 중요한 시험 무대였다. 나는 이제 막 나의 방식들을 팀에 적용하고 있었다. 무엇보다 내가 중요하게 여기는 가치들을 팀에 주입시켰기에 그것이 경기에서 어떻게 발현되는지 확인하고 싶었다. 우리는 아직 수비가 불안했지만, 결국 상파울루에 승리를 거뒀다! 그 경기는 내가 갖고 있던 확신을 더 강하게 하는 계기가 되었고, 선수들의 잠재력도 다시 한번 확인할 수 있었다. 그러나 막상 리그가 시작되자 초반 결과는 예상과 달리 형편없었다. 우리는 연전연패했다. 8주가 지난 뒤 우리는 승점 3점만 얻은 채 리그 최하위로 처졌다. 선수들은 자신감을 완전히 잃었고 이대로 가다가는 이사진들이 나에게 가졌던 믿음까지 잃을 지경이었다. 그 무렵 보로에게 "우리 짐 싸야 될 것 같다"고 말했던 일이 기억난다. 이사진과 나는 그 시기의 결과가 실망스럽다는 것에 동의했다. 그들이 나를 경질할 거라고 생각하고 있었는데 놀랍게도 그들은 내 통역사를 해고하겠고 나섰다! 내가 나의 가치와 지침을 선수들에게 제대로 전달하지 못하고 있다면, 통역사의 문제였을 거라면서! 나는 통역사를 옹호했고 결국 그가 해고당하는 것을 막을 수 있었다. 아마도 그때 이사진들은 그 전 시즌의 성적을 생각하면서 결과가 더 나쁠 수는 없다고 판단했던 것 같다. 덕분에 나는 나고야가 기록했던 17연패를 반복하기 전에 한숨 돌릴 수 있었다. 나고야의 이사진들은 또한 내가 나고야와 J리그를 위해 헌신하는 것을 높게 평가했다. 나는 하루도 쉬지 않고 일하며 나고야뿐 아니라 J리그에도 도움을 주기 위해 노력했다.

나는 나고야의 수비 불안을 해소하기 위해 중앙 수비 조합을 바꿨다. 고 오이와Go Oiwa와 알렉산더 토레스를 수비로 함께 내세우자 수비 자체가 훨씬 더 효율적으로 변하면서 좋아졌다. 또한 나는 선수들의 자신감을 회복하기 위해 노력했다. 자기 자신이 가진 힘과 장점에 집중하고 다른 팀의 강점에는 너무 신경 쓰지 말라고 주문했다. 우리 선수들은 강했고, 민첩했고, 굳은 의지를 갖고 있었다. 아주 근면했고, 규율도 철저하게 지켰다. 그리고 내가 그들에게 가르치는 모든 것을 배우려고 했고 나를 믿고 따랐다. 꽃꽂이나 스모, 야구 같은 일본 문화에서 볼 수 있는 것처럼 내 선수들은 아름답고, 정확하면서도 섬세한 움직임을 중시했다. 그것은 일종의 우아한 기품을 향한 끝없는 탐구와도 같았다. 나는 늘 그런 것들을 무척 좋아했다. 그들은 발걸음이 가벼웠다. 단지 강인함이 다소 부족했고 종종 효율성보다 미적인 면을 더 중시했을 뿐이다. 그러나 이런 문제들은 더 정확하고, 빠르고, 섬세한 플레이로 상쇄할 수 있었다. 따라서 그들의 강점이 더 강조될 필요가 있었다. 그것이 바로 내가 지도한 모든 팀들에게 이야기했던 스스로를 의심하지 않고 자신이 가진 강점과 퀄리티를 더 강화하고 그것으로 약점을 상쇄하라는 가르침이었다. 나고야는 훗날 잉글랜드에서도 목격한 또 다른 강점도 갖고 있었다. 그것은 매우 강한 팀워크 정신과 다른 선수들을 도우려는 자연스러운 태도, 함께 승리를 쟁취하려는 자세였다.

또한 나는 나의 가치와 코칭 스타일을 그들이 가진 전통과 그들의 믿음과 타협하는 법에 대해 배웠다. 나의 의사를 다른 방식으로, 더 효율적으로 전달하는 방법도 배웠다. 나고야에서의 시간은 나에게는 가치를 매길 수 없는 배움의 시간이었다. 모나코와 다른 클럽들에서의 나는 어쩌면 조금 융통성 없고 딱딱하고 권위적인 지도자였을지도 모른다. 나고야의 문화에 적응하면서 그들에게 맞추고 이해하는 법을 배우는 동안 내가 경험한 각각의 나라와 그들의 문화, 각각의 클럽에 최선이 될 수 있는 코칭 방법에 대한 생각을 계속 발전시킬 수 있었다. 지도자로서의 역량도 더 정교해졌고, 의사소통도 더 나아질 수 있었다. 그로 인해 나는 훈련을 하고, 경기 준비를 하고,

경기에서 승리하는 방법을 찾는 그 모든 것들에 있어 내가 적용하거나 바꿀 원칙이 무엇인지, 또 포기할 원칙은 무엇인지에 대해서도 배울 수 있었다.

나는 타협점을 찾아야 했다. 예를 들어 유럽에서는 경기 하루 전에는 뜨거운 물로 목욕하지 말라는 얘기가 있다. 그러나 일본에서는 사우나나 뜨거운 물에서 목욕하는 것은 아주 오래된 전통이다. 처음에 선수들이 뜨거운 탕에 몇 시간 동안 앉아 있는 걸 봤을 때 매우 놀랐지만, 아무 말도 하지 않았다. 서로 다른 문화와 전통을 존중해야 했기 때문이다.

나는 또한 선수들과 코치들이 충돌하는 일이 없도록 노력했다. 일본인들은 명예를 아주 중요하게 여긴다. 그들에게는 명예를 잃지 않는 것이 아주 중요하다. 어떤 감독이 한 선수에게 쓸모없는 선수라고 말한다면 그 선수는 즉시 자신은 원칙대로 최선을 다했음에도 명예를 잃었다고 여길 것이다. 그래서 나는 상대를 모욕하지 않고 실망이나 비판을 표현할 수 있는 적절한 방법을 배워야 했다. 내가 적절한 표현을 찾지 못할 때면 나의 통역가가 그렇게 해 주었다.

또 한 가지 내가 적응해야 했던 것은 엄격한 규율과 근면에 대한 요구였다. 물론 이것들은 좋은 가치이지만, 그것이 지나칠 때는 부작용을 일으킬 수 있다. 예를 들어 일본 선수들은 감독을 존중하기 때문에 매사에 많은 것을 기대했다. 그들은 내 지침을 하나하나 모두 있는 그대로 받아들였지만, 반대로 직접 나서서 무언가를 시작하려고 하지는 않았다. 그들은 내가 하나하나 모든 것에 대해 말해 줄 거라고 여겼고, 내가 그렇게 하지 않자 처음에는 어리둥절해했다. 나는 그들에게 감독은 선수들이 최선의 선택을 내릴 수 있도록 준비해 주는 사람이지만, 결국 선택하는 것은 그들 자신이라는 점을 강조해야 했다. 그들은 스스로를 자유롭게 표출하는 방법을 배워야 했다. 그래서 우리는 그들의 스피드와 기동성, 기술적인 능력과 지능적이고 창의적인 플레이를 바탕으로 팀을 만들어 나갈 수 있었다.

또한 나는 그들에게 성공하는 길은 계속 훈련을 반복하는 길뿐이라고 강조했지만, 실제로 그들이 그렇게 큰 인내심을 갖고 모든 것을 견뎌 낼 거라고는 기대하지 않았다. 나는 그렇게 강한 의지를 가진 이들을 본 적이 없었다. 그때가 바로 지나친 훈련을 막기 위해 축구공을 치우고 정식 훈련 전에 별도의 개인 훈련을 하지 말라고 금지했던 때였다.

우리는 모두 환경에 적응해야 하고, 타협점을 찾아야 한다. 그렇게 할 때 비로소 승리하는 길로 나아갈 수 있다. 선수들은 나의 방식과 가치에 맞추기 위해 노력했고, 나 역시 그들과 그들의 문화에 맞춰 나갔다. 그것은 가치를 매길 수 없는 경험이었다. 가족과 친구들과 멀리 떨어져 일본의 대도시도 아닌 지방의 한 도시에서 도로 위의 표지판을 읽는 법을 배우며 경기장까지 40분이나 걸려서 찾아갔던 경험 그리고 제발 그 표지판이 바뀌지 않기를 바랐던 경험들이 그것이다. 표지판이 바뀌기라도 하면 길을 잃을 것이니 말이다! (물론 중간에 바뀐 적도 있지만 그 무렵엔 내가 이미 길을 익힌 후였다.) 나는 또 전통식당에서 가졌던 첫 기자회견도 기억이 난다. 의자도 없고 벤치도 없는 그곳에서 우리는 맨 바닥 위에 앉아 있어야 했다. 10분이 지나자 죽을 것만 같았다. 어떤 훈련 시간보다도 힘들었다. 나는 5분마다 한 번씩 일어나 자리를 비워야 했다. 그 자리에 참석했던 기자들은 아마도 내가 아픈 게 아닐까 생각했을 것이다! 또 나는 시간 약속을 완벽하게 지키기 위해 절대 훈련에 늦지 않는 선수들의 모습과 초대장에 쓰인 시간 이상을 넘기지 않는 저녁 자리 등을 모두 경험했다. 그것은 긍정적인 의미에서의 문화 충격이었다. 나는 그곳에서 정직하고 간결한 삶의 양식을 경험했다. 그것은 내가 모나코 시절 겪었던 어려움들을 생각하면 꿈과도 같은 경험이었다.

또한 나는 축구와 나의 관계 그리고 성공에 있어서 값을 매길 수 없는 가치를 일본에서 발견하기도 했다. 일본의 오래된 스포츠인 스모는 그 의식과 규칙을 최초에 만들었을 때와 똑같이 유지하고 있다. 나는 종종 스모를 보면서 많은 것을 배웠다. 스모에서는 상대에 대한 존중이 아주 중요한 필수요소이다. 1년에 6개의 토너먼트가 있는데, 요코즈나Yokozuna(한국식으로 표현하자면 '천하장사' – 옮긴이)가 되기 위해서는 그중 두 개의 대회에서 우승해야 한다. 그러나 우승을 차지한 스모 선수는 심판 위원회에 가서 그의 행동에 문제가 없었는지 먼저 인정받아야 한다. 경쟁심도 중요하지만, 경쟁심만 존재해서는 안 된다. 승리를 차지한 스모 선수는 동시에 품위 있게 행동해야 한다. 나는 그런 인상적인 자세를 결코 잊지 않았고, 그것이 축구에도 필요한 중요한 덕목이라고 늘 생각했다. 나는 그것들로 인해 무슨 수를 써서라도 결과를 만들어야 한다는 강박관념에서 벗어나 내가 어린 시절부터 갖고 있던 축구라는 스포츠의 순수한 즐거움과 열정을 되찾을 수 있었다.

스모가 인상적이었던 또 다른 이유는 무승부가 없다는 점이었다. 승부는 반드시 승리 혹은 패배로 귀결됐다. 최근에는 조금 바뀌었지만 J리그 역시 당시에는 경기가 무승부로 끝나면 연장전을 가진 후 승부차기까지 해서 승패를 가렸다. 그것 역시 선수들의 열정과 축구에 대한 투지에 영향을 미쳤다.

일본에서 보낸 18개월 동안 나는 가족과 친구들, 프랑스 리그 1과 유럽 축구에서 경험했던 폭력성이나 잔인함 등과 거리를 두고 살았다. 물론 모나코나 낭시 시절과 비교할 때 내가 전혀 다른 감독이 된 것은 아니었지만 일본에서 나는 오직 축구 그 자체에만 집중할 수 있었다. 신문도 읽지 않았기에 나에 대해 뭐라고 하는지도 알 수 없었다. 나에 대한 미디어의 의견이나 사람들의 선입견 등에서도 자유로울 수 있었다. 나는 오직 축구 감독이라는 나의 직업 그 자체에만 온전히 집중할 수 있었다. 수많은 사람들의 끊임없는 의견과 충고, 조언, 칭찬에서 벗어났던 것이 나에게 자유를 만끽할 수 있게 해 줬다. 아스널에 도착했을 때, 나는 끝없는 압박에 시달리는 일을 피할 수 있을 거라 생각했고, 축구를 둘러싼 주변 모든 환경으로부터 시달리지 않을 수 있을 거라 기대했다. 물론 나는 곧 그 모든 것들로 돌아가야 했다. 그러나 일본에서 평화로운 상태로 일했던 경험은 이후 아스널에서 매우 치열하고 심각했던 모든 순간에 큰 도움을 주었다.

우리는 14위에서 4위로 올라섰고, 결국 2위를 차지했다! 그것은 놀라운 발전이었다. 그 발전이 모두에게 자신감을 줬고 팀을 하나로 만들어 줬다. 시즌 후반기에 우리는 계속 좋은 경기력과 성적을 이어

갔고 결국 1995년에 천왕배 우승을 차지했고 그다음 시즌에는 일본 슈퍼컵 우승도 차지할 수 있었다. 1996년 9월 내가 나고야를 떠났을 때 나고야는 리그 우승을 차지할 수 있는 좋은 상황에 놓여 있었다. 긴박한 우승 경쟁 끝에 결국 우리는 2위로 시즌을 마쳤다. 우리 홈구장에서는 종종 팬들의 열광적인 분위기가 느껴졌고 그것은 그 자체로 아름다웠다. 축구의 즐거움을 되찾은 우리는 순수한 축구를 했으며 홈팬으로 가득 찬 경기장에서 뛰었다. 그 열기와 침묵, 종종 우리가 안타까운 패배를 당했을 때 팬들의 눈에서 흘러내리던 눈물, 그 모든 팬들과 선수들의 열정이 우리가 치른 모든 경기를 챔피언스리그 경기처럼 느끼게 만들어 줬다. 그때 우리 홈구장에는 단 하나의 빈자리도 없었다.

그 시즌은 실로 놀라운 시즌이었지만 아주 좋은 선수였던 스트라이커 다카후미 오구라의 부상으로 인해 큰 타격을 입기도 했다. 그는 시즌 휴식기에 U−21팀과 연습경기를 하던 도중 십자인대 부상을 당했다. 내가 니스에 있을 때 벌어진 일이었다. 그는 수술을 받았지만 결과가 좋지 못했다. 그는 부상에서 돌아온 뒤로 과거의 폼과 신체적 능력, 스타일을 결코 되찾지 못했다. 그는 그에게 걸맞은 커리어를 보내지 못했다. 그와 같은 최고의 선수들이 최고의 의료진에게 치료받도록 하는 것은 정말 중요한 일이며, 우리가 계속 주의를 기울여야 할 일이다.

1996년 6월, 아스널의 데이비드 딘David Dein 부회장과 피터 힐우드 Peter Hill-Wood 회장 그리고 대니 피즈만Danny Fiszman이 나고야로 나를 만나러 찾아왔다. 나는 이미 딘과 오래 알고 지낸 사이였다. 그때 나는 만약 유럽으로 돌아간다면 오직 한 가지 경우, 빅클럽에 가서 진정한 의미의 도전을 할 수 있는 경우에만 돌아가겠다고 다짐한 상태였다. 아스널은 충분한 규모의 클럽이었다. 우리는 한 시간도 걸리지 않아 계약에 합의했다. 아스널에 한시라도 빨리 합류하고 싶었지만, 그렇다고 시즌 도중에 감독이 없는 상태로 나고야를 떠나고 싶지는 않았다.

나고야의 이사들은 나의 대체자를 찾기 위해 서두르지 않았다. 동시에 그들은 나를 붙잡기 위해 평범한 방법을 취하지도 않았다. 대신 그들은 나를 설득하기 위한 플랜을 제시했다. 100년 이내에 일본을 축구 최강국으로 만들겠다는 계획이었고, 그들의 계획에 내가 반드시 필요하다며 설득했다. 그것이야말로 일본인들이 시간을 어떻게 여기는지 그리고 그들의 의지가 얼마나 강한지를 보여 주는 사례가 아닐까 생각한다. 그러나 나는 이미 결정을 내린 상태였다.

아스널을 선택한 것은 나의 인생을 바꾼 결정이었다. 그때 누가 상상이나 했겠는가. 이제 막 일본을 떠난 그 여정이 그 후 22년 동안 이어질 것이라는 것을.

6

나의 집,
아스널에서의 삶

"당시 아스널은 프리미어리그에서 '지루한 아스널'이라는 평판을 얻고 있었다. 그들은 매우 느린 속도로 경기를 진행했고 오직 경기의 결과만을 중시했다. 골을 기록한 후에는 상대 선수를 마크하며 수비에만 집중했다. 물론 나는 당시 아스널의 그 평판이 다소 과장된 것이라 생각했지만, 그렇더라도 아스널의 스타일을 좀 더 생산적이고 기술이 가미된 스타일로 바꾸고 싶었다."

ARSÈNE WENGER

잉글랜드와 잉글랜드 축구에 대한 나의 관심은 아주 오래 전에 시작됐다. 아스널에 도착한 1996년 10월 1일, 그날은 내 인생이 바뀐 날이었다. 그날 이후 내 모든 에너지를 쏟아부었을 정도로 아스널은 나의 열정이자 집착의 대상이 됐다. 런던에 살면서 내가 본 것은 아스널의 훈련장과 홈구장이 전부였다.

아스널과의 만남이 내 인생에 얼마나 큰 영향을 미쳤는지, 하나의 축구 클럽이 내 인생을 어떻게 바꿨는지, 또 왜 나의 삶이 아스널과 런던에서의 삶을 위해 오랫동안 준비된 것만 같았는지를 이해하기 위해서는 그보다 더 몇 년 전으로 돌아가야 한다.

알자스에서 지내던 소년 시절, 일곱, 여덟, 아홉 살이었던 그때도 나는 이미 오직 축구만을 생각하며 지냈다. 학교 텔레비전에서도, 부모님이 운영하던 식당에서도, 또 집에서도 우리는 축구의 성지인 웸블리 스타디움Wembley Stadium에서 열린 FA컵 결승전을 보며 자랐다. 당시는 아직 흑백 TV를 보던 시절이었는데, 흑백 화면에 비친 웸블리 스타디움의 훌륭하게 관리된 잔디 위에 놓인 하얀색 공이 내 눈에는 그렇게 아름다워 보였다. 당시에는 잔디 관리도 말이 끄는 기구로 다듬었던 시절이었다. 내가 본 FA컵 결승전들은 축구 하면 떠오르는 이미지 그 자체였다. 소년 시절 나도 언젠가 저 잔디 위에 서고 싶다는 꿈을 꾸었다. 물론 그건 내게 너무 원대한 꿈이라서 그걸 다른 사람에게 드러내거나 자신했었던 것은 아니었다. 잉글랜드와 웸블리 스타디움은 내게는 또 다른 세상처럼 보였다. 아스널 감독이 된 후 2년이 지나 내 팀을 이끌고 웸블리에 입장할 때의 내 심정을 상상해 보라. 나는 그 사실을 믿을 수 없었다. 나는 내가 어린 시절부터 꿈꾸던 그곳의 잔디 위에 서 있었다. 팬들의 열정이 느껴지는 대회 현장의 열기, 완벽한 잔디 상태, 선수들의 긴장감과 하얀색 공까지 모든 것이 완벽했다. 나는 그 전설적인 구장과 또 다른 웅장한 경기장인 카디프의 밀레니엄 스타디움에서 총 8번의 FA컵 결승전을 가졌고 그중 7번 우승을 차지했다. 또 9번의 커뮤니티 실드에서 7번 우승했다. 그 각각의 순간들은 나에게 놀랍도록 감정적으로 다가왔다. 마치 흑백 티비를 통해 경기를 보던 소년 시절로 돌아간 것처럼 느껴질 정도였다.

29세에 캠브리지Cambridge에서 머물렀던 경험도 중요한 요인이었다. 그때 3주 동안 캠브리지에서 보낸 시간이 없었다면, 나는 결코 아스널 감독이 되지 않았을 것이다. 당시 나에겐 그렇게 해야 할 어떤 의무도 없었지만, 영어를 몹시 배우고 싶었고 언젠가 영어 능력이 중요한 날이 올 것이라 생각했다. 또 여러 언어를 할 줄 아는 것이 미래를 준비하는 데 있어 필수적일 것이라 생각했다. 그래서 잉글랜드로 갔던 일이 결국 내 인생을 바꿨다. 그때 한 친구가 내게 "캠브리지로 가. 그곳이 공부하기 가장 좋은 곳이야"라고 조언해 줬고 나는 그 조언에 따라 캠브리지로 가는 기차를 탔다. 어떤 어학원에 다닐지, 어디에서 살지 아무것도 정해진 것이 없는 채로 말이다. 캠브리지에 도착해서 이곳저곳을 직접 돌아다니며 지낼 집을 구했다. 운 좋게도 집주인의 추천으로 내가 다닐 수 있는 학원을 선택할 수 있었다. 나는 바로 다음 날부터 그 학원에 다니기 시작했다. 나는 10대 친구들에 둘러싸여 수업을 들었는데, 중요한 것은 나에게 학원을 추천한 사람이 바로 그 수업의 선생님이었다는 점이다! 그녀는 내가 캠브리지에서 지내는 동안 나를 정성껏 보살펴 줬다. 나는 3주 동안 정말 열심히 공부했고, 최선을 다해 내가 받을 수 있는 가장 높은 레벨의 점수를 받기 위해 노력했다. 나는 영어에 익숙해지고 싶었고, 나의 선생님(집 주인!)이 나를 자랑스러워하길 바랐다.

스트라스부르에 돌아온 이후 나는 그때 쌓은 영어 실력을 잃지 않기 위해 노력했다. 영어로 된 책을 찾아 읽었고 모르는 단어는 다 노트에 적었다가 나중에 사전을 찾아봤다. 그렇게 몇 년 동안 영어로 된 소설과 과학, 경영 관련 서적들을 찾아 읽었다. 결국 그런 노력들이 큰 도움이 됐다. 지금은 나의 딸 레아가 캠브리지 대학에서 신경과학 연구를 하고 있다. 나는 종종 캠브리지로 찾아가 레아를 만나곤 한다.

캠브리지에서 만난 나의 첫 영어 선생님이었던 그 집 주인을 나중에 찾아보려 했지만 기억이 흐릿한 탓에 찾지 못했다. 그녀 역시 내 인생을 바꾼 사람이다.

나를 아스널에 데려온 사람은 데이비드 딘이었다. 그의 아버지는 양복 재단사였고 딘 역시 설탕과 커피 사업으로 돈을 벌었다. 1989년에 딘을 처음 만났을 때 그는 자신이 사랑하는 클럽의 부회장이자 이사회 소속 주주 중 한 명이었다. 그는 또한 축구협회 부회장이었고 프리미어리그를 창설한 5명 중 한 명이었다. 우리가 만나기 며칠 전, 나는 크리스마스 휴식기를 맞아 갈라타사라이의 경기를 보러 터키에 방문했었다. 곧 그들과 경기를 가질 예정이었기 때문이다. 그들의 경기는 콘야Konya에서 12월 31일에 열렸고, 나는 그날 앙카라Ankara에서 시간을 보냈다. 니스로 돌아오기 전에 잉글랜드에 잠시 들러 크리스마스 전후로 숨 가쁘게 진행되고 있던 프리미어리그 경기를 보기로 했다. 호들의 에이전트에게 전화를 걸어 재밌는 경기를 추천해 달라고 했고, 1월 1일 런던으로 향했다. 그게 내가 하이버리에서 처음 경기를 보게 된 계기였다. 그날 하이버리에서는 아스널과 노리치의 경기가 열렸다. 그날 경기는 아스널의 승리로 끝났는데, 그날 경기 중 가장 기억나는 것은 그 경기의 골 장면이 아니었다. 당시 아스널은 전통을 중시하는 클럽이라서 경기에 초대받은 관객들과 그들의 배우자들은 구단 이사진과 다른 별도의 방을 이용하고 있었다. 그때는 나도 아직 담배를 피우던 시절이라 하프타임에 담배를 피우러 갔는데, 그곳에서 담뱃불을 빌리다가 데이비드 딘 아내의 친구와 만나게 되었다.

'담뱃불'을 빌린 인연과 캠브리지 시절 배웠던 적당한 영어 실력, 하프타임에 잠깐 나눈 대화 덕분에 그날 저녁 나는 데이비드 딘의 초대를 받았다. 그는 내게 "축구 이야기를 하자"고 했고 나는 그와 축구와 많은 것들에 대해 대화를 나누고 제스처 놀이를 하면서 즐거운 저녁을 보냈다. 그들이 내게 재연하도록 요청했던 주제 중 한 가지는 '한여름 밤의 꿈'이었다. 쉬운 일은 아니었지만 나는 그럭저럭 잘 해냈다! 그날 저녁 딘과 나 사이에 만들어진 우정과 서로에 대한 이해는 그 후 그와 내가 만나는 내내 지속됐다.

딘은 프랑스 앙티브Antibes에 배를 한 척 갖고 있었다. 그 배의 이름은 '편하게(Take it easy)'였다. 그는 종종 그 배 관리 비용이 너무 많이 든다며 '제발 사가세요(take it please)'라고 부르기도 했다. 그가 코트다쥐르Côte d'Azur에 올 때마다 우리는 함께 즐거운 시간을 보냈다. 그는 직접 경기를 보기 위해 모나코 홈구장에 찾아오기도 했다. 모나코는 당시 아스널과는 매우 다른 축구를 했고, 그것이 그에게 깊은 인상을 남겼다. 그는 그때 모나코의 스타일이 잉글랜드에서도 통할지 궁금해했다. 경기가 끝나고 나면 몇 시간 동안 축구와 우리의 직업과 축구계에 대해 여러 가지 이야기를 나눴다. 당시 잉글랜드 축구계는 TV 방송사로부터 전혀 수입을 얻지 못하고 있었고 그 결과 좋은 선수들이 해외로 유출되는 일이 벌어지고 있었다. 대표적인 선수가 바로 모나코에 입단했던 호들이었다. 그때의 잉글랜드 축구 스타일은 직선적이었다. 대부분의 선수들이 잉글랜드, 스코틀랜드, 아일랜드 출신들로 이뤄진 매우 폐쇄적인 자국만의 분위기와 코드를 가진 리그였다. 대부분의 클럽들도 잉글랜드의 부호들이 소유하고 있었고 그들은 몇 세대에 걸쳐 축구의 전통과 우아함, 페어플레이를 중시하며 클럽을 관리했다. 데이비드 딘과 아스널 덕분에 나는 당시 그들의 코드와 광적인 팬들 그리고 단 한 명의 외국인 감독도 존재하지 않았던, 클럽들과 선수들이 아직 큰돈을 벌지 못하던 시절의 잉글랜드 축구에 대해 자세히 알 수 있었다.

1995년 초, 나는 모나코에서 7년을 보낸 뒤 그곳을 떠났다. 아스널은 조지 그레엄George Graham 감독과 막 결별한 상태였는데(그는 아스널이라는 클럽을 형성하고 성장시키는 데 아주 많은 일을 한 사람이다), 나는 아스널이 왜 그를 경질했는지 알지 못했다. 딘은 나를 피터 힐우드에게 소개해 줬다. 그는 그의 할아버지 사무엘과 아버지 데니스의 뒤를 이어 1982년부터 아스널 회장을 맡고 있었다. 우리는 내가 나고야로 떠나기 전 함께 만나 저녁 식사를 같이 했다. 나는 그들이 차기 감독으로 나를 염두에 두고 있다고 느꼈지만, 아직 그들은 외국인 감독을 영입할 준비가 되어 있지 않았다. 결국 브루스 리오치Bruce Rioch가 그레엄 감독의 뒤를 이었다. 그러나 그 선임은 기대한 만큼 성과를 거두지 못했고 아스널은 리그 중위권에 머물렀다. 결국 1996년 6월 피터 힐우드와 데이비드 딘 그리고 당시 아스널의 이사이자 최대 주주 중 한 명이었던 대니 피즈만이 나를 만나기 위해 일본으로 왔다. 이번에는 그들 모두 나를 선임하고 싶다는 의사를 강하게 밝혔기에 우리는 한 시간도 지나지 않아 합의점을 찾았다. 그 한 시간이 나의 운명을 결정지었던 것이다.

그때의 나는 그 결정이 나에게 얼마나 큰 도전인지 알고 있었을까? 아스널이라는 클럽이 나에게 모든 권한을 줄 것이고 나 역시 무려 22년이라는 세월 동안 내 모든 시간과 열정, 에너지를 그들을 위해 쓰게 될 것이라는 사실을 알고 있었을까? 더 간단히 말해 아스널이 곧 미래의 내 '집'이 될 거라는 것을 알고 있었을까? 혹은 내가 스트라스부르부터 나고야까지 쌓아 온 지도자로서의 모든 경력이 아스널에서의 도전을 위해 준비하는 시간이었고, 아스널이 다른 그 어떤 클럽보다도 훌륭하고 뛰어난 클럽이 될 수 있도록 노력하는 과정이었고, 클럽 관리에 대한 나의 비전을 접목시켜 클럽을 더 발전시키기 위해 썼던 시간이었다는 사실을 감히 알 수 있었을까?

아스널의 새 시즌이 시작됐을 때 나는 아직 일본에 있었다. 나고야가 아직 새 감독을 선임하지 못한 상태에서는 팀을 떠나지 않겠다는 생각 때문이었다. 내가 없는 사이, 곧 나의 수석코치가 될 팻 라이스Pat Rice가 팀을 이끌었다. 그는 아스널에서 선수로 활약한 사람이었다. 나는 일본에서 지내면서도 아스널에 필요한 선수를 영입하기 위해 노력했다. 레미 가르드Rémi Garde와 패트릭 비에이라가 그때 영입되었다. 그들은 아직 1군에 정식 등록된 상태는 아니었지만, 나 없이 아스널에서 시즌을 시작했다. 나는 그 둘에게 매주 전화를 했고, 매 경기의 비디오테이프를 받았다. 두 나라 사이의 시차 때문에 쉬지도 않고 계속 일하는 것처럼 느꼈었는데, 그건 내게도 좋은 준비 과정이 되었다. 머지않아 아스널에 가서도 실제로 밤을 새워 가며 일하게 됐기 때문이다.

일본을 떠나기 전부터 나는 이미 잉글랜드에서 할 일들을 준비했다. 나는 점점 내가 아스널에서 할 모든 일들이 곧 나 자신에 대한 증명이자, 모두에게 나의 능력을 입증하는 일이라는 사실을 깨닫게 됐다. 아스널 이사진들은 내가 아스널의 변화를 이끄는 것을 받아들일 준비가 되어 있었다. 그들은 내가 이전 감독들과는 다른 생각을 가진 감독이며, 잉글랜드 축구계의 입장에서 볼 때 철저한 외국인이자 이방인이며 일본에서 온 감독이라는 점으로 인해 대중들로부터 한바탕 소동이 일어날 것이라는 점도 충분히 예상하고 있었다. 그런 사항들은 실제로 많은 회의적인 시선과 반대 의견을 초래할 수 있었고, 어떤 면에서는 나보다도 오히려 아스널이 더 용감한 선택을 했다고 볼 수 있다. 나는 나에 대한 대중의 시선이 차가울 것이라는 점을 미리 예상했고, 그것은 모든 새로운 감독들에게 자주 일어나는 일이었다. 그런 문제는 감독이 경기 결과와 그의 가치를 실현해 가는 과정을 통해 입증해 가야 하는 것이었다. 나는 나의 확신과 생각, 팀의 최고 능력을 이끌어내는 감독으로서의 역량을 발휘하면서 나에 대한 회의적인 시선에 맞설 준비가 되어 있었다. 그러나 나에 대한 대중의 적대적인 시선은 나와 아스널 이사진의 예상보다 훨씬 더 컸다.

일본을 떠나 아스널로 가면서 나는 내가 살고 있던 세상과 클럽, 문화를 모두 바꿨다. 아스널에 도착할 당시 나를 기다리고 있었던 것은 호텔에서의 삶과 뛰어나지만 회의적인 시각을 가진 선수들, 악의적인 유언비어 그리고 지뢰밭 같은 상황이었다. 지금 생각하면 그 모든 것이 나름 가치 있는 일이었다. 나는 내가 가진 열정과 외부의 비난에 무관심한 성격 덕분에 오직 다음 경기와 내가 생각하고 있던 클럽에 대한 구상에 온전히 집중할 수 있었다.

일본에서 본 비디오와 선수들과의 훈련을 통해 내 팀 선수들을 존중하게 됐다. 아스널 선수들은 모두 경험이 풍부했고 대부분 조지 그레엄 감독 시절에 성장한 선수들이었다. 그들은 영리하고 근면했으며 팀을 위해 헌신할 준비가 되어 있었다. 그 세대의 선수들은 아주 큰 돈을 벌지는 못하지만 한 클럽에서 대부분의 커리어를 보냈고, 한 번 클럽과 계약한 후에는 그들의 모든 것을 팀에 바치는 경우가 많았다. 그들은 겸손하면서 강인했고, 아스널의 문화와 전통에 큰 존경심을 가진 자랑스러운 가족이었다. 선수들의 사이도 매우 가까웠고, 늘 함께 어울렸으며, 규칙을 항상 지키지는 않았지만, 나는 그들의 관계가 매우 좋다는 것을 금방 알 수 있었다. 데이비드 시먼David Seaman, 토니 아담스Tony Adams, 레이 팔러Ray Parlour, 폴 머슨Paul Merson, 마틴 키언Martin Keown, 나이젤 윈터번Nigel Winterburn, 스티브 보울드Steve Bould, 리 딕슨Lee Dixon 등이 내가 감독을 맡았을 당시의 아스널 선수들이다.

나는 또 아스널의 강한 정체성과 몇 세대에 걸쳐 전해져 오는 특별한 역사에 대해서도 알게 됐다.

아스널은 1886년 런던 남동부 지역 울위치Woolwich의 로열 아스널Royal Arsenal에서 일하던 공장 노동자들에 의해 만들어진 팀이다. 1910년, 사업가인 헨리 노리스Henry Norris와 윌리엄 홀William Hall이 아스널을 인수했고, 1913년 전설적인 경기장인 북런던의 하이버리 스타디움으로 이주했다. 하이버리 스타디움은 아스널 구단 역사에 매우 큰 의미를 가진 경기장이었고, 그곳에서 아스널의 역사를 수놓은 많은 인물들이 탄생했다. 특히 1931년 아스널에 첫 리그 우승을 안긴 허버트 채프먼Herbert Chapman 감독이 대표적이다. 아스널에 왔을 때 나는 그의 축구 철학과 오프사이드 룰이 바뀔 당시 혁신적이었던 그의 WM 포메이션 등에 대해 알게 됐다. 또 그가 물리치료를 사용한 방법과 훈련에 대한 그의 생각, 또 등번호를 사용한 유니폼과 투광 조명 등에 대해서도 알게 됐다. 그는 심지어 길레스피 로드 Gillespie Road 역의 이름을 아스널 역으로 바꾸기까지 했다. 나는 아스널에 헌신한 그의 모습이 마음에 들었다. 아스널에서 일한 모든 사람들이 그에 대해 잘 알고 있었다. 그의 인생은 1934년 폐렴으로 인해 갑작스럽게 끝났지만, 그는 1930년대에 아스널을 최강자로 만들었고 많은 유산을 남겼다.

나는 점점 아스널의 정체성과 그 팬들에 대해 이해하기 시작했다. 아스널은 전통과 품위 있는 행동을 아주 중요하게 여기는 클럽이었다. 동시에 그들은 혁신에 대해 열린 자세를 가진 클럽이기도 했다. 아스널은 지역 커뮤니티와 매우 밀접한 관계를 맺고 있었고, 매우 건실한 노동자 계급 팬층을 확보한 클럽이었다. 아스널의 팬들은 클럽의 가치를 지지했다. 어린 시절부터 시작해 그 정도의 강도로 계속 지속되는 팀에 대한 그들의 강한 애정은 다른 어떤 곳에서도 보지 못한 것이었다. 하이버리 구장에서 처음 경기를 보는 날을 세례를 받는 날과 똑같이 여길 정도였다. 나는 한 아스널 팬이 철로에서 자살하려던 사람을 구하기 위해 자신을 희생할 뻔했다는 이야기도 기억하고 있다.

그 팬은 다른 팬을 구하자마자 곧바로 다음 기차를 탔다고 한다. 아스널 홈경기에 늦고 싶지 않아서였다. 내게는 그 사람의 그런 태도가 아스널 정신을 가장 잘 보여 주는 예였다.

아스널의 감독이 되기로 한 후 내가 처음 본 아스널 경기는 1996년 9월 25일 독일 쾰른의 뮌게르스도르퍼 스타디온Müngersdorfer Stadium 에서 열린 보루시아 묀헨글라트바흐와의 경기였다. 그날 나는 아직 공식 업무를 시작하지 않은 상황에서 경기를 지켜보기 위해 동행했다. 나는 데이비드 딘 부회장과 함께 관중석에서 경기를 지켜봤다. 양 팀이 무승부 상태였던 하프타임에 나는 드레싱룸으로 내려갔다. 팻 라이스 코치가 나에게 선수들과 대화해 보라고 요청했고, 나는 팀의 주장이었던 토니 아담스를 교체하면서 수비에 변화를 줬다. 어쩌면 그것이 예상하지 못한 변수였는지 아스널은 결국 그날 경기에서 패하고 말았다. 물론 나와 팀의 첫 대면이 좀 더 좋은 결과로 이어졌다면 좋았겠지만, 나는 그 당시 상황에 나 자신을 던져 팀과 함께하고 싶었다.

당시 아스널은 프리미어리그에서 '지루한 아스널'이라는 평판을 얻고 있었다. 그들은 매우 느린 속도로 경기를 진행했고 오직 경기의 결과만을 중시했다. 골을 기록한 후에는 상대 선수를 마크하며 수비에만 집중했다. 물론 나는 당시 아스널에 대한 평판이 다소 과장된 것이라고 생각했지만, 그렇더라도 아스널을 좀 더 생산적인 기술이 가미된 스타일로 바꾸고 싶었다.

내가 아스널 감독이 됐을 때 아스널은 중위권에 놓여 있었다. 그 시기 리그를 지배하고 있던 팀들은 맨유와 뉴캐슬 그리고 리버풀이었다. 나는 일본에서 런던으로 넘어가기 전부터 비디오테이프를 통해 아스널의 모든 경기를 봤고, 직접 경기를 관전하기도 하면서 팀에 대한 구상을 점점 구체화시켰다. 팀의 능력에 대해 더 자세히 알게 되면서 어떻게 팀을 조직해야 그들의 레벨을 끌어올릴 수 있을지에 대해서도 구상할 수 있었다. 또한 아스널 선수들 사이의 연대감이 얼마나 강한지도 알고 있었기 때문에 그들과 대립하고 싶지 않았다.

　그로부터 몇 주 후인 1996년 10월 12일, 나는 아스널 감독으로서 첫 공식 경기를 치렀다. 상대 팀은 블랙번 로버스Blackburn Rovers였고, 이안 라이트Ian Wright가 두 골을 기록하며 승리했다! 경기장으로 가는 길에 선수들은 'We want our Mars bars!'(Mars는 인기 초콜릿바의 이름이다. 벵거 감독 재임 초기 엄격한 식단 관리로 초콜릿바를 못 먹게 하자 선수들이 경기장으로 가는 버스 안에서 이 노래를 불렀다는 일화가 유명하다 – 옮긴이)'라며 노래를 불렀다. 이미 그들에게 나의 계획들, 특히 엄격한 식습관을 준수할 것을 요구했었기 때문이다. 선수들에게 있어 감독의 새로운 지도 방식은 함께하는 식사나 근육 강화 운동 등 모든 일상생활을 지배하는 아주 큰 변화였다.

　나는 아스널에서 내 신념을 포기하지 않으면서도 천천히 한 단계씩, 심리적으로나 대외적인 관점에서 팀을 변화시켜 나가야 한다는 것을 알았다. 또한 "아르센이 대체 누구야?"와 같은 표현을 쓰면서 나에 대한 의구심을 드러내는 언론에 대해서도 알고 있었다. 그들에게는 내가 아스널에서 무엇을 보여 줄 수 있을지, 과연 그럴 만한 사람인지 등에 대해 말할 권리가 있었다. 그래서 첫 번째 경기에서 승리하는 것이 매우 중요했다. 그 승리는 내가 가진 가치들을 좀 더 확고하게 보여 줄 수 있는 바탕이 됐고, 감독으로서의 지위를 강화하는 데에도 도움이 됐다.

당시 1군 팀은 평균 연령이 30세 이상이었다. 그들은 모두 강인한 선수들이자 경쟁심 강한 승리자들이었지만, 이미 오랫동안 경기를 뛴 선수들이라서 그에 맞는 훈련 방식이 필요했다. 선수들의 무릎과 발목 엑스레이 검사를 해 보니, 몇몇 선수들의 상태는 이미 오래전에 은퇴했어야 될 정도라는 소견이 나왔다. 그럼에도 계속 뛰고 싶은 열정을 갖고 있는 그들을 위해 계속 경기에서 뛰는 데 도움을 줄 수 있는 훈련 방식을 채택해야 했다. 그들의 팀에 대한 헌신은 그들의 플레이 스타일에서 고스란히 드러났다. 그들은 자신의 한계를 뛰어넘기 위해 부단히 노력하고 있었다. 그들은 훈련보다도 실전 경기를 더 좋아했다. 나는 그들에게 훈련의 중요성을 알리고, 그들이 나의 훈련 방식에 따라 최선을 다한다면 몇 년 정도 더 뛸 수 있을 것이라 강조했다. 그렇게 되기 위해서는 그들 스스로 나쁜 버릇을 버려야 했다. 내가 새로운 아이디어를 펼치는 타이밍도 좋았다. 당시 아스널 선수들 사이에는 과음하는 문화가 팽배했는데, 잉글랜드는 1990년대와 2000년대를 지나면서 사회적으로 건강을 더 중시하는 문화로 바뀌는 큰 변화를 겪고 있었다. 그런 분위기 속에서 아스널 선수들 역시 그 변화에 동참할 필요성을 느끼고 있었다.

토니 아담스는 아스널의 전설적인 주장이다. 그는 아스널 선수들은 물론 상대 팀 선수들에게까지 영향을 미치는 인물이었다. 그는 팀의 수비에 대해 아주 훌륭하게 이해하고 있었고, 한 수 앞을 내다보는 영리하고 투지 넘치는 자신감과 경계심을 동시에 가진 선수였다. 그는 또 다른 뛰어난 수비수들인 리 딕슨, 나이젤 윈터번, 스티브 보울드, 마틴 키언과 함께 뛰었다. 하지만 그는 알코올 중독을 앓은 적이 있었고 그에 대한 주의와 관리가 필요했다. 늘 신체적으로 지친 상태였기 때문에 훈련도 좋아하지 않았다. 마치 리허설을 하지 않는 배우와도 같았기 때문에 나는 그가 과연 주말 경기에 뛸 수 있을지 확신할 수 없는 날도 있었다. 그러나 그는 늘 경기 당일에는 경기장에 나왔다. 나는 그를 남부 프랑스에서 활동하던 물리치료사 티부스 다후Tiburce Darou에게 주기적으로 보내 집중적인 치료와 진단을 받게 했다.

아스널에는 전설적인 골키퍼 데이비드 시먼도 있었다. '아틀라스(그리스 신화에 나오는 지구를 어깨에 짊어지고 있는 거인 – 옮긴이)'라는 별명을 가진 그는 그의 멘토 밥 윌슨(1960~70년대 아스널에서 뛴 레전드 골키퍼)과 함께 훈련을 했고, 다소 몸이 육중했지만 신체적인 밸런스가 아주 뛰어났다.

아스널의 절대적인 아이돌이었던 데니스 베르캄프Dennis Bergkamp도 있었다. 나보다 1년 앞서 인터 밀란을 떠나 아스널에 입단한 그는 완벽주의자였다. 나는 단 한 번도 그가 기술적으로 불필요한 움직임을 하는 것을 본 적이 없다. 아스널에서의 첫 시즌에는 고전했지만 나는 그가 엄청난 선수라는 것을 알았고, 더 많은 기회를 얻는다면 경기를 지배할 수 있는 선수라는 것을 알고 있었다. 그는 모든 것을 빠르게 읽고 움직이면서 결정을 내린 다음 완벽하고 우아한 플레이로 옮기는 선수였다.

이안 라이트는 믿기 힘들 정도로 뛰어난 선수로 특히 상대 팀 선수들이 좀처럼 대응하기 힘든 유형의 선수였다. 그는 외향적이고 매우 활동적이었던 반면 아주 힘든 삶을 살았다. 그는 다른 누구보다도 뛰어난 킬러 본능을 가진 선수였다.

마틴 키언은 자신을 계속 발전시키고자 하는 열망이 큰 선수였다. 그는 자신의 퍼포먼스에 만족할 줄 몰랐고 항상 더 배우려고 노력했다. 그래서 그는 늘 자신에게 조언하는 다른 사람들의 말에 귀를 기울였다. 그는 종종 같은 해(1966년)에 태어난 토니 아담스와 긍정적인 의미에서 경쟁하며 마찰을 겪기도 했다.

나는 일본에 있을 때부터 이미 아스널에 있었던 신체적 능력과 축구 지능이 검증된 선수들 말고도 더 많은 새로운 선수를 데려오고 싶었다. 프리미어리그에서의 경쟁력을 더 끌어올릴 수 있는 선수들을 찾아 헤맨 끝에 비에이라와 가르드를 영입했고, 나중에는 에마뉘엘 프티와 질 그리망디Gilles Grimandi도 영입했다.

우리는 AC 밀란을 떠나 아약스로 향하려던 비에이라를 영입하는 데 성공했다. 내가 직접 그의 에이전트였던 마크 로저Marc Roger와 장 프랑수아 라리오스Jean-François Larios를 만나 비에이라는 아스널에서 뛰어야 하는 선수라고 강조하며 설득한 끝에 이뤄진 일이었다. 비에이라는 칸에서 뛰던 시절, 당시 모나코 감독이었던 내게 깊은 인상을 남긴 선수였다. AC 밀란은 적응에 문제를 겪었던 그를 내보내려던 참이었다. 비에이라는 아스널을 믿었다. 잉글랜드 팬들이 그에 대해 거의 몰랐던 첫 경기부터 그는 자신이 얼마나 뛰어난 재능을 가진 선수인지를 증명했다. 누구도 그의 능력에 의문부호를 달지 않았다. 또한 그는 내게 내가 만들고 싶었던 클럽을 만들 수 있다는 믿음을 줬다. 그와 프티는 아스널 팬들의 가슴에 영원히 남을 듀오로서 대단한 활약상을 보여 줬다. 다른 측면에서 보자면 그들 역시 아스널에 온 뒤로 인생이 바뀐 경우다. 두 사람은 프랑스 대표팀에서도 활약하며 1998년 월드컵에서 그들이 얼마나 대단한 선수인지를 전 세계에 증명했다. 프티는 1998년 월드컵에서 가장 훌륭한 선수 중 한 명이었다.

프티와 아담스는 매우 가깝게 지냈다. 그들은 축구에 대한 생각이 비슷했고, 뛰어난 통찰력을 갖고 있었다. 그들은 한계를 어떻게 극복하는지 아는 선수들이었다.

나는 리옹과 스트라스부르에서 뛰었던 가르드도 매우 뛰어난 선수라고 생각했다. 다만 그는 부상이 잦았고, 불행히도 아스널에서도 마찬가지였다. 그러나 그는 빠른 스피드를 보여 주면서 아스널의 다른 선수들에게 큰 영향을 미쳤다.

내가 아스널에 재임하던 시기 많은 선수들이 아스널에 와서 클럽 역사에 그들의 이름을 남겼다. 대표적인 선수들을 아래 열거해 본다.

프레디 융베리 : 상대의 수비진에 균열을 만들어 낼 수 있었던 선수. 엄청난 승부욕의 소유자. 스웨덴과 잉글랜드의 경기에서 마틴 키언을 상대로 위협적인 플레이를 하던 그를 보자마자 함스타드에서 영입했다. 키언은 일대일 수비에 매우 뛰어난 선수였기에, 그 장면만으로 융베리의 능력을 알아보기에 충분했다. 나는 그 경기의 비디오테이프를 두 번 돌려 보고 나서 그다음 주 월요일에 바로 그를 영입하기로 결정했다. 그것은 나의 가장 미친 영입 중 하나였다!

질베르토 실바 : 침착하지만 강한 선수. 아스널을 겸손한 태도로 섬겼던 선수.

안드레이 아르샤빈 : 러시아의 천재. 창의적인 드리블러이자 2009년 2월 이적 시장 마감일에 영입했던 선수. 그해 안필드에서 네 골을 기록했던 경기는 그 경기를 본 모든 팬들의 마음속에 영원히 남아 있을 것이다.

아론 램지 : 17살에 카디프에서 아스널에 입단했던 선수. 19세에 스토크 시티와의 경기에서 다리가 부러지며 성장이 멈췄지만 그럼에도 아스널에서 훌륭한 커리어를 보냈으며 특유의 에너지와 창의력 넘치는 플레이로 FA 컵 결승전에서 두 차례의 결승골을 기록했다.

윌리엄 갈라스 : 타협할 줄 모르는 수비수이자 중요한 순간마다 골을 기록했던 수비수.

바카리 사냐 : 엄청난 용기를 가진 풀백으로 아스널의 핵심이 된 선수.

토마스 베르마엘렌 : 아약스에서 영입한 센터백으로 훗날 바르셀로나로 이적한 흠 잡을 데 없는 행동을 보여 줬던 팀의 주장.

시오 월콧 : 폭발적이고 뛰어난 센스와 지능을 가진, 불행히도 많은 부상 덕분에 여러 차례 성장에 어려움을 겪었던 선수.

페어 메르테자커 : 아스널 드레싱룸의 활력소이자 센터백으로 계속 성장한 선수.

루카스 파비앙스키 : 엄청난 재능을 가졌지만 가끔 너무 예민한 것이 오히려 단점이었던 선수.

가엘 클리시 : 칸에서 영입한 레프트백으로 훌륭한 자세 덕분에 계속해서 성장한 수비수.

키에런 깁스 : 아스널 유스 아카데미 출신으로 또 다른 매우 재능 있는 레프트백이자 빠르고 뛰어난 기술을 가진, 그러나 자신감이 조금 부족했던 선수.

프란시스 코클랭 : 볼을 탈취하는 능력이 뛰어났던 수비형 미드필더이자 선수로서 많은 발전을 이뤄 냈던 선수.

보이치에흐 슈쳉스니 : 아스널에서 성장한 어린 골키퍼로 유벤투스에서 성숙한 모습을 보여 준 선수.

파스칼 시강 : 릴에서 온 왼발잡이 센터백으로 아스널에서 좋은 커리어를 보낸 선수.

필립 센데로스 : 스위스 출신 센터백으로 2006년 챔피언스리그 결승 진

출에 중요한 역할을 했던 선수.

은완코 카누 : 나이지리아에서 온 천재로 창의적이고 기술적이며 용감했던, 모두의 존중을 받았던 선수.

아스널에서 일을 시작한 순간부터 내가 생각했던 한 가지 고민은 어떻게 해야 아스널이 발전할 수 있을까였다. 나는 세상과 나를 단절시키고 오로지 클럽을 위해 나를 내던졌고 내 모든 시간을 아스널을 위해 쏟아부었다. 그것이 나와 아스널이 22년 동안 열정과 투지의 시간을 계속할 수 있었던 원동력이었다.

알자스에서 보낸 어린 시절부터 훈련이란 늘 배움의 연속이었다. 패배로부터 가능한 많은 것을 배우고, 경기에서 승리하고, 선수들을 선택해 훈련시키고, 그 팀에 고유의 스타일을 만들고, 우승을 차지하고, 그 클럽을 떠나는 과정. 나는 감독으로서 이 모든 과정을 다 거쳤다.

이 모든 열정과 기쁨의 이면에는 끊임없는 노력이 필요했다. 그리고 그 노력이란 때로는 받아들이기 힘든 고통과 고독이 수반되는 것이기도 했다. 그러나 고통과 노력 없는 예술이란 없다. 오늘날에는 모두가 승리와 패배만 이야기하고 그 중요성이 지나치게 강조되는 면이 있다. 반면 매 경기를 치르는 데 필요한 노력은 외면받기도 한다. 나는 아스널을 위해 큰 희생을 할 준비가 되어 있었고, 지난 시간이 내가 그렇게 하는 데 성공했음을 증명한다. 축구를 위해 헌신하기로 한 것은 나 자신의 결정이었다. 아스널에 도착했을 때 나는 47세였고 그 무렵 이미 어느 정도의 성숙함과 어려움을 극복할 자신감을 갖고 있었다. 그 전보다 더 차분했고 더 침착해졌다. 아스널에서 많은 어려움과 큰 도전들이 기다리고 있을 것을 알았지만, 나는 모나코나 일본 나고야 시절보다 더 강해져 있었고 모든 것에 도전할 준비가 된 상태였다.

물론 나를 새 감독에 임명한 아스널 이사진의 선택에 대해 많은 사람들이 의구심을 가질 것을 예상했고 "아르센이 대체 누구야?"라는 신문 기사와 선수들이나 팬들의 의문부호도 그럴 수 있다고 생각했다. 그런 의문에는 오직 근면한 노력과 헌신으로 답할 수밖에 없었다. 그러나 노골적인 적개심이나 유언비어, 명예훼손 혹은 희롱 등에 대해서는 그냥 지나칠 수가 없었다.

그 일은 토트넘 팬이었던 한 라디오 진행자로부터 시작됐다. 그는 내가 평판이 좋지 않은 장소에서 부적절한 사진이 찍혔고, 많은 신문에서 그 사진을 갖고 있다고 주장했다. 나는 깜짝 놀라서 그러면 그 사진을 보도해 보라고 했다.

그때는 아직 호텔에서 지낼 때였고 나의 파트너인 애니는 프랑스 남부 지역에서 지내고 있었다. 어느 날 아침 식사를 하려고 하는데 사람들이 나를 피하며 의심스러운 눈빛으로 쳐다보는 것을 느꼈다. 늘 그렇듯이 몇몇 기자들도 대기하고 있었고 그중에는 언급할 가치가 없는 이들도 있었다. 몇몇 기자는 선을 넘어 나의 가족과 전 팀의 선수들, 내가 감독으로 이끌었던 팀과 선수로서 뛴 팀들에 대해 묻는 기자들도 있었다. 심지어 몇몇 기자들은 로크브륀느 카프마르탱

Roquebrune-Cap-Martin에 살던 애니의 집에 찾아가 그녀의 열두 살 된 아들에게 내가 그를 어떻게 대했는지 묻기까지 했다. 그런 행위들은 도를 넘어선 참을 수 없는 행동이었다. 나는 어떻게 그런 일이 발생할 수 있는지, 어떻게 그런 터무니없는 거짓말이 어떤 증거도 없이 진실처럼 세상에 공개될 수 있는지 이해하기 어려웠다. 그것은 그런 행위가 어떤 결과를 불러올지 생각하지 않는 이들이 한 사람을 괴롭히기 위해 하는 짓들에 불과하다. 그러나 때로는 그런 스캔들이 대중의 관심을 받는 사람들의 운명인 것 또한 사실이다.

기자들은 거기에서 그치지 않았다. 그들은 내가 알자스에 방문할 때를 노려 내가 아스널 감독직을 사임하고 고향에 돌아갔다는 기사를 쓰기까지 했다. 런던으로 돌아와 클럽에 가기 위해 택시를 탔는데 운전사가 놀란 눈으로 나를 쳐다보기도 했다. 클럽에 돌아온 후 만난 언론 담당자가 "왜 사임한다고 말해 주지 않으셨어요?"라고 물어봤을 정도였다. 나는 정말 놀랐다. 결국 긴급 기자회견을 열어 기자들 앞에서 나는 어떤 거짓말도 두렵지 않으며 나에게 중요한 것은 오직 클럽의 성공뿐이라고 말해야 했다.

시간이 지나면서 나에 대한 더 많은 허위 기사들이 쏟아져 나왔다. 경기가 끝난 뒤 기자들의 질문 세례를 견디다 못한 내가 언성을 높였을 정도였다. 나는 축구에 대한 나의 믿음과 잉글랜드는 이러한 인신공격을 용납할 수준의 나라가 아니라는 나의 생각을 이야기했다. 그리고 내 마음 속의 잉글랜드인들은 정직하고 존중할 만한 사람들이라는 생각을 밝히며 어떤 것도 숨기는 것이 없다고 말했다. 그러자 갑자기 이 모든 일들이 사라졌다. 모든 일들이 갑자기 시작됐던 것처럼 말이다.

다시 한번 강조하고 싶다. 나는 내 클럽과 선수들을 내 집이자 가족처럼 여겼고 데이비드 딘에게도 완벽한 믿음을 갖고 있었다. 선수들도 나의 사적인 부분에 대해 아무런 언급도 하지 않았다. 그러나 클럽 외부에서 나는 상상조차 하지 못한 대우를 받고 있었다. 나는 그들의 모욕과 험담을 견뎌야 했다. 그 끔찍했던 시기를 보낸 경험은 내 일에 대한 에너지와 결단을 좀 더 강화하는 계기로 작용했고, 하나의 교훈처럼 내 마음속에 자리 잡았다. 나는 그 끔찍한 순간에도 당당히 맞섰다. 그 부정적인 일들이 나 자신과 내 클럽, 선수들 그리고 축구에 대한 나의 철학과 긍정적인 생각을 무너뜨리지 않도록 애썼다.

나는 그 일이 벌어진 몇 주 동안 철저히 혼자였다. 보로는 아직 일본에서 넘어오지 않은 상태였고 애니도 나와 따로 지내고 있었으며 가족들도 프랑스에서 지내고 있었다. 그들은 내가 무슨 일을 겪고 있는지 전혀 모르고 있었다. 나는 오직 나 자신만 의지하며 혼자 모든 걸 해결해야 했다. 결국 그것 역시 좋은 교훈이 되었다.

나에 대한 기자들의 악의적인 기사가 중단되자 침착함을 되찾았지만 그렇다고 방심하지는 않았다. 이것은 내가 다른 사람들과 공유하고 싶은 중요한 교훈 중 하나다. 우리 같은 직업을 가진 사람들은 항상 경계심을 풀어서는 안 된다. 선수들이나 기자들, 팬들, 그 누구와 대화를 할 때는 항상 자기가 하는 언행에 주의해야 한다. 그것이 기자회견 때마다 내가 했던 일이다. 나는 이미 최악의 상황을 겪었기에 그 상황이 무엇인지 이미 알고 있었다. 기자회견의 기술은 늘 신중하게 답변하는 것이다. 기본적으로 감독은 항상 클럽과 선수단의 통합을 깨뜨리지 않도록 노력해야 한다. 감독은 기자들을 상대하는 일이 많고, 특히 최근 축구계의 경우는 더더욱 그렇다. 내가 아스널을 떠나기 전에는 일주일에 6~7회의 기자회견이 있었다. 물론 방송사나 클럽 공식 TV와의 인터뷰는 제외하고 말이다. 기자들은 나에게 한 가지 특징을 발견하기도 했다. 가능한 선에서 늘 숨기는 것 없이 사실을 정직하게 말한다는 점이었다.

감독이 기자들을 상대할 때는 곧 그것이 우리의 선수들과 팬들, 구단의 이사진들을 상대하는 것과 다름없다는 사실을 잊지 말아야 한다.

그 사건은 미디어의 공격으로부터 나 자신과 선수들을 보호하는 방법을 배울 수 있게 해 줬다. 어떤 선수들은 음주나 여자 문제로 신문 1면에 오르기도 한다. 이런 주제들에 대해 답변할 때에도 감독은 항상 품위를 잃지 않고 자신의 발언으로 어떤 목표를 얻고자 하는지를 생각해야 한다. 자기 자신의 감정을 앞세워서는 안 된다. 감정을 드러내거나 뒤끝 있는 모습을 보인다면 에너지와 평정심을 잃을 뿐이다.

내 클럽은 그런 문제들에 대해 당당히 맞섰고 나 역시 마찬가지였다.

당시 우리는 몇 가지 중요한 도전을 앞두고 있었다. 팀을 더 진화시키는 문제. 이미 나이가 많이 든 선수들과 새로운 선수들이 잘 어울리도록 하는 일, 선수들의 기술적인 수준을 향상시키는 일, 클럽 전체를 진화시키는 일, 나와 계속 신뢰 관계를 유지했던 데이비드 딘이 늘 나를 도와줬고 팻 라이스 코치도 함께 도왔다. 팻은 아스널을 위해 클럽 안팎에서 매우 헌신적으로 노력한 사람이었다. 우리는 매일 오전과 오후에 열리는 훈련을 함께 지켜봤고 특히 초기에는 매일 1시간 거리를 운전해서 나를 사무실까지 데려다주기도 했다. 한동안 나의 삶은 오직 훈련장과 사무실, 호텔을 오가며 이뤄졌고 한참이 지나서야 잉글랜드 전통식 정원이 딸린 작지만 매우 편안한 집을 구해 지낼 수 있었다. 그 세 가지 장소는 내 런던 생활의 전부였고 나는 그 후로도 몇 년 동안 런던에 대해 그 외에는 어떤 것도 알지 못했다. 어떻게 말하면 나는 런던에 살았던 것이 아니라 아스널에 살았다고 하는 편이 더 어울릴지도 모른다.

내가 부임한 첫해, 아스널의 큰 목표 중 하나는 새로운 훈련장을 만드는 것이었다. 그때까지 우리가 사용하던 훈련장은 런던의 UCL 대학 소유였다! 아스널이 소유한 훈련장이 없었기 때문에 대학의 승인을 받아서 훈련을 해야 했던 것이다. 나는 당시 아스널의 훈련장이 20년 정도는 뒤처져 있고 클럽이 지향하는 바에는 한참 미치지 못한다고 생각했다. 그래서 그 후 1년 동안 매주 일요일마다 딘과 함께 새 훈련장을 지을 만한 장소를 보러 다녔고 결국 아스널의 오랜 이사였던 켄 프라이어Ken Friar가 적절한 부지를 발견했다. 나는 1999년에 훈련장이 문을 열 때까지 수시로 공사 현장을 방문했다. 우리는 새 훈련장에 10개의 잔디 구장과 현대적이고 기능적인 건물을 지었다. 팀에 가능한 최고의 환경을 만들어 주고 싶었기 때문이다. 새 훈련장의 아주 작은 섬세한 부분까지 신경 쓰는 것이 나에게는 매우 중요한 일이었다.

얼마 후 보로가 일본에서 런던으로 건너와 팻 라이스와 함께 나를 돕기 시작했다. 그는 내가 어떻게 일하는지 잘 아는 사람이었고 아스널 구성원 모두와도 잘 어울렸다. 그는 축구와 선수들에 대해서도 잘 알고 있었지만 아주 겸손해서 조직과 잘 어울리는 사람이었다. 그는 내가 믿고 의지할 수 있었고 내게 무조건적인 도움을 주는 사람이었다. 그는 내가 힘들었던 순간들(아주 많았다)마다 곁에서 나를 도와줬다. 우리는 일본에 있을 때처럼 함께 살지는 않았다. 그는 아내와 함께 집을 얻었지만 그 부부는 내가 찾아갈 때마다 언제나 환영해 줬다. 아스널을 떠난 후에도 종종 외롭거나 울적할 때 그의 집을 찾아가 함께 식사를 할 정도로 그는 내 평생의 친구가 되었다.

보로와 팻 그리고 나는 아스널을 승리에 대한 강한 열망과 야망, 활력과 멋진 플레이 스타일을 가진 팀으로 만들기 위해 노력했고, 그런 비전을 선수들에게 분명히 제시했다. 또한 선수단을 위해 내가 생각했던 각 분야의 외부 전문가들을 배치했다. 그런 노력 덕분에 너무 크지 않으면서도 좋은 시스템을 갖출 수 있었다. 나는 파리 병원 조합에서 일하던 신경과학 전문가 얀 루지에Yann Rougier를 데려왔다. 그는 신경과학 학술단체 중 하나인 IN21의 창립 멤버였다. 나는 그를 모나코 시절부터 알고 지냈다. 나는 보통의 훈련 방식 외에 팀의 퍼포먼스를 향상시킬 방법이 없을지에 관심이 많았다. 경기장 위에서 일어나는 부분에 대해서는 전문적인 능력을 갖고 있다고 생각했지만 경기장 바깥에서 일어나는 부분에 대해서는 아직 모르는 부분이 많앉기 때문에 발전의 여지가 있을 것이라고 생각했다.

우리 두 사람은 전혀 다른 성격의 소유자였지만 과학이나 실험 등에 대해서는 모두 강한 열정을 갖고 있었다. 그래서 그 후로 수년간 같이 일하면서 많은 효율적인 방법을 생각해 냈다. 선수들이 어떤 음식을 먹는 것이 좋은지, 어떻게 먹어야 좋은지, 어떻게 음식을 씹는 것이 좋은지 등등이 그것이다. 나는 그를 일본에도 데리고 갔었다. 그는 그 분야의 전문가 중 한 명이며 선수들과도 소통을 아주 잘하는 사람이었다. 그는 새 팀에서 새로운 식단을 만들어 냈다. 그러자 내가 선수들에게 아침, 점심, 저녁에도 브로콜리만 먹게 한다는 농담이 돌기도 했다. 여하튼, 그가 선수들의 식단 자체를 완전히 바꾼 것은 사실이다. 예를 들면, 선수들이 초콜릿바를 먹거나 하프타임에 탄산음료를 먹는 대신 카페인이 든 각설탕을 먹도록 했다. 물론 처음에는 선수들이 허기를 느꼈지만 곧 적응했다. 그것은 결국 선수들로 하여금 좋은 식습관을 유지하게 하고 퍼포먼스를 꾸준히 유지할 수 있게 하는 데 도움이 됐다. 얀의 자리는 훗날 또 다른 유능한 전문가인 에르벨 캐스텔Hervé Castel이 대체했다.

또 나는 프랑스 국가대표팀과 명문 구단 그리고 최고의 선수들과 함께 일한 파리 출신 접골사 필립도 데리고 왔다. 그는 물리치료사 겸 접골사 훈련을 받은 사람이었다. 그는 선수들이 경기가 끝난 후 더 쉽게 피로를 회복하고 스트레스에서도 벗어날 수 있게 만들어 선수들이 다음 경기를 더 잘 준비할 수 있게 도왔다. 그는 아스널에서 일주일에 이틀씩 일하며 모든 선수들이 경기 중에 겪은 크고 작은 부상들을 체크했다.

클럽에 매주 방문한 잉글랜드의 심리학자 데이비드 엘리엇도 있었다. 또 팀 오브라이언과 데이비드 프리스틀리, 세리 에반스 박사 등이 모두 선수들의 심리적인 상담을 도와줬다.

이러한 시스템은 아스널이 좀 더 기술적인 환경을 갖춘 클럽이 될 수 있도록 돕기 위한 것이었다. 적절한 규모를 유지하면서도 조화로운 분위기를 만들어 클럽이 더 좋은 성과를 내며 발전할 수 있도록 실시했던 것이다. 나는 늘 주변에 최고의 전문가들을 두기 위해 노력했고 그런 부분에 있어 객관적인 평가 툴을 갖추려고 노력했다. 모나코 시절에는 장 마르크의 평가 방법을 처음으로 활용하기도 했고 전술 분석을 최초로 클럽에 제공하기 시작한 프로존과도 계약을 맺었었다. 오늘날에는 그런 것들이 모든 클럽의 일반적인 관행이 됐다.

우리는 팀을 한 단계 더 발전시키기 위해 모든 노력을 다했다. 팀을 중위권에서 리그 정상까지 그리고 우승을 차지할 수 있는 팀으로 만들기 위한 노력이었다.

비에이라, 가르드, 프티 외에도 1998년 리그 우승에 결정적인 역할을 한 선수는 니콜라 아넬카Nicolas Anelka였다.

내가 아넬카와 처음 만난 곳은 PSG 훈련장이었다. 그때 나는 한 어린 선수를 영입하기 위해 프랑스의 오세르에 갔었다. 나의 프랑스 에이전트가 많은 경기에서 뛰지 못해 답답해하는 PSG 유망주가 한 명 있다고 추천해서 그를 직접 만났다. 그는 수줍음이 많은 17세 소년이었지만 이미 파리를 떠나기로 마음먹은 상태였고 아스널에 오고 싶다고 말했다. 나는 런던에 온 이후로 그를 기다렸다. 그가 마음을 바꿔 PSG에 남고 싶다고 할 수도 있었기 때문이다. 그러나 2개월이 지난 후에도 그는 여전히 같은 생각을 갖고 있었다. 결국 나는 PSG와 합의를 맺고 그를 영입하기로 했다. 그는 1997년 2월에 아스널에 입단했고, 우리는 그가 훈련을 통해 결정력을 강화하고 더 강해지도록 하는 한편 팀에 잘 적응할 수 있도록 도왔다. 처음에는 어려움도 겪었지만 그는 비교적 빠르게 성장했다.

그 시즌의 마지막 경기에서 우리는 더비 카운티로 원정을 떠났다. 나는 속으로 그를 선발 출전시킬 계획을 갖고 있었다. 그런데 그날 버스에 오른 뒤에 그가 버스에 타지 않았다는 걸 알게 됐다. 그는 그날 버스에 타는 대신 자기 방에서 짐을 싸고 있었다. 자신이 생각보다 많은 경기에 뛰지 못한다는 사실에 실망해서 프랑스로 다시 돌아가려고 했던 것이다. 나는 그와 긴 대화를 나눴고 그 대화가 모든 것을 바꿔 놓았다. 나는 그에게 아직 포기하지 말라고 했다. 그에게 내가 그의 기술에 어울리는 자리를 만드는 중이라고 말했고, 그가 겪고 있는 첫 번째 어려움에서 좌절하지 말라고 조언했다. 결국 나는 그를 아스널에 남도록 설득하는 데 성공했다.

그다음 날, 폴 머슨Paul Merson이 경기 10분 만에 부상을 당했다. 나는 곧바로 아넬카를 투입했고 그는 그 경기에서 가장 뛰어난 활약을 펼친 선수 중 한 명이 되었다. 그 경기에서 승리한 후 그가 아주 행복한 얼굴로 즐거워하는 모습을 봤다. 나는 그에게 그 24시간 동안 일어난 일을 절대 잊지 말라고 말했다. 하루 전 그는 모든 것을 버릴 생각이었지만, 하루가 지난 뒤에는 팀에서 가장 중요한 선수 중 한 명으로 여겨지고 있었기 때문이다.

그 뒤로 아넬카는 스타가 됐다. 그러나 그날 있었던 일은 오직 나만이 알고 있었다. 어떤 선수들이 크게 실망한 순간 나는 어떻게 하면 그들의 마음을 돌릴 수 있는지 알고 있다. 그와 비슷한 일은 나의 감독 커리어 내내 자주 일어났다.

그 경기 몇 주 전에 내 인생에도 큰 변화가 생겼다. 내가 아빠가 된 것이다. 당시 나는 너무나도 바쁜 나머지 그 일이 얼마나 큰 축복인지 제대로 느끼지 못했던 것 같다. 그러나 레아의 탄생은 분명 나에게 엄청난 축복이었다.

레아는 1997년 4월 7일 모나코에서 태어났다. 어떤 면에서 보면 레아는 내가 오기를 기다렸다 태어난 것 같다. 우리는 4월 5일 첼시를 상대로 3-0 승리를 거뒀는데, 그 후 나는 레아가 탄생하는 순간을 애니와 함께하기 위해 모나코로 갔다. 그해 말 애니와 레아가 런던으로 와서 나와 함께 살기 시작했다. 그때까지 혼자 지내는 데 익숙하던 나의 삶이 딸과 함께하는 가족의 삶으로 바뀌었다. 나는 온 힘을 다해 가족의 삶을 지키려고 노력했다. 애니는 항상 바쁘고 자기 직업에 전념하는, 필연적으로 조금은 이기적일 수밖에 없는 나 같은 사람과 지내면서도 정말 훌륭하게 대처했다. 그녀는 자신이 생각하는 가치를 가족에게 전달할 줄 아는 아주 훌륭한 엄마였다. 우리는 정말 가까웠고 또 서로를 존중했다. 나는 내가 그녀에게 얼마나 큰 빚을 졌는지, 그녀가 어떤 일들을 겪어야 했는지를 모두 알고 있다. 축구에 미친, 축구를 종교처럼 여기는 사람과 사는 것은 결코 쉬운 일이 아니다. 그렇다고 내가 자녀 없이 평생을 보내고 싶었던 것은 아니다. 나는 아빠가 되고 싶었다. 그러나 나는 다른 많은 아빠들이 그렇듯, 레아의 어린 시절을 좀 더 함께 보내지 못했다는 것이 안타깝다. 레아에게는 오빠 키건과 언니 에리카가 있다. 나는 대가족을 좋아했고 많은 사람들이 함께 모여 웃으면서 이야기 나누는 것을 좋아한다. 가족은 인생에서 큰 위안을 주는 존재이다. 가족이 있을 때 사람은 좀처럼 혼자라고 느끼지 않는다.

레아는 훌륭한 젊은 여성이고 경쟁을 좋아하는 천성을 타고났다. 내 학창 시절 성적표를 보는 일이 없기를 바랄 정도로 그녀는 공부도 잘했다. 어린 시절 레아와 게임을 할 때마다 그녀는 나를 이기기 위해 애쓰곤 했다. 레아는 공부와 그녀가 하는 운동에 전력을 다했고, 훈련도 아주 열심히 했다.

레아는 어린 시절부터 뭐든지 아주 열심히 노력하는 아이였다. 우리는 그녀에게 여러 가지 가치를 가르치기 위해 노력했다. 부지런한 그녀가 다른 사람들을 존중하는, 호기심 많은 사람으로 성장하길 바랐다. 우리는 이런 바람이 성공했다고 생각한다. 레아는 또 나를 닮아서 신중하고 비밀스러운 면도 갖추고 있는 편이다. 한 번도 직접 말한 적은 없지만, 내가 많은 시간을 함께하지 못한 것을 아쉬워하고 있을 것이다.

종종 내가 아빠로서의 역할을 다하지 못하고 있는 게 아닌가 걱정하기도 했다. 아마도 그건 사실로 판명이 난 것 같다. 그러나 레아는 자신의 시간을 모두 딸을 위해 쓴 헌신적인 엄마가 있었던 덕분에 오늘의 그녀가 될 수 있었다.

나는 가능하면 애니와 레아를 축구계의 냉혹한 현실로부터 보호하기 위해 애썼다. 이를테면 내가 패배로부터 느끼는 실망감에서 벗어나기 위해 나 자신을 격려시키려는 성향이나 속에 쌓인 화를 다른 무언가로 풀려는 성향 같은 것들로부터 말이다. 그럼에도 두 사람은 축구와 떨어져서 살 수는 없었다. 내 삶의 중심은 축구였기에 두 사람은 그런 내가 못마땅할 때도 분명 있었을 것이다. 그러나 나는 내가 축구로부터 소중하게 여기는 가치들을 가족과 함께 나누려고 애썼다. 애니와 나는 지금 레아가 멋진 여성으로 자란 것을 자랑스럽게 생각한다.

1997-98시즌, 우리는 리그 우승을 차지했다. 나는 아스널에 잘 적응했고 아스널과 함께 감독으로서 갖고 있는 꿈과 세 가지 필수적인 미션을 실행에 옮겼다. 그 세 가지는 첫째, 경기 결과 및 플레이 스타일에 영향을 미칠 것. 둘째, 선수들의 개인적인 역량을 더 발전시킬 것. 셋째, 클럽의 구조를 발전시키고 세계적인 영향력을 강화할 것이었다. 나는 클럽의 새 훈련장 건설에 긴밀하게 관여했고, 선수들의 이적이나 매일 진행되는 훈련, 선수들과 외부 전문가들이 갖는 세션도 모두 참관했다. 물론 가장 중요한 것은 아스널이 가진 세 가지 핵심 가치인 '함께하라, 품위 있게 행동하라, 앞으로 나아가라'를 지키는 일이었다. 이 가치들을 지키는 가장 좋은 방법은 경기 중에도 벤치에서도 경기장 밖에서도 항상 현명하게 행동하는 것이다. 일본에서 나는 항상 수트를 입었고 아스널에서도 그렇게 했다. 그것은 클럽을 대표하는 사람으로서 서포터들을 자랑스럽게 만들고, 상대를 존중하며 쉬운 목표에 타협하거나 방심하지 않도록 하기 위해서였다.

선수들도 그런 부분을 잘 이해하면서 가능하면 현명하게 행동하기 위해 노력했다. 때로는 사소한 것들이 아주 중요할 때가 있다. 경기 전에 클럽의 클라이언트나 스폰서들을 환영하는 일이나 이사진들과 함께 시간을 보내는 일, 상대 팀 색깔에 맞는 꽃을 장식하는 일. 이 모든 것은 품위를 갖추며 최고를 추구하기 위한 끝없는 노력이었다.

성과를 중요하게 여기는 문화를 만드는 것 역시 중요하다. 다시 말하면, 클럽의 리더와 선수들이 스스로 다음과 같은 질문들을 계속 묻는 문화이다.

'어떻게 하면 더 발전할 수 있을까?'

'나는 나의 잠재력을 모두 발휘했을까?'

'잠재력을 모두 발휘하기 위해서는 무엇이 필요할까?'

이것들은 의심의 여지없는 성공을 위한 핵심 요소들이다. 이러한 기준은 선수들이 자신에 대해 더 잘 알게 만들어 주고, 자신의 단점을 스스로 깨닫게 하며, 그 단점을 어떻게 극복해야 할지 알게 해 주어 결과적으로 더 높은 레벨에 오를 수 있도록 도와준다. 그런 선수들은 높은 지능과 동기부여를 균형 있게 갖추게 된다. 아담스와 시먼, 딕슨, 라이트, 베르캄프, 오베르마스, 데이비드 플라트David Platt, 레이 팔러, 내가 프랑스에서 데려온 레미 가르드, 질 그리망디, 에마뉘엘 프티 그리고 비에이라와 아넬카 같은 선수가 바로 믿을 수 있는 선수들이었다.

그 시즌은 놀라운 시즌이었다. 리그 중위권에서 시작한 우리는 모두에게 최고의 팀이 될 수 있다는 것을 보여 줬다. 그때 아스널 선수들은 승리와 우승을 향한 강한 의지와 동기부여를 갖춘 팀이었다.

사실 우리가 우승을 하든 그렇지 않든 내가 아스널에서 보낸 22년 동안 내 선수들은 늘 같은 모습을 보여 줬다. 그래서 나는 우리 팀의 모든 선수들을 아주 좋아했다. 그들의 과거와 엄격함, 강점 그리고 최고가 되기 위해 기울였던 그들의 모든 희생을 존중했다.

그 시즌 우리는 리그 우승이라는 아주 큰 도전을 앞두고 있었다. 나는 우리가 해낼 수 있다고 강하게 믿었고 선수들도 그렇게 믿어야 한다고 강조했다.

우리는 맨유에 승점 8점 차로 뒤져 있었다. 1998년 3월 14일, 올드 트래포드에서 아넬카의 결정적인 패스를 이어받은 마크 오베르마스 Marc Overmars의 골로 1-0 승리를 거뒀다. 나는 오베르마스의 플레이를 늘 좋아했다. 그를 영입할 당시 그는 장기간 부상에서 이제 막 돌아온 상태였고 많은 사람들은 내게 그를 영입하지 말라고 조언했다. 나는 암스테르담으로 직접 그를 보러 갔고 그곳에서 그가 100%의 컨디션이 아니라는 걸 확인했다. 그러나 나는 그가 이전의 경기력을 회복할 수 있을 거라고 믿었고, 내가 그것을 도와줄 수 있을 것이라 확신했다. 그는 자신에게 공을 불러오는 플레이를 할 수 있는 선수였고, 경기의 흐름을 아주 잘 읽는 선수이기도 했다.

내게는 그 경기가 터닝포인트였으며, 우리가 맨유와 역사적인 경쟁을 벌일 준비가 됐다는 것을 보여 준 경기이기도 했다. 당시의 맨유는 정말 특별한 팀이었지만 그 시즌 프리미어리그 우승은 우리 차지였다.

그 시즌 내내 맨유와 경쟁하는 동안 나는 매 경기마다 긴장감을 즐겼다. 퍼거슨 감독은 맨유를 위해 필사적이었고 그것은 나도 마찬가지였다. 그것은 퍼거슨 대 벵거의 싸움이었다. 그 극한의 라이벌 경쟁은 오직 우리의 경쟁력으로만 설명할 수 있다. 퍼거슨 감독은 축구에 아주 열정적인 사람이었고, 그의 팀 맨유의 인기와 그 자신의 성격 등으로 인해 잉글랜드 축구에 절대적인 권한을 가지고 있었다. 그는 주심을 포함한 축구계의 모든 사람들에게 무의식적인 영향력을 가진 존재였다. 예를 들면, 경기 종료 후 추가시간을 '퍼기 타임'이라고 부르는 사람들까지 있었다. 맨유가 추가시간에 골을 넣으며 승리를 거둔 일이 많았기 때문이다. 물론 그의 그런 권한은 그의 팀이 훌륭한 성과를 거뒀기에 가능했던 것이다.

우리와 그들 사이에는 전통적인 의미에서의 경쟁과 상호에 대한 존중이 모두 존재했다. 물론 선수들 사이의 충돌이나 격렬한 장면도 자주 연출됐다. 그러나 우리의 경쟁은 단순한 게임이나 쇼가 아니었다. 그것은 우리의 열정이자 삶이었고, 축구에 대한 압도적인 헌신이었다. 우리는 오직 승리만을 생각했다. 물론 내가 퍼거슨 감독이나 그의 선수들에게 종종 감정을 드러내는 일도 있었지만 그 와중에도 모든 것을 통제하기 위해 노력했다. 때로는 긴장감을 완벽히 통제하는 것이 불가능할 때도 있다. 때때로 선을 넘으면서 지금까지 기자들이나 팬들이 기억하는 장면들이 나오기도 했다. 당시 퍼거슨 감독과 나는 매우 달랐다. 퍼거슨은 클럽의 모든 것을 장악하고 있었고, 나는 아직 감독 역할에만 국한되어 있었다. 나는 그의 엄청난 능력을 알아봤다. 그는 자기 주변에 좋은 사람들을 둘 줄 알았고 그가 성공적일 때 그 행진을 멈추지 않았다. 그는 아주 효율적이고 실용적인 접근법으로 승리에 방해되는 것은 무엇이든 제거할 줄 아는 감독이었다. 그는 사람을 관리하는 탁월한 능력을 가진 사람이었고 심리적인 이해에도 조예가 깊어 옳은 결정을 내릴 줄 아는 사람이었다. 그와 나의 관계는 항상 맹렬했다. 때로 평화롭고 원만할 때도 있었지만 심각할 때도 있었다. 그러나 그와 나의 그런 관계는 분명히 잉글랜드 축구를 더 흥미롭게 만드는 원인이 됐다. 그해 우리는 모든 트로피를 차지했고 바로 다음 해 우리가 그들에게 FA컵 준결승전 연장전에서 패한 뒤 맨유는 프리미어리그와 챔피언스리그, FA컵까지 우승하며 트레블을 차지했다. 그것이 우리의 경쟁이 얼마나 치열했는지를 보여 준 한 예다. 우리 사이에는 무슨 일이든 발생할 수 있었기에 우리는 두 배로 더 노력해야 했다.

우리가 에버튼에 4-0 승리를 거두며 우승을 차지했던 5월 3일, 프리미어리그 종료가 눈앞이었던 시기에 우리는 아스널이 맨유를 포함해 누구도 꺾을 수 있는 팀이라는 것을 증명했다. 그리고 13일 후 우리는 전설적인 웸블리 스타디움에서 열린 FA컵 결승전에서 뉴캐슬을 2-0으로 꺾고 우승을 차지했다. 그건 정말 멋진 일이었다. 우리는 우리의 대장정이 이제 막 시작됐다는 걸 깨달았고 그 시즌의 더블은 정말 놀랍고 강렬한 일이었다.

나는 내 선수들과 아스널이 정말 자랑스러웠다. 그 시즌 우리의 우승은 나에게 믿음을 보내 준 선수들에게 내가 해 줄 수 있는 최고의 보답이었고 동시에 아스널 부임 초기 나를 괴롭혔던 사람들에게 전하는 최선의 응답이었다. 나는 그 시즌 우승으로 무명의 외국인 감독이 잉글랜드 무대에서 선수들의 신뢰를 얻고 선수들의 생활 습관까지 바꾸면서 노력한 끝에 리그에서 우승할 수 있다는 것을 증명했다. 그러나 나는 그 이상을 원했다. 우리는 그 시즌에 거둔 성공으로 인해 더 노력하면 더 많은 우승을 거둘 수 있는 강력한 팀을 만들 수 있다는 자신감을 얻게 됐다. 단 하나의 우승에 만족할 수 없었다. 우리는 모든 대회에서 우승을 차지하고 싶었다.

하지만 1999년에 우리는 프리미어리그 우승을 차지하지 못했다. 그러나 조금 다른 방식으로 프리미어리그에 우리의 족적을 분명히 남겼다. 그것은 아스널의 스타일이었다.

2월 13일, FA컵 5라운드에서 셰필드 유나이티드와 만났다. 경기 중 부상당한 리 모리스의 치료를 위해 셰필드의 골키퍼 앨런 캘리가 길게 볼을 차 보냈는데, 그때 막 인터 밀란을 떠나 아스널에 입단했던 은완코 카누가 그 볼을 그대로 가로채서 오베르마스에게 연결했고 그는 그대로 골을 성공시켰다. 주심도 골을 인정했다. 우리는 그 경기에서 승리했지만, 그 장면은 많은 논란을 불러왔다. 경기가 끝난 후 모든 선수와 회장까지 모두 재경기를 하는 것이 옳다는 데 동의했다. 우리는 FIFA에 재경기를 요청했지만, FIFA는 주심이 명백한 오심을 범하지 않았다는 이유로 우리의 요청을 받아들이기를 꺼렸다. 우리는 FIFA를 계속 설득했고 결국 경기가 끝난 지 24시간 만에 FIFA는 두 팀의 재경기를 승인했다. 그 경기는 우리가 반드시 이겨야 하는 경기였고 결국 우리는 승리했다. 그 경기에서 이기면 우리는 준결승전에 진출해 맨유와 만날 예정이었다. 그러나 우리 선수단 중 그 누구도 재경기에 반대하는 선수가 없었다는 사실이 나에게 가장 중요한 의미로 다가왔다. 항상 품위 있게 행동할 것, 그것은 아스널의 가장 중요한 가치였다. 그때의 일은 우리 선수단을 더 끈끈하게 만들어 줬고, 우리는 아스널이라는 클럽에 더 좋은 이미지를 안길 수 있었다. 오늘날에는 무슨 수를 써서라도 이긴다는 생각이 페어플레이나 품위 있는 행동을 무시하는 수단처럼 쓰이기도 한다. 대회에서 우승을 차지하지 못하는 팀은 아무것도 아닌 것처럼 여겨지는 일도 있다. 하지만 그것은 사실이 아니다. 내가 얼마나 승리를 갈구하는지는 신도 잘 알고 있다. 우리가 원했던 것은 우리의 가치를 지키며 승리하는 것이었다. 나는 그 재경기 덕분에 페어플레이상을 받았다. 나와 아스널은 그 상을 정말 자랑스럽게 생각한다. 우리가 리그에서 거둔 성공과 그때의 일은 우리에게 옳은 정신과 방향성을 선물해 주었다.

아스널을 더 강한 팀으로 만들기 위해 더 큰 재능을 갖고 있다고 확신했던 몇몇 선수들을 추가로 영입했다.

나는 모나코 감독 시절 데뷔했던 티에리 앙리를 이미 잘 알고 있었다. 그는 지능적이고 매우 뛰어난 조숙한 선수였다. 당시 그는 유벤투스에서 뛰고 있었는데 감독인 카를로 안첼로티와 잘 맞지 않아서 안첼로티 감독은 그를 다른 팀으로 임대 보내려 하고 있었다. 처음에 앙리는 팀을 떠나고 싶어 하지 않았다. 그가 유벤투스에서 행복하지 않다는 것을 알고 있었던 나는 딘과 함께 유벤투스로 찾아갔다. 그들은 앙리와 아넬카를 트레이드하고 싶어 했지만, 아넬카는 레알 마드리드를 선호했다. 그래서 나는 아넬카가 먼저 스스로 레알 마드리드로 떠나고 싶다고 말할 때까지 기다렸다. 그 후 우리는 레알 마드리드와 협상을 시작했다. 결국 나는 그를 이적시켰지만, 내게는 너무 슬픈 결정이었다. 그에게는 너무 이른 이적이었고, 그렇게 큰 이적료로 이적하는 것도 너무 큰 부담이라고 생각했다. 그는 여전히 배울 것이 많은 선수였다. 선수의 커리어에 있어 가장 중요한 것은 그가 어떤 팀을 선택하는가 그리고 언제 그 선택을 하는가이다. 훗날 나는 레알 마드리드가 아넬카에게 필요한 만큼 기회를 주지 않는 것을 봤지만, 그때는 이미 내가 할 수 있는 일이 없었다.

우리는 결국 1999년에 앙리를 영입했다. 나와 아스널의 모든 선수들이 곧바로 앙리가 얼마나 특별한 선수인지를 실감했다. 나는 그를 천천히 경기에 투입했고, 처음에는 주로 측면에서 뛰게 했다. 그는 자신이 공을 받을 위치로 달려가는 타이밍을 정말 영리하게 파악하는 능력을 가진 선수였다. 아스널 입단 초기 그는 골 결정력이 다소 서툰 선수였고 그 부분에 있어 자신감이 부족했다. 의문의 여지가 없는 아스널 최고의 선수이자 구단 역사상 최다 골을 기록한 선수라는 것을 알고 있는 사람들은 그의 골 결정력이 부족했다는 말을 듣고 웃을 수도 있지만, 그때 그는 좀 더 배우면서 긴장감과 두려움, 수줍음 등을 극복할 필요가 있었다. 한편으로 그의 끝없는 자신에 대한 의구심이 그를 더욱 발전하게 하는 동력이 되기도 했던 것 같다. 그는 경기 상황을 매우 빠르게 분석할 줄 알았고 그가 무엇을 해야 하는지도 빠르게 판단했다. 그의 축구 지능과 상황을 파악하는 능력 그리고 자신에게 계속 질문을 던지는 태도 등은 모두 위대한 선수의 조건이다. 그는 아주 빠르게 아스널의 중요한 선수로 자리 잡았고 기존의 선수들도 그가 팀에 공헌하는 모습에 만족했다. 아스널이라는 클럽과 팬들

180

에게 있어 앙리는 아스널의 황금시대를 상징하는 선수다.

다음 해인 2000년, 나는 로베르 피레스Robert Pirès와 실비앙 윌토르Sylvain Wiltord를 영입했다.

윌토르는 보르도에서 뛰던 선수다. 나는 그의 기동성과 신체적 능력, 긍정적인 사고방식과 팀워크를 좋아했다. 그는 뛰어난 팀 플레이어이자 좋은 결정을 내릴 줄 아는 선수였다. 나는 어려운 협상 끝에 그를 영입하는 데 성공했다. 그는 다소 거친 플레이를 하는 '야생마' 같은 평판을 가진 선수였다. 그러나 아스널과 리옹을 거치면서 자신이 얼마나 영리한 선수인지를 증명했다. 그는 축구라는 스포츠를 잘 이해했고, 공간을 만들어 내면서 공을 받을 줄 아는 능력을 가진 선수였다. 그는 아스널에 신선한 공기를 가져다주기도 했다.

피레스는 마르세유에서 뛰었던 선수다. 나는 마르세유의 로베르 루이드레퓌스Robert Louis-Dreyfus 회장에게 직접 그에게 큰 관심이 있다고 말했다. 피레스는 마르세유를 떠나고 싶어 했고 나는 그가 아스널에 무엇을 가져다줄 수 있는 선수인지 분명히 알고 있었다. 그는 월드클래스에 속하는 엄청난 선수였고, 부상을 당하기 전의 경기력을 기준으로 당시 세계 최고의 왼쪽 측면 미드필더였다. 엄청난 기술과 결정력을 가진 매우 영리한 선수였던 그는 늘 신사답게 항상 웃는 얼굴로 상대 골문에 골을 집어넣었다. 2002년 3월 23일 뉴캐슬과의 FA컵 6라운드 재경기에서 그는 2분 만에 골을 기록했지만 이후에 과격한 태클 때문에 큰 부상을 당하고 말았다. 경기 후 의사들은 그의 십자인대가 파열됐다며 수술을 받아야 한다고 말했다. 그 일은 그에게도 나에게도 아주 실망스러운 일이었다. 나는 특히 그 경기에서 그에게 휴식을 주지 않고 출전시킨 것을 자책했다. 나는 그가 잘못되면 몇 개월간 뛸 수 없거나 월드컵(2002 한일 월드컵)에도 참가하지 못할 수 있다는 것을 알았지만, 그는 다시는 정상의 폼을 되찾지 못할 수도 있는 리스크를 안고도 그 경기에서 뛰었다.

그해 5월 8일, 우리는 또 하나의 중요한 업적을 달성했다. 맨유를 상대로 맨유 홈구장에서 승리를 거두며 다시 한번 프리미어리그 우승을 차지한 것이다. 그것은 아주 중요한 승리였다. 특히 4일 전 FA컵 결승전에서 첼시에 2-0 승리를 거둔 것을 생각하면 더욱 그랬다.

프리미어리그를 대표하는 두 구단을 상대로 거둔 승리는 우리에게도 팬들에게도 상징적인 큰 의미가 있었다. 우리는 어떻게 하면 우승을 차지할 수 있는지 알고 있었고, 첼시나 맨유처럼 우리보다 재정적으로 더 풍족한 클럽을 상대로 경쟁해서 이기는 법도 알게 되었다. 우리는 그 시기의 시장 분위기와 우리의 상황 때문에 우리의 플레이 퀄리티를 희생해야 한다는 점과 선수 영입을 어느 정도 포기해야 한다는 점에 대해서도 알고 있었다. 우리는 비싼 이적료가 필요한 선수들보다는 선수들이 가진 능력에 집중하기 시작했다.

2000년대 초반은 많은 클럽들이 세계화되기 시작한 시점이다. 1998년 우리가 우승한 팀의 구성원이 대부분 잉글랜드 선수였다면, 2000년의 우리 팀은 다국적 팀이었다. 나는 하나의 클럽에도 다양한 문화가 있을 수 있다고 생각한다. 그것이 하나의 공통적인 문화를 공유하는 데 방해가 되지 않는다면 말이다. 그리고 그것이 클럽의 문화가 중요한 이유다. 그 문화는 클럽의 모든 구성원이 받아들이고 공유할 수 있어야 한다.

나 역시도 스스로를 발전시키기 위해 항상 노력하는 사람이었다. 그래서 더 정확하고, 더 강하고, 더 공정한 팀 문화를 만들기 위해 노력했다. 2002년, 나는 아스널 감독직 외에도 TV 스포츠 해설자로 일할 기회를 얻었다. 그 경험 역시 나에게 많은 것을 가르쳐 주었다.

2002년, 나는 프랑스 TV 방송사 TF1의 에티엔 무게오트, 찰스 빌뇌브루베로부터 연락을 받고 그들과 만났다. 덕분에 나는 장 미셸 라르케Jean-Michel Larqué와 티에리 롤랑Thierry Roland, 티에리 길라르디Thierry Gilardi, 크리스티안 장피에르Christian Jeanpierre와 같이 일할 수 있었고 그들과도 친구가 됐다. 덕분에 나는 세계를 다니며 월드컵의 빅매치들을 직접 볼 수 있었다. 그것은 축구에 대한 나의 꿈을 실현하는 또 다른 방법이었고 많은 선수와 감독, 에이전트들과 만날 수 있는 기회이기도 했다. 무엇보다도 나는 경기장의 높은 위치에서 내려다보며 경기를 관찰할 수 있었다. 해설자를 하는 동안 나는 정말 많은 것을 배웠다.

나는 특히 장피에르와 아주 가까운 사이가 됐다. 우리는 비센테 리자라주Bixente Lizarazu와 함께 세 사람이 중계를 했는데, 그중 나는 가장 말을 적게 하는 사람이었다. 세 명이 중계하면 조금 많다고 느낄 수도 있는데, 그런 상황에 대처하는 법도 배웠다. 요즘 해설을 할 때는 예전보다 말을 더 많이 하고 더 편해졌다고 느낀다. 당시에는 다른 사람 일에 끼어들고 싶지 않았고 상황이 벌어진 후에 곧바로 해설을 하는 일이 편하지 않았다. 나는 현재 비인BeIn 스포츠에서 경기 전후에 분석하는 일을 하고 있는데 그 일이 내게는 더 편한 것 같다. 사실 나는 2004년에 이미 당시 비인 스포츠 부장이었고 이후 빠르게 승진한 나세르 알 켈라이피Nasser al-Khelaifi(현 PSG 회장)와 처음 계약을 맺었다. 물론 나는 실전에서 경험하는 것을 더 좋아하는 사람이다. 단순히 내 생각을 말하기보다는 실제로 내 생각을 경기장 위에서 구현하는 것을 더 좋아한다. 그러나 시청자들에게 내가 생각하는 축구란 무엇이고, 각각의 경기에 대해 내가 어떻게 생각하고 있는지 전하는 것도 좋아한다. 말은 많은 것을 바꿀 수 있기에 중요한 것이다. 감독이란, 내가 자주 이야기했듯이, 자신의 생각을 어떻게 분명하게 전달할 수 있는지 알아야 하는 존재다. 경기 중계를 하면서 내 생각을 전하는 것은 많은 사람들과 소통하는 능력을 키우는 데 많은 도움이 됐다. 그 경험 덕분에 나는 TV가 축구에 미치는 영향에 대해서도 제대로 이해할 수 있게 됐다. TV는 축구계에 많은 자본을 안겨 주었지만 그 덕분에 점점 그 영향력을 키우고 있고 계속 새로운 서비스가 필요해지는 상황이다. 그런 부분은 기술적인 면을 담당하는 사람이 아닌 클럽 회장이 결정을 내려야 하기 때문에 내 역할은 그 결정 아래에서 가능한 최고의 선택을 내리는 것이다.

2001-02시즌, 우리는 프리미어리그에서 단순히 우승을 차지한 것이 아니라 원정 경기에서 무패를 기록하며 시즌을 마쳤다. 그때가 바로 미디어에서 '무패 우승(the Invincibles : 원어 자체의 의미는 '무적'에 가깝지만 특히 축구계에서는 아스널과 연결지으며 '무패 우승'이라는 해석이 널리 자리 잡았다 - 옮긴이)'에 대해 언급하기 시작하던 때였다.

1889년 유명한 프레스턴 노스엔드가 단 한 경기에서도 패하지 않고 리그와 컵에서 더블을 차지한 적이 있다. 그 시즌에 나는 우리의 경기력과 꾸준함이 라이벌 관계에 있던 맨유보다 훨씬 앞서고 있다고 진심으로 믿었고, 선수들에게도 프레스턴의 역사적인 무패 우승을 재현할 수 있다며 한번 도전해 보자고 강조했다.

다음 시즌인 2002-03시즌은 시작이 좋았다. 나는 선수들에게 우리가 할 수 있다는 자신감을 심어 주었고, 나 자신도 그렇게 믿기 위해 기자 회견에서 우리가 무패 우승을 차지할 수 있다는 말을 했다. 우리를 거만하다거나 미쳤다고 말한 사람들이 많았다는 건 자연스러운 일이었다. 하지만 나는 늘 감독에게 있어 최고의 목표는 패하지 않고 리그 우승을 차지하는 것이라고 생각했다. 그것은 내가 늘 갖고 있었던 하나의 집착이었다. 90%의 경기력으로 정상급 팀이 될 수는 있지만, 100%의 경기력으로는 2등이 될 수 없다.

물론 매 경기를 치르면서 그 목표에 대한 부담감은 점점 더 커졌다. 우리는 10월까지 30경기에서 무패를 기록했고, 그건 당시 기준으로 프리미어리그 신기록이었다. 그러나 우리는 에버튼을 상대로 한 경기에서 종료 직전에 당시 16세였던 웨인 루니Wayne Rooney에 골을 내주며 패하고 말았다. 그 패배로 무패 우승에 대한 부담감은 사라졌지만 동시에 그때까지 우리가 유지하고 있었던 경기력과 꾸준함을 지키는 일도 어려워졌다. 결국 우리는 그 시즌에 맨유에게 우승을 내주며 2위에 머무는 데 그쳤다. 나는 그 시즌에도 우리가 최대 라이벌을 제치고 리그 우승을 차지할 수 있었을 거라고 생각한다. 우리 팀은 완전히 하나로 뭉쳐 있었고, 강했고, 경험도 풍부했고, 긍정적인 정신력을 유지하고 있었다. 또한 경험 많은 노장 선수들과 자신의 실력을 증명하고 싶어 하는 젊은 선수들 간에도 좋은 조화를 이루고 있었다. 그 시즌 우리와 맨유의 실력 차이는 크지 않았다. 양 팀에 필요했던 것은 오직 마법 같은 순간들이나 어느 정도의 운이었다. 우리는 카디프에서 가진 FA컵 결승전에서 로베르 피레스의 골 덕분에 사우스햄튼을 1-0으로 꺾고 우승을 차지했다. 그 후 나는 선수들에게 왜 우리가 리그 우승을 차지하지 못했는지 물었다. 그들은 내게 프리미어리그에서 한 번도 지지 않고 우승을 차지한다는 목표는 너무 큰 부담이었다고 말했다.

나는 그들이 다음 시즌에는 더 잘할 수 있다고 믿고 있었다. 그래서 선수들이 여름휴가를 보내고 돌아온 날 다시 한번 같은 목표를 제안했다. 단 한 번도 패하지 않고 리그 우승을 차지하는 '무패 우승'을 재현해 보자고 이야기했다. 가능한 가장 높은 야망을 설정하고 그것을 믿는 것과 한 해 동안 열심히 지은 농사의 결과를 그다음 해에 거두는 것은 나에게 늘 가장 중요한 목표였다.

7

무패 우승

"선수들 사이에는 격렬하지만 긍정적인 경쟁 관계가 생겼고 그들은 공동의 목표를 세우고 그 목표를 달성하기 위해 모든 노력을 다했다. 우리는 팀 전체가 신의 은총을 받은 것 같은 시기를 경험했다."

ARSÈNE WENGER

2003-04시즌 초기, 나는 선수들에게 이전에 강조했던 점을 다시 한번 당부했다. 우리는 한 경기도 지지 않고 우승을 차지할 수 있다는 것을. 나는 그것이 가능하다고 믿었고, 그것이 우리의 목표였다.

그때 그 특별한 팀의 모든 선수들을 다 기억하고 있다. 물론 모든 사람들이 그때 선수들을 기억하고 있을 것이다. 패트릭 비에라, 질베르토 실바Gilberto Silva, 레이 팔러, 프레디 융베리Freddie Ljungberg, 로베르 피레스, 데니스 베르캄프, 티에리 앙리, 로렌Lauren, 얀스 레만Jens Lehmann 그리고 애슐리 콜Ashley Cole까지. 애슐리는 11살부터 아스널 아카데미에서 뛰었고 내가 감독일 때 아스널에서 데뷔했던 선수였다. 그리고 우리 팀에는 두 명의 중요한 수비수가 더 있었다.

솔 캠벨Sol Campbell은 2001년 아스널에 입단했다. 그는 아스널의 북런던 라이벌인 토트넘 선수였고, 토트넘과 계약 종료를 앞두고 있었다. 그때만 해도 그가 아스널에 입단할 거라고 생각한 사람은 아무도 없었다. 그의 영입을 준비하기 위해 우리는 딘의 집에서 밤 11시 쯤에 만나 새벽 1시 정도까지 집 근처를 걸으며 논의했다. 우리의 이적 논의에 대해 아는 사람은 오직 딘과 나, 캠벨과 그의 에이전트인

앤드루가 전부였다. 우리는 캠벨이 아스널에 입단한다는 사실이 어떤 영향을 가져올지 예상해 보려고 했다. 이후 새 선수 영입 기자회견을 열었고, 그 기자회견장에 나와 캠벨이 함께 들어섰을 때 기자들의 반응은 마치 폭탄이라도 터진 것 같았다. 토트넘에서 수년을 보낸 후에 아스널에 입단한 것은 정말 용감한 결정이었다. 토트넘 팬들의 열정과 그들이 느낄 분노 등을 감안할 때 그 이적에 대해 걱정했던 것도 사실이다. 그는 실제로 종종 배신자 '유다'라고 부르는 팬들로 인해 런던에서 힘든 생활을 보내기도 했다. 그러나 그는 엄청난 능력을 가진, 특히 놀라운 힘을 가진 대단한 수비수였다. 우리와 함께 보낸 5시즌 동안 그는 아스널에 엄청난 영향을 미쳤고, 그가 없었다면 우리는 결코 당시와 같은 팀이 될 수 없었을 것이다. 그러나 나는 그가 아스널에서 뛰기 위해 겪어야 했던 고난을 잘 알고 있다.

물론 아스널과 토트넘은 역사적으로 치열한 경쟁 관계였다. 최초에 아스널은 남부 런던의 클럽이었고 이후에 토트넘이 이미 자리를 잡고 있던 북런던으로 이주했다. 시즌 중 두 팀의 경기 전 분위기는 다른 어떤 클럽과의 경기 전 분위기와도 달랐다. 주말 경기를 앞둔 월요일부터 이미 짙은 긴장감이 감돌 정도였다. 심지어 외국에서 온 나도 그 긴장감을 분명하게 느낄 수 있었다. 북런던 더비를 경험해 본 사람이라면 누구나 그 더비를 앞둔 일주일이 얼마나 긴장감이 심한지 알 수 있을 것이다. 마치 공습 경보가 언제 어디서라도 나올 것 같은 그 분위기. 줄여서 말하자면, 북런던 더비는 단순한 두 팀의 축구 경기가 아니었다. 북런던에 사는 사람들 중 아스널 팬과 토트넘 팬은 그 주말에는 서로 대화도 나누지 않는다. 나의 코치 팻은 북런던 더

비에는 주로 투쟁심이 강한 싸움꾼 같은 선수들을 내보내려고 했지만, 사실 우리에게 승리를 안겨 준 것은 대부분 앙리나 피레스 같은 기술이 뛰어난 선수들이었다. 경기의 긴장감과는 별개로 완벽히 평정심을 유지하는 것이 더 중요했기 때문이다.

양 팀 간 더비의 절정은 캠벨의 입단 후 열린 첫 번째 북런던 더비였다. 그는 토트넘의 전설적인 선수였기에 토트넘 팬들 사이에서 "유다"라는 외침이 끊임없이 터져 나왔다. 그 더비가 끝난 뒤에는 거리에서 자주 싸움이 벌어지곤 했다. 화이트 하트레인에서 경기를 마치고 빠져나오는 것도 무척 어려웠다. 토트넘에 지기라도 하는 날에는 며칠 동안 끔찍하게 시달렸을 정도다. 물론 우리는 그들에게 거의 지지 않았다. 오늘날에는 두 팀 간의 경쟁심이 전보다는 덜해진 것 같다.

캠벨 외에도 그로부터 수년 후 아스널에 입단한 콜로 투레Kolo Touré가 있다.

투레는 코트디부아르의 장 마르크 기우 아카데미에서 훈련받은 선수였다. 장 마르크는 칸, 모나코 시절부터 친하게 지낸 친구였다. 그는 이후에 서아프리카 지역으로 건너가 코트디부아르 수도인 아비장에 축구 아카데미를 열고 나를 포함한 친구들의 도움을 구하고 있었다. 그 학교는 아프리카 축구 발전을 위해 세워진 중요한 학교였다. 지도자로서 뛰어난 능력을 갖고 있던 장 마르크는 이후 코트디부아르와 인근 국가들에서 훌륭한 선수들을 다수 배출할 수 있었다. 나는 그 아카데미에서 그가 하는 일들을 항상 지켜봤다. 그의 경기 준비는 언제나 훌륭했고 덕분에 그곳 선수들은 기술적으로 높은 수준에 이를 수 있었다. 그 아카데미는 지금은 존재하지 않지만 장 마르크는 그와 유사한 시스템을 말리와 알제리 등에도 만들었다. 우리는 그 아카데미와 아스널 사이에 파트너십을 체결했고 그것이 그 시절 내가 에마뉘엘 에부에Emmanuel Eboué 같은 선수들을 발굴할 수 있었던 이유였다. 에부에는 1년 후 아스널에 입단했다.

투레는 바젤, 바스티아, 스트라스부르에서 입단 테스트를 받았지만 모두 실패했다. 그는 코트디부아르로 돌아갈 계획이었는데, 나는 그에게서 뭔가 끌리는 점을 발견했다. 그래서 장 마르크를 믿고 그를 직접 보기로 했다. 아프리카에서 온 선수들에게는 유럽에 와서 경쟁에서 살아남는 것이 진정한 테스트라는 것을 알면서도 말이다. 나는 그에게 입단 테스트를 제안했다. 나는 그가 마치 늑대처럼 축구에 굶주려 있다는 점과 모든 사람들을 무너뜨릴 준비가 되어 있다는 점을 발견했다. 결국 그는 아스널에 남았다. 그는 무패 우승 당시 아스널 선수단의 전환점이 된 선수였고, 핵심적인 선수였으며, 내가 영입한 선수들 중에 아니 어쩌면 축구 역사 전체에서도 가장 싼 이적료에 영입한 선수였다. 그러나 그는 세계 어느 리그에서도 인정받는 최고의 중앙 수비수로 성장했다.

우리 수비진에는 격투기를 했고, 원래는 미드필더로 뛰었던 카메룬의 톱클래스 선수인 로렌도 있었다. 나는 그를 오른쪽 풀백으로 기용했다. 그는 아주 흥미로운 선수였다. 늘 훈련에 적극적으로 참여했고 기술적으로도 뛰어난 선수였기 때문이다. 그는 2000년 아프리카 네이션스컵(그는 이 대회 최고의 선수로 선정됐다)과 2002년 같은 대회에 출전했다. 나는 그를 마요르카에서 영입했는데, 그를 영입한 것은 아주 훌륭한 선택이었다.

물론 애슐리 콜도 있었다. 그는 훗날 첼시에서 훌륭한 커리어를 보냈지만 그 전에는 열정적인 아스널 선수였다. 그는 11살부터 아스널에서 자랐고 첫 경기부터 누구도 두려워하지 않는 뛰어난 경기력을 가진 선수라는 걸 증명했다. 그는 계속 성장하며 그의 진가를 보여줬다. 그의 에이전트와의 오해 때문에 그를 첼시에 뺏긴 것은 내 인생 최고의 실수 중 하나였다.

우리의 골키퍼 얀스 레만은 승부욕에 대해서는 그 누구와도 비교할 사람이 없는 선수였다. 그는 1996-97시즌 UEFA가 선정한 클럽 축구 올해의 골키퍼로 선정됐고, 2005-06시즌에도 같은 상을 수상했다. 그는 사실 보루시아 도르트문트 구단 역사상 가장 많은 레드카드를 받은 선수였지만, 나는 그에게서 특별한 능력을 발견했다.

우리는 이렇게 특별한 수비진을 갖춘 채 시즌을 시작했다. 이 수비진은 이 시즌 우리의 성공에 중요한 영향을 끼친 부분이었다.

그래서 나는 시즌 초부터 우리의 야망을 이룰 수 있는 적기라고 확신했다. 선수들 역시 그에 대한 믿음을 갖길 바랐고, 우리 모두가 같은 목표를 갖고 나아가길 바랐다. 그때까지 우리는 이미 많은 경기에서 이겼고 우승도 차지했다. 이제는 더 큰 목표를 위해 나아가야 할 시점이었다. 아주 높은 목표를 정할 때는 시간이 걸리고, 그 목표가 사람들의 마음에 자리 잡는 데까지는 인내심이 필요하다. 그러나 나의 목표는 항상 이기는 것 그리고 패배에 대한 두려움을 완전히 잊는 것이었다.

우리는 단지 리그에서 무패 우승을 차지한 것 이상의 성과를 이미 거뒀다. 2003년 5월부터 2004년 10월까지 49경기 동안 단 한 번도 패배하지 않은 것이다. 그 기간 중에 우리는 정신력과 동기부여를 계속 유지하며 단 한순간도 쉬지 않았다. 우리는 매 경기 좋은 플레이를 펼친다는 우리의 목표에 완전히 집중했고, 그 중간에 보이는 개인들의 실수들은 즉시 바로잡았으며 우리의 야심을 높게 유지했다.

우리는 모두 그 특별한 팀의 정신을 함께 만들기 위해 분투했다. 결과를 중시하는 문화. 각각의 선수들이 더 성장하기 위해 어떤 것이 필요한지 우리는 분명히 알고 있었다. 그때 내가 진정으로 중요하다고 여긴 가치들이 팀 내에 정착했다는 것을 분명히 느낄 수 있었다. 나의 프로젝트가 갑자기 선수들의 프로젝트가 되었지만 우리는 그렇게 49경기 내내 정신력과 투지를 유지할 수 있었다. 선수들 사이에는 격렬하지만 긍정적인 경쟁 관계가 생겼고 그들은 공동의 목표를 달성하기 위해 모든 노력을 다했다. 우리는 팀 전체가 신의 은총을 받은 것 같은 시기를 경험했다.

우리 팀 선수들은 모두 강한 카리스마와 야심을 가진 선수들이었다. 선수들이 시즌 내내 최고의 목표를 유지했다는 사실이 나는 아주 기뻤다. 팀은 모든 것들로부터 시즌 내내 보호받을 수 없기 때문이다. 그 사이에 선수들 저마다의 걱정과 고충이 있었지만, 경기 중에는 오로지 경기와 그들의 팀, 동료들 그리고 이기고자 하는 열망에만 집중했다. 그들이 다른 팀 선수들보다 더 잘할 수 있었던 이유는 그들이 우리의 프로젝트에 담긴 열정과 꿈을 아스널의 스타일로 발전시켰기 때문이다. 그때 우리에게는 성공할 수밖에 없었던 이유가 있었다. 선수들 개개인의 능력, 조직적이고 집단적인 지성, 겸손이 그것이다.

나는 그때 중요하게 생각했던 모든 일들을 다 기억하고 있다. 우리의 목표를 달성하기 위해서는 모두가 항상 경각심을 가져야 했고 모든 것이 제대로 작동해야 했다. 승리를 위해 나 역시 매 경기를 똑같이 준비하는 일종의 의식을 치렀다. 아침에 운동을 하고, 선수들과 준비를 하고, 이 과정을 모두 미리 정해 둔 패턴대로 했던 것이다. 같은 시간에 커피를 마시고, 같이 식사를 하고, 경기에 나서기 전 컨디션을 점검하고, 경기 전 미팅을 진행하고, 선수들과 대화를 나누고, 스트레칭을 하고. 이 모든 과정이 팀의 에너지와 선수들의 태도 그리고 집중력의 정도를 제대로 파악하게 해 주었다.

그 기간 중에 나는 훌륭한 것을 또 하나 발견했다. 우리는 이제 패배를 두려워하지 않았다. 그 두려움이 사라지자, 우리는 정말 더 잘하기 시작했다. 우리는 오직 승리를 위해 필요한 것만 했다. 그 덕분에 나는 내 직업의 또 다른 측면이자 내가 아주 사랑했고 열정을 갖고 있었던 면을 발견할 수 있었다. 우리는 매일 같이 더 강해지기 위해 노력했고 우리의 기대를 유지하기 위해 노력했다.

그 시즌에 우리는 5경기를 남기고 리그 우승을 차지했다. 그러나 나는 우승을 차지하고 나서도 안주하지 않기를 바랐다. 나는 우리의 기대치와 그를 위한 노력을 계속 유지해야 한다고 생각했고 무패 행진이 계속되길 바랐다. 나는 선수들에게 우승을 축하한다고 말했지만, 그것이 다가 아니라고도 말했다. 나는 그들에게 계속 이겨서 '불멸'의 존재가 되자고 말했다. 그들은 50번째 경기까지 계속 나아갔고, 이제는 그들 스스로 불멸의 존재가 됐다는 걸 아주 잘 느끼고 있었다. 그것은 그 기간 동안 계속 집중하면서 강함을 유지하고 하나로 단결했던 노력의 결과물이었다. 그 기간 중 매 경기가 시작되기 전 캠벨이 "함께(Together)"라고 외치면 선수들이 똑같이 소리치며 경기를 시작하곤 했는데, 그것이 그 시기 우리 팀 분위기를 가장 잘 보여 주는 대목이었다.

나는 종종 49경기 무패 행진 당시를 되돌아보곤 한다. 나는 일종의 미신을 약간 믿는 편인데, 내가 1949년생이라는 것이 50번째 경기에서 지는 운명이 아니었나 생각한 적도 있었다. 그 49경기는 나와 모든 선수들에게 깊이 각인되어 있다. 그것은 열정으로부터 피어난 승리의 상징이었다. 나는 이후에도 그와 비슷한 성과를 낼 수 있을 만한 팀을 만들기도 했지만, 그들에게는 무언가가 부족했다. 선수들의 퀄리티와 축구 지능 그리고 우리가 누렸던 운 등을 비교해 보면 그걸 쉽게 이해할 수 있다. 우리의 패배는 아주 멍청하고 조금은 이기적인 실수에서 나왔다. 나에게 지금까지도 가장 깊이 남아 있는 것은 그때 승리를 위해 완전히 동기부여가 됐던 선수들의 능력이었다. 가장 중요한 것에 힘을 쏟는 것은 위대한 사람들의 공통적인 특징이다. 그때 우리도 모든 회의마다 그것을 강조했다.

2004년 10월 24일, 그 모든 놀라운 승리의 기록들을 뒤로하고 우리는 맨유에게 패배를 당했다. 그 경기는 내가 평생 잊지 못할 경기다. 우리는 0-2로 패했는데, 정말 강도질을 당한 것 같은 느낌이었다. 그 경기는 많은 파울이 난무하는 어렵고 격렬한 경기였다. 우리는 득점하지 않고도 경기를 지배했다. 그러나 73분에 주심이 캠벨이 파울을 범했다며 맨유의 페널티킥을 선언했다. 그것은 부적절한 판단이었고, 그 판정이 모든 경기를 바꿨다. 그리고 그 순간부터 모든 것이 내리막길을 걷기 시작했다. 선수들과 나는 그 판정이 매우 불공평하다고 생각했다. 우리에겐 질 이유가 없었다. 경기가 끝난 후 양팀 선수들은 몸싸움을 벌였고 코치진도 마찬가지였다. 퍼거슨 감독은 선수들이 몸싸움을 벌이는 한가운데에 있었는데, 그러다가 한 선수(세스크 파브레가스Cesc Fàbregas)가 피자 한쪽을 던진 것이 퍼거슨 감독의 머리에 맞고 말았다. 그날 우리의 패배와 의문의 페널티킥 그리고 그날 벌어진 경기 후의 몸싸움과 '피자'는 우리와 맨유의 라이벌 역사에 영원히 남았다. 그 패배는 나와 우리 팀에게 큰 충격이었다. 우리는 우리들만의 특별한 순간이 끝났다는 걸 깨달았다. 두려움을 모르고 앞으로 달리던 순간은 이제 끝이 났고, 우리는 다시 그 순간으로 돌아가기 어렵다는 것을 알았다. 우리는 너무 실망한 나머지 그다음 두 경기에서 그 시즌에 강등 당하는 팀을 상대로 두 경기 연속 무승부를 기록했다. 비록 그 후에 화이트 하트레인에서 열린 북런던 더비에서는 승리를 거뒀지만 우리는 그 이후에도 자주 무승부를 기록하거나 패했다. 다시 이전처럼 돌아가는 것은 모두에게 힘든 일이었다.

그로부터 몇 개월 후, 또 하나의 경기가 잉글랜드 축구계에 이정표를 세웠다. 2005년 2월 14일에 열린 아스널 대 크리스탈 팰리스 경기에서 우리는 5-1로 승리했다. 언론은 그 경기에 출전한 우리 선수

중 잉글랜드 선수가 단 한 명도 없다는 점(콜과 캠벨은 그 경기에 출전하지 않았다)에 집중했다. 베르캄프, 레예스, 투레, 앙리, 비에이라, 로렌 등이 출전한 그 경기의 선발 선수를 정할 때 나는 잉글랜드 선수가 없다는 점을 눈치채지 못했다. 그 후 기자들과 팬들 사이에서 불거진 논쟁을 보면서 나도 놀라긴 했지만, 그런 일들이 잉글랜드 축구계에 피해를 줄까 걱정하는 것도 이해할 수 있었다. 당시에는 톱클래스 선수들이 리그에 충분하지 않았다. 프리미어리그 자체의 레벨은 아주 높았지만, 뛰어난 어린 선수들의 풀이 부족했던 것이다. 나는 어린 선수들이 훈련 중에 해외 스타 선수들을 지켜보면서 그들을 통해 배우고 성장한다고 믿었다. 그런 면에서 당시의 비판은 부당했다고 생각한다.

오늘날 잉글랜드 축구의 퀄리티는 향상되었고 어린 선수들도 더 발전했다. 그것은 상당수가 훌륭한 유스 아카데미가 늘어난 것에 기인한 것이다. 잉글랜드는 뛰어난 감독들과 그들의 지도력을 토대로 훌륭한 구조를 만들어 냈다. 그 전까지 유소년 선수들은 학교에서 아마추어 수준의 훈련을 받았다. 유소년 축구 교육을 재정비하려는 FA의 시도 덕분에 잉글랜드는 최근 세계 무대의 각 연령별 그룹에서 좋은 결과를 얻고 있다.

이제 잉글랜드와 전 세계에는 뛰어난 유소년 선수들의 풀이 생겼고 기준도 매우 높아졌다. 시간이 걸렸지만, 아스널 역시 그에 일조했다. 아스널 아카데미는 전 세계에서 유소년 선수들을 영입했다. 나는 일찍 선수들을 영입할수록 그들이 잉글랜드 선수에게 영향을 받아 프리미어리그 방식은 물론 잉글랜드의 문화와 정신적인 부분을 더 빨리 습득할 수 있을 거라 믿었다. 그래서 4년 이상 잉글랜드에서 지낸 그 젊은 외국인 선수들이 경기에 나서기 시작하면 그들이 잉글랜드 스타일의 경기를 모르거나 이해하지 못한다고 비난하는 사람은 없을 거라 생각했다. 나는 잉글랜드 출신 선수들과 해외파 선수들의 조합이 아스널의 성공에도 도움이 될 거라 믿었다. 선수들을 어릴 때 영입하면 그들이 성장했을 때 여권 문제 같은 부분을 걱정할 필요가 없다. 2005년의 그 경기는 많은 비판을 불러왔지만, 나는 그때의 아스널과 우리의 영입 정책이 잉글랜드 축구계에 피해를 줬다고 주장하는 사람이 있다면 상대가 누구라도 그 의견에 반박할 것이다. 나에게 가장 중요한 것은 선수의 능력이었기 때문에 '팔은 안으로 굽는다'는 식의 내부지향적인 사고방식에는 언제나 반대할 것이다.

스포츠는 거대한 사회적 영향력을 가지고 있다. 때로는 사회보다 앞서가서 사회가 따라야 할 기준을 제시할 때도 있다. 그것이 스포츠의 역할이다. 스포츠는 오직 결과를 추구하는 동시에 그 결과에 따라 보상이 주어지는 유일한 행위다. 나는 언제나 스포츠에는 큰 책임이 따른다고 믿었고 누구나 그 책임을 질 수 있다는 것을 증명할 수 있어야 한다고 믿었다. 그래서 유소년 아카데미에 집중하는 것이 가장 중요한 일이라고 생각한다. 효과적으로 구성된 아카데미가 잘 운영되어 좋은 가치와 장기적 전략을 바탕으로 선수들을 키워 낸다면 1군 팀 선수로 성장할 선수들을 더 많이 만들어 낼 수 있다. 중요한 것은 그 선수들이 어느 나라에서 왔느냐가 아니라 그들이 가진 재능과 노력, 열정이라고 강조하고 싶다.

나는 잉글랜드 축구계에서 인종차별이 갑자기 늘어났다고 생각하지 않는다. 내가 아는 최고 레벨 클럽들의 내부에 인종차별이 존재한다고도 생각하지 않는다. 그 외부에는 존재하기 때문에 비에이라, 캠벨 같은 우리 선수들도 인종차별을 당하고 모욕을 당한 적이 있다. 오늘날 클럽들에서는 그런 행위가 더는 용납되지 않는다. 우리가 인종차별을 대하는 태도는 전보다 훨씬 강경해졌다. 우리는 소위 '팬'이라고 불리는 이들이 범하는 인종차별 행위에 가장 잘 대응하는 최고의 방법을 아직 찾지 못했다. 한두 명의 멍청한 팬들 때문에 클럽이 몰수패를 당해야 하는 걸까? 한 가지 가능한 방법은 경기장 안의 카메라들을 이용해 그런 행위를 한 사람들을 밝혀내 영원히 경기장 밖으로 몰아내는 것이다.

어린 선수들을 성공적으로 육성하는 방법은 첫째, 좋은 선수들을 영입하고, 둘째, 선수들의 개별적인 발전 프로그램을 만들고, 셋째, 그들을 1군 팀과 서서히 융합시키는 것이다. 오늘날 잉글랜드의 아카데미들은 이 중 첫 번째와 두 번째는 뛰어나지만 세 번째는 별로 그렇지 못한 것 같다.

재능 있는 선수들은 아주 어릴 때부터 눈에 띄고 특화된 교육을 받기 때문에 점점 더 일상적인 생활을 하지 못할 가능성이 높다. 그들의 주변 사람들, 특히 그들의 가족은 그에게 높은 기대를 갖게 된다. 클럽은 선수들의 성장을 돕는 좋은 시스템을 만듦으로써 선수들을 계속 지원할 수 있는 환경을 갖출 수 있다. 현재의 도전 과제는 클럽의 지원과 개인의 노력 사이의 균형을 찾는 것이다. 최고 수준의 선수들의 훈련은 실망스러운 일들을 극복할 수 있는 능력과 상황 판

단력을 스스로 기를 수 있게끔 만들어 줘야 한다.

자크 크레부아시에Jacques Crevoisier와 10년 동안 함께 진행했던 테스트에서 우리는 동기부여를 계속 유지하는 것이 선수들의 성공에 결정적인 요소라는 것을 발견했다. 어린 선수들에게는 롤모델이 필요하다. 그들은 한 가지 강점을 바탕으로 성공을 향해 나아갈 필요가 있다. 그들은 각자의 삶과 커리어를 그 한 가지 강점을 통해 만들어 나가기 때문이다. 모든 것을 가진 선수는 아무도 없다.

만약 축구를 공을 받고 컨트롤하고 결정을 내리는 퍼포먼스의 퀄리티로 요약할 수 있다면 우리는 선수들 간의 차이가 정보를 받아들이고 처리하는 능력의 차이라고 이해할 수 있다. 프리미어리그의 경우 좋은 선수들은 공을 받기 10초 전에 4~6개의 정보를 받아서 의사결정을 하고, 아주 뛰어난 선수들은 같은 시간에 8~10개의 정보를 토대로 그렇게 한다. 그렇기 때문에 선수들이 정보를 처리하는 능력을 키워 주는 것이 중요한 것이다.

감독으로 일하면서 종종 비판을 받았다. 그럴 때마다 나는 타당한 비판에는 가능하면 정정당당하게 대응하기 위해 노력했다. 그러나 내 축구에 대한 깊은 신념과 반대되는 비판을 받을 때는 내가 가진 입장을 관철하려고 했다. 종종 많은 사람들의 강한 반대나 반응을 불러오는 결정도 내려야 했지만, 나는 그걸 감수할 만큼 성숙한 사람이었다. 그리고 지나치게 다른 흐름에는 타협하는 일 없이 나의 방식을 추구했다. 물론 그 반대급부로 어려운 결정을 내려야 하는 사람에게 따라오는 외로움을 감당해야 하기도 했다. 감독이라는 직업은 잠시도 방심할 틈이 없으며 작은 실수가 더 큰 대가로 돌아오기도 한다. 가장 중요한 것은 클럽과 축구 경기 그 자체다. 그런 의미에서 축구는 어쩌면, 아니 반드시, 사회의 단면을 보여 주는 창구로서 지속되어야만 한다. 더 공정해야 하고, 더 노력하는 사람에게 더 많은 보상이 주어져야 한다. 최고 수준의 스포츠는 모두 이런 원칙에 기초하고 있기에 그 안의 사람들에게도 그 기준이 요구되어야만 한다. 위대한 선수들의 삶은 그들의 열정과 재능, 투자에 의해 만들어진 것이다. 그들은 롤모델이며 대중으로부터 관심과 사랑을 받는 존재다. 최근 축구를 고급 자동차나 비싼 시계, 아름다운 여자 친구로 대표되는 일부 유명 선수들의 이미지로만 보는 경우가 많지만, 그런 것들은 내가 알고 사랑했던 아스널 시절의 축구가 아니라고 생각한다. 우리가 더 보여 줘야 할 것은 선수들이 그 자리에 오르기까지 기울인 노력이다. 그 선수들은 언제든 바보 같은 행동을 할 수도 있는 아직 20, 22세에 불과한 나이지만, 같은 나이대의 평범한 젊은이들은 그들의 행동으로 인해 신문 지상에 오르내리지 않는다. 감독으로서 내가 해야 할 역할은 각각의 선수들을 존중하되 그들의 사회적 책임과 그들이 대중에게 제시해야 할 것들을 계속 상기시켜 주는 일이었다.

2005년에 있었던 논란과는 별개로 최근에는 외국 선수들이 롤모델이 될 수 있다는 것을 모든 사람들이 잘 받아들이는 것 같다. 사람들은 이제 그 선수들이 어떻게 클럽을 더 강하게 만들고, 팬들의 축구에 대한 사랑을 더 강하게 하고, 아스널과 프리미어리그를 위해 어떤 기여를 하는지 더 잘 이해하게 된 것 같다.

그 기간 중에 나는 내가 겪었던 모든 비판과 도전들을 흔들리지 않는 강한 태도로 대했다. 그 강한 의지가 나를 두려움으로부터 보호해 줬다. 그것은 나로 하여금 강한 열정을 가진 것에만 귀 기울이고 행동하도록 이끌었다. 아스널에서 나는 축구 감독은 일종의 러시안 룰렛과도 같다는 것을 깨달았다. 매 경기마다 총알을 넣고 경기 중에 방아쇠를 당기면서 그 순간 총알이 들어 있지 않기를 바라는 것이다.

그렇게 느껴진 경기들이 정말 많았다. 특히 우리가 승부차기 끝에 우승을 차지한 2005년 5월 21일 FA컵 결승전이 그랬다. 비에이라가 아스널을 떠나 유벤투스로 향하기 전에 마지막으로 뛰었던 경기였다. 그 경기에서 우리가 승리하면서 우승을 차지했지만 맨유도 아주 훌륭한 경기를 했다. 그 전에 나는 비에이라를 설득해서 레알 마드리드로 가는 대신 1년 더 아스널에서 뛰게 만들었던 것이다. 그는 내 말을 듣고 좋은 분위기 속에서 팀을 떠나고 싶어 했다. FA컵 우승을 차지한 뒤 팀을 떠나는 것은 그의 바람과 꼭 맞는 것이었다. 그 우승은 모두에게 마법 같은 순간이었다. 7번의 FA컵 우승과 7번의 커뮤니티 실드 우승은 그 어떤 감독과도 비교할 수 없는 나만의 기록의 일부였다!

8
하이버리를 떠나
에미레이트를 짓다

"나는 우리가 스타 선수들을 떠나보내야만 한다는 사실을 받아들였다. 그들을 붙잡을 수는 없었다. 그것은 물론 매우 힘든 일이었지만, 우리는 클럽의 재정을 유지 가능한 수준으로 관리해야만 했다. 우리는 새 홈구장을 지어야 했고, 그를 위해 항상 주의를 기울여야 했다. 나는 어린 선수들을 육성하는 방식을 시도해 보기로 했다."

2004-05시즌이 끝난 직후, 특히 FA컵 우승을 차지한 후 본능적으로 하나의 시대가 끝났다는 것을 느꼈다. 그다음 해 우리는 아스널의 아이콘 같은 선수들을 떠나보내야 했다. 첫 번째는 비에이라였고, 앙리와 피레스가 그 뒤를 따랐다. 세 선수 모두 내가 절대적인 믿음을 보냈던 선수들이자 그들의 재능과 정신력으로 아스널을 빛냈던 선수들이었다. 그리고 미리 계획된 것이었지만 하이버리 스타디움과도 고통스러운 작별을 해야 했다. 선수들의 이적과 에미레이트 스타디움으로의 이동. 이 모든 것은 불가피하게 큰 변화를 가져왔고, 그 시기는 그 이전의 어느 때보다도 어려운 시기였던 것이 사실이다. 하지만 다른 한편으로는 새로운 도전과 새로운 세대의 탄생으로 이어지기도 했다.

나는 우리가 스타 선수들을 떠나보내야만 한다는 사실을 받아들였다. 그들을 붙잡을 수는 없었다. 물론 매우 힘든 일이었지만, 우리는 클럽의 재정을 유지 가능한 수준으로 관리해야만 했다. 우리는 새 홈구장을 지어야 했고, 그를 위해 항상 주의를 기울여야 했다. 나는 어린 선수들을 육성하는 방식을 시도해 보기로 했다. 아스널에서 오래 뛴 선수들은 이미 그걸 알고 있었다. 하루는 앙리가 나를 찾아와 "감독님, 저는 31세입니다. 어린 선수들만 갖고는 우승을 차지할 수 없습니다"라고 말했다. 나는 물론 그의 말을 이해했다. 전처럼 강하고 경험이 충분한 팀을 만들기 위해서는 많은 시간이 필요했지만, 이미 31세인 그는 더 많은 우승을 차지하고 싶어 했다. 그에겐 한시가 급한 상황이었기에 그를 붙잡을 수 없었고, 또 아스널에 충성을 다한 다른 선수들에게도 "보내 줄 수 없다"고 말할 수는 없었다. 나는 그들의 이적이 구단의 새로운 구장 건설에도 도움이 될 거라는 사실도 알았다. 그것이 그들의 이적을 대하는 내 입장이 팬들의 생각과 달랐던 이유였다. 나는 선수들에 대해 어떤 악감정도 없었고 그저 그것이 그들 커리어의 일부라는 사실을 이해했다. 그들은 우승을 바라는 프로 선수들이었다. 감독은 선수들의 입장에서 생각할 수 있어야 하고, 성찰할 수 있어야 한다. 선수들이 팀을 위해 최선을 다하지만 클럽이 그들의 목표를 달성해 줄 수 없다면 그들에게 화를 낼 수도 없는 일이다. 비에이라는 유벤투스로 떠났고 앙리는 바르셀로나로, 피레스는 비야레알로 떠났다. 이 선수들은 모두 아스널의 역사와 영원히 함께할 것이다. 그들은 가장 위대했고 최고였던 아스널 선수들로 남을 것이다.

축구 클럽에 있어서 가장 중요한 것은 클럽의 기술적인 측면이다. 그러나 구단의 이사진들은 이런 부분을 받아들이지 못하는 경우가 많다. 커머셜 디렉터를 바꾼다고 클럽이 바뀌지는 않는다. 그러나 '티에리 앙리'가 클럽을 떠난다면 그것은 전혀 다른 이야기다. 축구는 선수들과 그들의 실력에 달려 있는 스포츠다. 최근에는 남자 축구든 여자 축구든 선수를 쉽게 대체할 수 있다고 믿는 것 같다. 그러나 그것은 사실이 아니다. 비에이라나 페레스, 앙리 같은 선수들은 대체 불가능한 선수다. 그들은 돈으로만 붙잡을 수 있는 선수가 아니며, 게다가 선수들에게는 나이가 아주 중요하고 피할 수 없는 요소이다. 그 선수들은 필연적으로 떠날 선수들이었고, 장기적으로 뛸 수 있는 선수들도 아니었다. 클럽의 기술적인 측면은 항상 발전해야 하며 새로운 시작 역시 클럽의 가치와 정신을 유지한 상태에서 이뤄져야 한다.

아스널의 새로운 시작의 중심에는 새로운 구장의 건축이 있었다.

2006년 5월 7일, 우리는 하이버리 스타디움에서 마지막 경기를 가졌다. 우리는 위건을 상대했고 피레스의 골과 앙리의 해트트릭으로 4-2 승리를 거뒀다. 하프타임까지 1-2로 뒤지고 있었으나 역전승을 만들어 냈다. 그 경기는 아주 감정적인 경기였다. 특히 곧 아스널을 떠날 예정이었던 팀의 상징적인 선수들에게는 더욱 그랬다. 우리는 작별 행사를 준비했고, 아스널 팬이었던 영국 뮤지션 더 후The Who의 리더 로저 달트리Roger Daltrey가 특별히 작곡한 곡을 연주했다. 나는 정말 슬펐다. 그곳에서 나는 수많은 특별한 순간을 경험했다. 하이버리 스타디움을 떠난 후 수년간, 아니 최근에도 혼자 운전을 해서 그 경기장 주변을 지나가곤 한다. 그때 경기장의 스탠드가 있던 자리는 이제 아파트가 들어섰다. 그 아파트의 창문은 거리를 향하지 않고 우리의 전 경기장 방향에 있는 정원을 향해 있다. 나는 그곳에 집을 한 채 살까 생각도 했지만, 그렇게 하면 오히려 더 슬플 것 같았다. 새 경기장을 짓기 위해 우리는 계속 자금을 마련해야 했고 하이버리 스타디움 부지에 아파트를 짓는 것 역시 그 계획의 일환이었다. 당시 우리는 잉글랜드에서 가장 부유한 부동산 회사를 보유하고 있었는데, 2008년 런던에 부동산 위기가 찾아오자 아파트를 제 가격에 팔지 못하고 할인해서 팔 수밖에 없었다. 결국 축구를 통해 벌어들인 수익까지 그 회사에 제공해야 하는 상황에 닥치고 말았다. 그 위기가 찾아들면서 그 아파트와 주변 부지를 매각하고 나서야 힘든 상황에서 벗어날 수 있었다.

하이버리를 떠나고, 그 부지가 철거되는 것을 지켜보는 것은 정말 가슴이 미어지는 것 같은 일이었다. 그러나 우리에게는 선택권이 없었다. 하이버리는 3만 8,000명의 관중을 수용할 수 있었고, 매 경기마다 경기를 보고 싶어도 경기장에 들어오지 못하는 팬들이 많았다. 우리는 찾아오는 고객을 돌려보내야 하는 회사 같은 상황이었다. 인근에서 부지를 찾던 중 우리는 조금 떨어진 곳에 새 경기장을 짓기로 했다. 우리는 그 프로젝트를 위해 2억 6,000만 파운드를 빌렸고 결국 그 경기장을 완공하는 데에만 3억 9,000만 파운드가 들었다. 부지를 구매하는 데만 1억 2,800만 파운드가 들어갔다. 몇몇 회사들과 재활용 쓰레기 처리 부지도 자리를 바꿔야 했다. 결국 최종 비용은 예상을 훨씬 웃돌았고 경기장이 완공될 무렵에는 관중석 한 자리당 약 4,000 파운드가 든 셈이 됐다. 새로운 구장의 수용 인원은 6만 명이 넘었다.

우리는 은행으로부터 빚을 진 상태였다. 그 장기 프로젝트는 아스널을 위해 중요한 일이었지만, 그로 인해 우리는 여러 가지 제약을 떠안게 됐다. 은행은 우리에게 클럽이 급여로 지급하는 예산을 50%로 감축할 것을 요청해 왔다. 또 그들은 나에게도 5년 계약을 요구했다. 에미레이트 구장을 짓는 일과 나는 긴밀하게 연결되어 있었다. 나는 아주 오랫동안 그 프로젝트에 매진했다. 그 무렵 나는 아스널에서 10년을 보낸 상태였는데, 아스널과 다시 5년간의 장기 계약을 맺었다. 물론 나는 행복했다. 애니에게 50살 무렵에는 감독을 그만둘지도 모른다고 이야기했지만, 나의 감독 커리어는 69세에 끝났다. 그것은 내게 희생이 아니었다. 축구에 대한 열정은 늘 그대로였기 때문이다. 나는 아스널을 현대 축구에 어울리는 클럽으로 만드는 일 자체를 사랑했다. 새 경기장과 함께 나는 축구 감독의 역할이라고 믿는 일을 달성하는 데 성공했다. 클럽에 새로운 차원을 제공하는 데 성공했다는 점에서 나는 아주 운 좋은 사람이었다.

2006년 5월, 우리가 하이버리 스타디움을 떠나던 날, 나는 우리가 훗날 이룰 성과들에 대해서는 생각하지 않았다. 무엇보다 슬픈 동시에 우리가 그 경기장에서 이룬 모든 것에 너무나도 감사했다. 나는 내 집처럼 여겼던 곳을 떠나야 했다. 하이버리는 그곳만의 특별한 느낌이 있는, 우리에 앞서 그곳을 거쳐 간 사람들의 정신이 깃든, 그리고 우리가 함께 나누고 싶었던 사람들의 정신이 깃든 곳이었다. 그곳을 떠난 이후 다시는 그곳에서 느꼈던 그런 느낌을 갖지 못할 것이라는 것을 알았다. 그곳은 마치 보일러가 작동하지 않더라도 아늑하게 느껴지는 그런 오래된 집이었다. 실용적이지만 뭔가 편하게 느껴지지 않는 최신식 집과 비교하는 것이나 마찬가지였다. 그러나 나는 에미레이트 스타디움 또한 좋아했고, 우리가 그 구장을 지어야 하는 이유도 알고 있었으며, 그 구장이 구단의 미래 재정 상황을 위해 꼭 필요하다는 것도 알고 있었다. 오늘날 에미레이트 스타디움은 아스널의 편안한 집이 되었고 나는 그것이 자랑스럽다. 물론 하이버리를 기억하는 사람들은 나처럼 그 구장에 향수를 느낄 것이고 그것은 미래 세대는 아마도 경험하기 어려운 일일 것이다. 아스널 팬들 역시 새 구장에 대해 비판적인 시각을 가졌던 것도 알고 있다. 우리가 그 구장을 짓는 과정에서 겪은 재정난으로 인해 클럽의 야심을 충족시키기 어려운 시기가 있었기 때문이다. 그러나 미래의 일은 미래 세대의 것이다. 과거의 페이지는 이미 지나갔으며 지금 아스널은 아주 건강한 재정 상태 위에서 새로운 야심을 품고 있다. 팬들 역시 그들의 홈구장을 자랑스럽게 여기고 있다.

하이버리에서 고별전을 가진 10일 후, 우리는 파리의 스타 데 드 프랑스the Stade de France 경기장에서 챔피언스리그 결승전을 가졌다. 그 경기는 선수들이 엄청난 노력을 한 다음 결정적인 순간에 벌이는 마지막 클라이막스 같은 경기였다. 결승전에 진출하는 과정에서 우리는 레알 마드리드와 유벤투스, 비야레알을 상대로 멋진 승리를 거뒀다.

내가 아스널 감독이 되기 전, 아스널은 유러피언컵에 두 차례 출전한 적이 있었고(1971-72시즌과 1991-92시즌), 챔피언스리그에는 한 번도 출전한 적이 없었다. 나의 목표는 결승전에 오르는 것이었다. 매시즌 점점 노력한 끝에 우리는 마침내 챔피언스리그에 우리의 발자취를 남길 수 있게 됐다. 우리는 19시즌 연속 챔피언스리그에 진출했고, 대부분 16강 이상의 성적을 거뒀으며 8강과 4강에 이어 마침내 결승전까지 진출했다. 챔피언스리그는 축구 클럽에게 엄청난 인지도를 안겨 주는 대회다. 오늘날에는 잉글랜드 프리미어리그에서 우승하는 것이 챔피언스리그 우승보다 더 힘들어졌지만, 당시 유럽 축구는 레알 마드리드, 바르셀로나, 바이에른 뮌헨 세 팀이 지배하고 있었다. 그 기간 중에 우리는 거의 매번 그 세 팀 중 한 팀과 결승전으로 가는 길목에서 만났다.

나는 8번의 FA컵 결승전에서 7번 승리하며 우승을 차지했지만, 유럽 대회에서는 유독 저주에 걸린 것처럼 같은 결과를 맞이했다. 매번 믿기 힘든 상황을 겪으며 중요한 챔피언스리그 경기에서 패하곤 했다. 이 패배들은 지금까지도 내게 아픈 기억으로 남아 있다. 경기가 끝난 후 두 번 다시 보지 않은 가장 가슴 아픈 경기가 있는데, 그게 바로 2006년 바르셀로나와의 결승전이었다.

그 시즌 챔피언스리그에서 우리는 단 한 골도 실점하지 않았다. 16강전에서 우리는 레알 마드리드와 만나 승리를 거뒀다. 당시 레알 마드리드는 지단, 호나우두, 카를로스, 베컴, 라울 같은 엄청난 선수들이 뛰고 있는 막강한 팀이었다. 8강전에서 우리는 트레제게, 즐라탄, 비에이라, 에메르송, 튀랑, 부폰이 뛰고 있던 유벤투스를 만났다. 우리는 홈에서 2-0으로 승리했고 토리노 원정에서는 0-0 무승부를 거뒀다. 준결승전에서 투레가 1차전 승리에 큰 기여를 했고, 2차전에서는 레만이 마지막 순간에 페널티킥을 막아내며 우리를 결승전으로 이끌었다. 스포츠는 언제나 놀라움과 행운과 불운, 드라마와 아이러니가 연속으로 이어지지만, 우리를 결승전으로 이끈 레만이 18분 만에 퇴장당한 일은 그가 평생 후회할 만한 장면이었다. 그것은 그에게 최악의 장면이었지만, 그의 잘못이 아니었다. 어쨌든 그는 퇴장을 당했고, 우리는 챔피언스리그 결승전에서 경기 초반부터 10명이 뛰는 상황을 맞이하게 됐다.

어려운 결정이 불가피했다. 나는 결국 피레스를 빼고 교체 골키퍼인 마누엘 알무니아를 투입했다. 그것이 피레스를 실망하게 하고 화나게 만들 거라는 것을 알았지만, 어쩔 수 없는 결정이었다. 우리는 수비 후 역습을 노릴 수밖에 없는 상황이었다. 그는 32세였고 이제 막 큰 수술에서 돌아온 상태였다. 여전히 뛰어난 선수였지만, 2002년의 피레스는 아니었다. 그것이 아무리 잔인한 결정이었다고 하더라도, 나는 그렇게 할 수밖에 없었다. 우리는 10명으로 뛰면서도 캠벨이 37분에 프리킥 상황에서 선제골을 기록하며 1-0으로 앞서나가기 시작했다. 그러나 후반전에 사무엘 에투(76분)와 줄리아노 벨레티(80분)에게 실점을 내주며 패하고 말았다. 그건 정말 끔찍한 기억이었고 나는 지금까지도 그 경기만 생각하면 좌절감을 느낀다. 그 시기 중요한 선수들의 이적과 경기장 변경 등이 모두 겹치면서 그 경기에서의 패배가 곧 한 시대의 종말을 알리는 것처럼 느껴질 정도였다.

그 결승전에서 우리가 우승을 차지했다면 무패 우승과 새 경기장 건축, 그 과정을 함께했던 훌륭한 선수들의 마지막을 장식하는 금상첨화와도 같은 상황이 되었을 것이다. 그 도전은 제대로 끝을 맺지 못했다. 아스널은 그 후로도 챔피언스리그에서 우승을 차지하지 못했다. 이제 아스널은 그렇게 되는 것이 당연한 클럽이 됐다. 아스널은 이제 재정적으로 건강한 상태가 됐지만, 다시 한번 클럽의 기술적인 부분을 위해 최선의 선택을 내려야 한다. 만약 내가 꿈꿨던 것과 현실 사이의 거리를 후회라고 표현한다면 나는 물론 큰 후회를 하고 있다. 그러나 나는 모든 대회에서 우승을 차지해야만 후회가 없었을 사람이다. 종종 어떤 선수를 잃은 것을 후회하기도 하고, 어떤 잘못된 결정이나 경기에서 기술적인 실수를 하거나 하프타임에 한 말과 하지 못한 말 등으로 인해 지금까지도 그중 일부를 후회하고 있다. 하지만 그 후회를 통해 더 발전하기 위해 노력한다.

그 결승전 패배는 내게 정말 뼈아픈 일이었다. 2006년, 우리는 새로운 경기장으로 옮겼고 그 패배를 뒤로하고 새로운 도전에 나서야 했다. 그것은 모두의 용기와 헌신이 필요한 일이었다.

2006년 8월 9일, 우리는 에미레이트 스타디움에서 애스턴 빌라를 상대로 첫 리그 경기를 가졌다. 그것은 새로운 시대의 시작이었다.

나는 우리가 재정적으로 어려운 상태라는 것을 알고 있었다. 그래서 비용을 절감해야 했고 한 푼이라도 아껴 써야만 했다. 동시에 우리는 전보다 훨씬 더 부유해진 클럽들을 상대해야 했다. 그 시기는 아주 중요하고도 위험한, 클럽을 극한의 위기에 노출시키는 시기였다. 그 후로 7년 동안 우리는 생존을 위해 싸워야 했고 그 와중에도 클럽으로부터 최대한의 효율을 이끌어 내야만 했다. 모순적으로, 바로 이 시기에 나는 결과적으로 가장 힘든 시기를 보냈다. 내 개인적인 일정들을 모두 뒤로하고 가장 열심히 일한 시기였지만, 동시에 가장 많은 클럽들로부터 제안을 받은 시기이기도 했다. 그중에는 거절하기 힘든 제안도 있었다. 유벤투스, 레알 마드리드, PSG가 나에게 제안을 해 왔다. 거기에 바이에른 뮌헨과 프랑스, 잉글랜드 대표팀까지. 하지만 나는 그 모든 제안과 더 큰돈, 더 큰 영광을 거절하면서도 오직 내 클럽에 충성하겠다는 마음이 있었기에 행복했다. 무엇보다 아스널 팬이라면 누구라도 이해할 거라 믿지만, 나는 내 삶을 마치 하나의 몸처럼 '레드 앤 화이트'와 동일시하고 있었다.

9

아스널에서의 나의 삶과
새로운 시대

"재정적인 한계나 다른 클럽들에 비해 더 어려웠던 상황 그리고 우리가
100을 벌면서 200 이상을 쓰지는 않겠다는 그 의지는 나의 개성이나 철학
과도 일치했다. 나는 그런 노력을 통해 많은 것을 배웠다."

2007-08시즌, 우리는 시즌의 4분의 3 동안 리그 1위였지만 이른 봄에 버밍엄, 애스턴 빌라, 위건과 연이어 무승부를 기록하면서 팀에 균열이 생기기 시작했다. 결국 우리는 맨유, 첼시에 이어 승점 83점으로 리그 3위를 기록했다.

에미레이트 구장 건축을 위해 들인 돈을 갚기 위해 우리는 최소한 5번의 챔피언스리그 중 3번은 진출해야 했고, 연평균 5만 4,000명 이상의 팬이 입장해야 했다. 우리는 5번 모두 챔피언스리그에 진출했고 평균 6만 명의 관중이 입장했다. 그중 몇몇 해에는 챔피언스리그에 진출하지 못할 것 같은 때도 있었다. 그럴 때면 나는 한숨도 자지 못했다. 시즌 마지막 경기에서 진출을 확정지었을 때는 마치 리그 우승을 차지한 것처럼 노래라도 부르고 싶은 심정이었다. 챔피언스리그 진출 여부가 그때의 아스널에게 얼마나 중요한지를 누구보다 더 잘 알고 있었기에, 스스로에게 꼭 챔피언스리그 진출에 성공하겠다는 다짐을 하곤 했다.

결국 우리는 19시즌 연속 챔스 진출에 성공했다. 이 기록을 넘는 것은 오직 1997~2017년 연속 진출한 레알 마드리드의 기록뿐이다.

물론 그중 몇 차례는 시즌 마지막 경기에서 아슬아슬하게 결정이 된 것도 사실이다. 그러나 우리는 프리미어리그에서 3번 우승을 차지했고 6번 2위를 차지했으며, 3위 5번, 4위 6번을 차지했다. 그것은 우리가 당시 얼마나 꾸준한 팀이었는지를 보여 주는 증표다. 그 사이 우리는 새 구장 건축으로 생긴 빚을 점점 갚아 나갔고 동시에 좋은 팀을 만들어 냈다. 우리에게 부족했던 것은 재정적인 여유와 몇몇 경험 많은 선수뿐이었다. 모순적이게도, 특히 '무패 우승' 시기에만 집중했던 기자들에겐 더욱 그럴 것 같지만, 이 시기는 아주 훌륭한 시기였다. 우리 선수들은 아직 어렸다. 세스크 파브레가스는 당시 클럽 역사상 가장 어린 선수로 16세에 데뷔했다. 잭 윌셔도 2008년 최연소로 리그에 데뷔했고, 2008년에 데뷔한 나스리 역시 아직 21세였다. 물론 그들은 경험이 많고 기술이 뛰어난 선수들이었던 알렉산드르 흘렙Alexander Hleb과 윌리엄 갈라스William Gallas, 토마스 로시츠키 Tomáš Rosicky와 함께 뛰었다.

16~22세 선수들과 24~28세의 선수들이 팀에 기여할 수 있는 부분은 다르다. 그것은 선수들의 성숙함이나 경험의 문제다. 우리가 빅 매치에서 늘 부족했던 작은 차이는 언제나 경험이었다. 그것 역시 우리가 새로운 클럽의 미래를 만들기 위해, 새롭고 건강한 기반을 다지기 위해 꼭 필요한 것이었다. 우리는 엄청난 빚 때문에 선수를 영입하는 데 어려움을 겪었다. 그래서 어린 선수들에게 투자하는 방향으로 전환했다. 우리가 재정난을 겪으며 외부 스폰서십에 의존하고 있을 때 첼시, 맨유, 맨시티 같은 클럽들은 큰 자금력을 등에 업고 그들이 원하는 선수를 마음껏 영입했다. 심지어 우리 팀 선수들을 영입하

기도 했다.

　그것 역시 힘든 일이었지만 나는 그런 상황에도 대처해야만 했다. 우리는 한정된 예산 안에서 팀을 운영해야 했고, 재정적인 약속을 지켜야만 했다. 철저하게 예산을 준수해야 했기 때문에 어떤 선수를 영입하려고 해도 주급 논의 자체가 힘들었다. 선수단 주급은 클럽 전체 예산의 50%를 절대 넘지 않도록 지켜야 했다. 유일하게 여유 있게 쓸 수 있었던 돈은 오직 선수를 좋은 가격에 이적시켰을 때 받는 이적료뿐이었다. 그게 다였다. 하지만 우리는 적은 자금으로도 여전히 효율적인 팀이었다. 그것이 중요한 지점이라 생각한다. 우리는 가장 힘든 리그에서 매 시즌 4위권을 유지할 수 있을 만큼 경쟁력 있는 팀이었다. 돌아보면 재정적인 한계나 다른 클럽들에 비해 더 어려웠던 상황 그리고 우리가 100을 벌면서 200 이상을 쓰지는 않겠다는 그 의지는 나의 개성이나 철학과도 일치했다. 나는 그런 노력을 통해 많은 것을 배웠다. 그리고 그것은 정당한 것이었다. 우리는 클럽을 위해 야심찬 새로운 프로젝트를 시작했고, 거기에는 필연적인 대가가 따라올 것이었다.

　또 하나의 중요한 사실은, 많은 선수들이, 특히 어린 선수들이 심각한 부상을 겪었다는 것이다. 몇몇 선수들의 경우 그들의 커리어 전체가 멈출 정도로 큰 영향을 준 경우도 있었다. 특히 장기 부상인 경우에 더욱 그랬다. 그 어린 선수들이 겪은 장기 부상 역시 내 인생에서 가장 크게 후회하는 일 중 하나다. 나는 어린 선수들에게 기회를 많이 줬고, 많은 선수들이 16~17세에 데뷔했다. 그 정도 나이대는 선수들의 기량이 신체적으로나 전술적으로 취약한 시기다. 의욕이

앞선 그들은 위험한 상황에도 과감히 경합을 시도하는 경우가 있었고 그럴 때 자신을 어떻게 보호할 수 있는지 미처 알지 못했다. 아론 램지, 잭 윌셔, 아부 디아비, 에두아르도 실바 등이 모두 그런 식으로 플레이하다가 위험한 태클로 인해 부상을 당했다. 그리고 그로 인한 관절 문제로 그 후로 오랫동안 부상에 시달려야 했다.

물론 그렇다고 선수들이 나이가 들 때까지 출전시키지 말고 기다려야 한다는 의미는 아니다. 리오넬 메시Lionel Messi, 크리스티아누 호날두Cristiano Ronaldo, 세스크 파브레가스는 모두 아주 어린 나이에 커리어를 시작했고, 비교적 큰 부상을 겪지 않았다. 어린 나이에 출전하는 것은 위험 부담이 따르는 일이지만, 최근에는 이전보다 더 잘 보호받고 있는 것 같다.

그 모든 기간 동안, 극도로 열심히 노력하고 있음에도 미디어와 팬들은 우리가 얼마나 잘하고 있는지 이해하지 못했다. 왜 우리가 과거와 같은 성과를 얻지 못하는지 압박당하고 있었던 그 시기에 나는 또 다른 큰 변화를 겪어야 했다. 나의 친구 딘이 아스널을 떠난 것이다. 딘은 나를 아스널에 데려온 사람이었고 그 후로 딘과 나는 여러 가지 면에서 잘 협력하고 있었다. 우리는 서로의 역할을 존중했고, 그 안에서 아주 독특한 협력 관계를 맺고 있었다. 그러나 그는 2008년 아스널 이사회에 스탠 크론케Stan Kroenke를 데리고 온 일로 인해(그는 미래에 아스널 대주주가 된다), 다른 이사들과 갈등을 빚기 시작했다. 딘은 혁신가였고 매우 사교적인 사람이었으며 비교할 사람이 없을 정도로 관대했다. 아스널을 떠난 그는 자신의 주식을 러시아

부호인 알리셰르 우스마노프Alisher Usmanov에게 팔았다.

 그가 팀을 떠나면 클럽이 바뀔 것이라는 것을 알고 있었다. 아스널의 정신은 그대로 남더라도 축구계의 변화 속에서 내 감독으로서의 위상이 달라질 것이라는 것도 알았다. 물론 딘과 나는 그 후로도 계속 만났다. 그는 아스널을 떠났지만 축구계를 떠난 것은 아니었고 그 후로도 선수들과 저녁 식사를 하고 경기장에서 경기를 직접 관전하면서 열정을 다해 축구를 위해 헌신했다. 또한 학교나 구치소들을 다니며 각 기관들과도 관계를 맺었다. 그는 이후에도 선수와 지도자, 구단 직원들이 2주일에 한 번씩 잉글랜드의 감옥에 있는 재소자들에게 강연하는 프로그램의 선구적인 역할을 담당했고 그로 인해 현재 107개의 구치소에서 비슷한 활동이 이어지고 있다.

 내가 아스널에 도착했을 때 아스널은 힐우드 가문의 소유로 몇 대째 이어지고 있었다. 그러나 아스널의 대주주는 피터 힐우드 개인이 아니었다. 다른 두 집안인 대니 피즈만(1992년에 이사진에 들어왔다)과 카Carr 가문이 많은 주식을 소유하고 있었다. 그 뒤에는 아스널 주식을 소량 보유하고 있는 소액 주주들이 있었고, 그들 중에는 아스널을 마치 자신의 집안이나 가족처럼 여기며 나와 길거리에서 마주칠 때마다 클럽에 대해 이야기하는 사람들도 있었다. 내가 아스널 감독이 되었을 때 아스널의 주가는 800파운드였다. 그 후로 그 가치는 계속 오르기 시작해 내가 아스널을 떠났을 무렵에는 1만 7,000파운드가 됐다. 그 가치는 아스널의 이익이 커지고 새 구장 건축으로 인한 채무가 탕감되면서 더 올랐다. 나는 아스널의 건강한 재정 상태를 위해 열심히 싸웠고 우리는 그 목표를 달성했다.

잉글랜드 가문이 보유하고 있던 아스널 주식을 해외 자본가들에게 개방하던 시기에 미국 사업가인 크론케가 대니 피즈만의 주식을 사들이며 점점 더 많은 주식을 획득하기 시작했다. 2010년, 피즈만은 이사회에 건강상의 문제로 이사직을 내려 놓겠다고 밝혔다. 그 후로 우스마노프, 크론케 그리고 그때까지 아스널 주식을 오랫동안 보유하고 있었던 잉글랜드 가문들 사이의 경쟁이 심화되기 시작했다. 수년 후인 2018년, 우스마노프가 크론케에게 그의 주식을 팔면서 결국 크론케가 승자가 됐다. 그는 아스널 주식 97퍼센트를 보유하게 됐다. 그 시기에 아스널은 이반 가지디스Ivan Gazidis를 고용하며 구단의 미래를 준비하기 시작했다.

2006-07시즌 말, 나는 가족과 함께 이탈리아로 휴가를 떠났지만 여전히 지쳐 있었고 동기부여가 부족했다. 나는 아스널에 대한 충성심과 앞으로 우리가 해야 할 일들 그리고 언제나 나를 도왔던 딘과의 우정 사이에 붙잡혀 있다고 느꼈다. 우리는 많은 선수들의 입단 테스트를 함께 진행했고 아주 많은 도전을 함께했다. 그는 내가 아스널에 오는 데 가장 앞장섰던 사람이었고 내가 아스널 감독이 된 이후에도 가장 큰 영향을 준 사람이었다. 그는 우리의 모든 중요한 승리의 순간과 우리가 하이버리를 떠나 에미레이트로 떠나기로 결정한 순간들을 함께했다.

그 휴가는 지금도 내게 가슴 아픈 기억으로 남아 있다. 나는 너무 지쳐 있었고 이 모든 일이 어디까지 이어질지도 알 수 없었다. 딘은 아스널을 위해 내가 남길 바랐지만 그래도 나는 진정이 되지 않았다. 이미 나는 녹초가 되어 있었다. 다시 나를 회복시켜 준 것은 신경과학 전문가인 얀 루지에였다. 나는 마치 모든 열정을 다 바친 사무라이 같았다. 실제로 내 모든 것을 다 바쳤다. 심지어 개인적으로 기분이 좋지 않다고 노력을 덜하지도 않았다. 그때 나는 정말 아무것도 하지 않은 채로 나 자신의 내면에 불어 닥친 폭풍으로부터 나를 보호하는 방법을 배워야 했다. 그러나 그 여름에는 내가 자제할 수 있는 선을 넘는 폭풍이 불었다.

아스널로 돌아왔을 때도 이런 신체적, 정신적 피로가 여전히 내 안에 남아 있었다. 그러나 나는 빠르게 회복됐고 열정도 잃지 않았다. 오히려 그 반대였다. 그럼에도 나는 내가 원하고 받아들였던 대가를 치를 거라는 것과 그런 의심과 혼란이 나를 막지 못할 거라는 것도 잘 알고 있었다.

많은 의견 차이와 경쟁 관계를 수반하며 톱클럽이 뒤바뀌는 몇 년 동안 나는 다음 경기와 팀 구축 및 재건의 중요성에 매일 집중하면서 그 일에 방해가 되지 않도록 노력했다.

아스널은 당시 세계에서 어떤 일이 일어나고 있는지 보여 주는 거울 같은 팀이었다. 축구의 구조가 진화하고 있었고, 우리 또한 그런 과정의 일부였다. 클럽들이 해외 자본가들에게 매각되면서 프리미어리그는 이제 잉글랜드만의 것이 아니게 됐다. 1996년, 나는 아스널 최초의 해외 감독이었고, 그것이 어떤 반응을 불러왔는지는 모두가 목격한 바와 같다. 오늘날 대부분의 클럽 감독들은 외국인이고 구단

주들도 마찬가지다. 바뀌지 않은 것은 오직 팬들뿐이다. 우리는 점차 팬이 주인인 클럽에서 구단주가 주인인 클럽으로 바뀌어 갔고, 그에 따라 새로운 규칙들이 만들어졌다. 모든 클럽들은 하나의 기업처럼 변했다. 클럽의 인간적인 면들이 사라지거나 최소한 줄어들었다. 조직은 모두 더 비대해졌고 기술적인 부분(팀, 선수, 유소년 아카데미)은 점점 줄어들었으며 클럽들이 전보다 더 상업적이고 마케팅적이고 미디어 친화적이 됐다. 내가 아스널 감독에 취임했을 때 아스널에는 70~80명의 직원이 다녔지만, 이후 그 숫자는 200, 400, 더 나아가 내가 아스널을 떠난 2018년에는 700명이 됐다. 아카데미에만 200명 정도의 직원이 있었다.

클럽이나 하나의 조직이 너무 커지면, 거기에는 성과 중심의 문화가 사라지고 개개인의 이익이나 지위를 지키려는 문화가 자리 잡을 위험성이 있다. 그 결과 혁신이나 위험을 감수하지 않으려는 경향이 생기기도 한다.

축구의 순수한 기술적인 면에 투자할 수 있는 시간은 줄어들었고 그럴수록 나는 점점 더 좌절했다. 그것은 마치 내가 해야 할 일들을 하지 못하도록 방해받는 것과 같았다. 나는 늘 선수들과 떨어져서 혼자만의 시간을 가지려고 노력했지만, 선수들과 나는 점점 더 많은 요구를 받기 시작했다. 마치 중요한 것은 진정한 자신의 모습이 아니라 외부에 보이는 이미지인 것 같았고 그것은 불가피하게 선수와 클럽의 삶에 지대한 영향을 미쳤다. 미디어 아이콘이 된 첫 번째 선수는 데이비드 베컴이었고, 그 후로 클럽들과 선수들 모두 저마다의 방법으로 그의 뒤를 따랐다.

투자자들이 클럽을 인수할 때는 당연히 수익을 원한다. 그들의 목표는 서포터 중심의 구단주가 가족 같은 분위기에서 구단을 운영할 때와는 전혀 다르다.

동시에 축구계 자체가 상업적인 면이 강화되고 있었다. 기업들은 점점 글로벌화되고 있고, 축구 자체도 스포츠인 동시에 사업으로 인식되고 있으며, 미국과 중국이 축구계에 영향력을 확장하고 있다. 무엇보다 TV 중계권료가 치솟으면서 모든 것이 극적으로 변했다. 2019년, 아스널의 TV 중계권료 수익은 1억 8,000만 파운드 수준이었다. 에미레이트 스타디움 건축으로 인한 채무 상환금은 1년에 1,500만 파운드다. 이것이 현재 축구계의 상황을 잘 보여 준다고 생각한다.

국내 중계권료는 이미 정점을 찍었고, 이제 해외 중계권료가 계속 증가하고 있다. 미국과 아시아의 주요 국가들에서 프리미어리그 중계권을 사고 있고, 우리는 이제 그들을 위해 세계를 돌며 구단의 이미지를 강화해야 한다. 나 역시 베이징 대학에서 아스널의 역사를 나보다 더 잘 아는, 아스널 유니폼을 입은 학생들 앞에서 강연을 한 적이 있다. 그중에는 심지어 내가 어떤 종류의 차를 좋아하는지 이미 알고 있는 학생도 있었다. 그들 중 에미레이트 스타디움에 직접 와 본 사람은 한두 명에 불과했지만, 그들은 모두 엄청난 아스널 서포터였다.

이런 구조를 경험해 본 사람이라면, 또 이 모든 것을 관리하는 입장이라면 늘 쉬지 않고 달려가고 있는 것처럼 느낄 것이고 때로는 불만을 가질 수밖에 없다. 인사관리 부서를 따로 만들었더라도 모든 일들이 지나치게 관료주의적으로 흘러가기 때문이다. 오랑주의 고속도로에서 직관에 의거해 선수를 영입했던 나 같은 감독에게는 이런 부분이 어울리지 않는 대목이다. 감독의 일이 얼마나 달라졌는지를 알려 주는 또 다른 하나의 예는 이적 시장의 변화다. 오늘날은 모든 것이 아주 조직화됐고, 엄청난 거액이 정확히 정해진 룰에 의해 거래된다. 과거에는 훨씬 더 즉흥적인 방식으로 계약이 진행됐다. 딘과 나는 선수들의 계약을 직접 진행했는데, 그 와중에 종종 우스꽝스러운 상황을 맞이하기도 했다.

나는 1999년 브라질 클럽 코린치앙스Corinthians에서 실비뉴를 영입했다. 2000년에는 에마뉘엘 프티를 대체하기 위해 같은 클럽에서 에두를 영입했다. 그런데 어느 날 실비뉴가 내게 전화를 걸어서 "에두가 감옥에 있어요!"라고 말하는 것이 아닌가. 런던 히드로 공항을 통해 입국을 하려다가 위조 포르투갈 여권을 사용했다는 이유로 곧바로 브라질로 돌아가게 된 것이었다. 우리는 그의 영입을 재협상하면서 제대로 서류를 준비했고 결국 그는 2001년에 아스널에 입단할 수 있었다. 실비뉴가 에두와 같은 방식으로 여권을 준비했기에 그가 새로 준비한 여권은 아마 문제가 없었을 것이다. 그러나 나는 그 후에도 혹시 무슨 문제가 생길까 걱정이 되어 공항에 갈 때마다 바로 내 옆에서 여권 검사를 받도록 했다. 결국 그 후로 그는 아무런 문제 없이 공항을 다닐 수 있었고, 그 시즌이 끝난 후에는 아스널을 떠나 셀타 비고에 입단했다. 그는 그 후로도 바르셀로나에서 커리어를 이어 갔다.

감독이 된다는 것은, 진정으로 모든 것을 관리한다는 것을 의미한다.

딘이 떠난 후, 세 사람이 한 팀이 되어 일했다. 나와 가지디스 그리고 나를 보좌하기 위해 영입된 딕 로Dick Law가 팀을 이뤘다. 그는 내게 아주 중요한 사람이다. 그와 나는 이적 시장이 크게 변화하는 시기를 함께 보냈다. 그 후에 2010년 도입된 FFP 룰(클럽들이 보유한 돈 이상으로 지출하지 못하도록 했다) 때문에 우리는 다른 클럽들과 동등하게 경쟁할 수 있게 됐다.

그 시기 내내 나는 한 가지에 특히 주의했다. 클럽의 기술적인 면과 내가 가장 중요하게 여겼던 부분들 그리고 아스널의 정신을 지키기 위해 노력했다. 수년 동안 우리는 놀라운 선수들을 보유한 최고의 팀들과 경쟁했다. 그것은 끝없는 분투였다. 우리는 매년 마지막 경기까지 싸워야 하는 동시에 새로운 세대의 선수들을 키워야 했다. 그것은 지금도 내가 사랑하는 일이다. 그리고 그 시기야말로 우리가 아스널의 정신이 변하지 않도록 유지하기 위해 노력하면서 새로운 세대를 키우는 것이 얼마나 중요한지 깨달은 시기였다. 그들 중에는 뛰어난 재능을 가진 선수들이 많았지만 몇몇은 아스널에서 계속 뛰기 위해 필요한 정신적인 강인함이 부족했다. 아스널이 그 선수들을 키워나가는 것이지 그 반대는 아니었다. 아스널을 떠난 몇몇 선수들은 대부분 축구계 최정상의 클럽에서 뛰지 못했다.

우리는 매 시즌이 시작되기 전에 선수들에게 직접 자필로 그들의 플레이와 그들의 행동에서 중요하다고 생각하는 것 5가지를 적도록 한다. 선수들의 관계와 그들의 미래 그리고 시간 관리 등이 그들의 교육과 문화에 달려 있다는 것을 알고 있기 때문이다. 이렇게 매 시즌마다 자필로 자신에 대해 적는 일을 통해 우리는 클럽 전체가 공유하는 가치를 만들고 우리가 모든 선수들에게 원하는 가치를 분명히 하면서 모두가 하나가 되도록 관리할 수 있었다.

그것이 내가 무패 우승 이후 새로운 세대의 선수들을 가르친 방법이었다. 경험이 많은 수비수 윌리엄 갈라스를 시작으로 미드필더 알렉산더 흘렙, 토마스 로시츠키, 로빈 판 페르시Robin van Persie, 세스크 파브레가스, 사미르 나스리Samir Nasri, 에마뉘엘 에부에, 알렉스 송Alex Song, 로랑 코시엘니 같은 뛰어난 선수들이 있었다. 나는 2010년에 코시엘니를 영입했다. 그는 이후 아스널에서 훌륭한 커리어를 쌓았고 프랑스 대표팀에도 발탁되어 50경기 이상 출전했다.

파브레가스는 특별한 시야를 가진 선수였다. 그는 자신이 공을 받기 전에 이미 주변 모든 상황을 파악할 수 있었다. 그는 짧든 길든 대단한 패스 감각을 갖고 있었고 다른 선수들과 어떻게 플레이해야 하는지도 잘 알고 있었다. 그는 군계일학이었고 좋은 성격과 지능도 갖추고 있었다. 하지만 그는 자기 자신에 대해 늘 실망했고, 그것이 그가 매우 뛰어난 선수임에도 늘 자신을 낮춰 보는 요인이 됐다. 그는 늘 자신이 잘못한 일을 기억했는데, 그것은 위대한 선수들의 공통점이자 위대한 선수가 되기 위해 필요한 일이었다.

이 선수들은 아스널에서 새로운 아이디어를 제시했고, 종종 무패 우승을 달성한 팀만큼이나 좋은 재능과 실력을 보여 주기도 했다. 그러나 우리는 뛰어난 경쟁 팀들을 상대해야 했고, 결정적인 순간에 경험과 성숙함이 부족해 주저앉고 말았다. 수년간 우승을 차지하지 못했던 그 무관의 시기, 우리는 첼시, 맨시티, 맨유 등과 경쟁했고 그들이 우리보다 더 강했던 것이 사실임에도 우리는 늘 4위권을 유지했다. 팬들은 아마 아스널을 무패 우승을 차지한 팀으로 기억하겠지만, 내 관점에서 보기에는 그 무관의 시기에 우리가 달성한 성과도 무패 우승만큼이나 달성하기 어려운 결과였다. 우리는 재정을 관리하면서도 항상 4위 안에 포함되었고, 챔피언스리그에 진출해 16강에 진출했다. 그 시기는 아주 강렬하면서도 놀라운 시기였다. 우리는 전보다 수비적으로 조직적이거나 효율적이진 못했지만, 여전히 우리만의 스타일로 축구를 했고 우리의 상대 팀들조차 그것을 인식했다. 그 선수들과 함께 일하는 것은 정말 보람된 일이었다. 그래서 그들이 우승하고 싶다고 말하면서 아스널을 떠나는 것은 정말 괴로운 일이었다. 앙리, 비에이라, 피레스처럼 팀에서 할 일을 다 하고 30대에 떠나는 선수들을 떠나보낼 때보다 오히려 더 괴로웠다. 이제 22~25세의 선수들이 팀을 떠나는 것을 지켜봐야 했기 때문이다. 마치 수확을 하기도 전에 그들을 떠나보내는 것 같았다. 그러나 우리의 경쟁자들은 그들에게 훨씬 더 높은 주급을 제시했고 우리는 그들과 경쟁할 수 없었다. 2011년, 두 선수의 이적이 우리에게 큰 영향을 미쳤다. 나스리가 맨시티로 떠났고 팀의 주장이었던 파브레가스가 바르셀로나로 떠났다. 우리가 그렇게 많은 시간과 에너지를 쏟았던 선수들을 떠나보내는 것은 정말 힘든 일이었다.

그다음 해인 2012년에는 판 페르시가 맨유로 떠났다. 2004년에 페예노르트에서 영입했을 당시 그는 그 팀의 후보 선수였다. 그는 더 강해져야 했고 발전해야 할 부분이 많았다. 네덜란드의 한 친구가 그를 나에게 추천했다. 1992년 AS 모나코의 16세 이하 팀 코치였던 다미엥 코몰리Damien Comolli는 아스널에서 1998~2004년까지 스카우트로 일했다. 그가 판 페르시를 데려와서 기술 테스트를 했는데 사실 그 결과가 대단한 편은 아니었다. 무엇보다 그는 체력 테스트를 통과하지 못했다. 하지만 그는 축구에 대한 크나큰 열정과 날카로운 통찰 등을 갖고 있었다. 나는 그의 강점과 단점을 모두 확인한 뒤 그를 영입하기로 결정했다. 처음에 그는 다소 거만한 면이 있었고, 특히 플레이할 때 그랬다. 또한 다른 선수들과 마찰도 있었다. 그건 사실 내가 팀에 결코 원하지 않았던 부분이었다. 그는 앙리와 관계가 좋지 않았고 그 둘은 아주 다른 성격을 갖고 있었다. 훈련 중에 나는 그에게 플레이를 좀 더 단순하게 해 보라고 조언했다. 그는 이미 엄청난 터치를 보유하고 있었고 이후로 빠르게 성장했다. 그는 순수한 예술가 같은 선수였다. 바르셀로나와의 챔피언스리그 5라운드 경기에서 그는 불공평하게 퇴장을 당했다. 주심이 휘슬을 부는 소리를 못 듣고 슈팅을 시도했다는 이유 때문이었다. 그의 퇴장은 경기 전체에 영향을 미쳤다. 퇴장 전 스코어는 1-1 이었지만, 최종스코어는 3-1이 됐다.

나는 판 페르시를 중앙 공격수로 기용했고, 그 아래에 파브레가스와 나스리를 기용했다. 판 페르시는 엄청난 기술을 바탕으로 정말 뛰어난 경기를 했다. 그 시기 그는 프리미어리그 득점왕을 차지했고 자주 상위권 순위에도 들었다. 그리고 데니스 베르캄프가 입었던 등번호 10번 유니폼을 입고 경기를 치렀다. 2011-12시즌 그는 36경기에서 30골을 기록했는데, 그 기록은 8년 전 앙리가 세운 기록과 같았다.

2012년, 그는 아스널과 재계약을 하지 않겠다고 공식적으로 발표했다. 많은 빅클럽들이 그를 노린 끝에 결국 맨유가 데려갔다. 아스널 팬들은 그 결정에 분노했지만 우린 그들의 제안을 이길 수 없었다. 결국 나는 그를 2,400만 파운드에 보냈는데, 당시 계약 기간이 1년밖에 남지 않은 선수치고는 꽤 높은 이적료였다. 나는 오직 아스널의 이익만을 생각했다. 나와 퍼거슨 감독의 관계 그리고 아스널의 관계는 많이 개선된 상태였다. 이적 협상은 기본적으로 상대에게 패를 보여 주지 않는 포커 게임과도 같다. 그는 올드 트래포드에서 첫 6개월간 아주 좋은 활약을 펼쳤는데 그런 모습이 우리를 더 괴롭혔다. 그러나 그는 계약 기간 4년 중 3년째 되는 해에 부상을 당하고 만다. 결국 퍼거슨 감독은 그를 터키 클럽 페네르바체로 이적시켰다. 그 무렵 그는 나에게 전화해서 아스널로 돌아오고 싶다고 말하기도 했지만 그것은 불가능한 일이었다. 그는 이미 은퇴를 앞두고 있었고 우리는 젊은 선수들에게 투자를 하고 있었기 때문이다.

알렉스 송 역시 판 페르시가 떠난 해에 바르셀로나로 이적했다. 그는 이미 아스널을 위해 뛸 의욕을 잃은 상태였다.

하지만 이 선수들은 나에게 영원한 아스널 선수들이다. 축구 선수로서의 최고의 순간을 함께했고, 그들이 원하는 축구를 아스널에서 펼칠 수 있었기 때문이다.

클럽의 재정적 어려움이 너무 클 때 선수들은 현재 클럽을 떠나 다른 곳에서 더 큰 계약을 맺길 바라게 되는데, 그런 과정에서 클럽에 대한 헌신보다는 자신의 이익을 먼저 생각하게 된다.

그 무관의 시기, 우승이 간발의 차이로 계속 좌절되면서 우리는 내부적으로 다소 미성숙한, 이기적인 모습들을 보고 또 겪기도 했다. 그러나 우리는 최선을 다해 그 한계 안에서 분투했다. 우리는 계속 팀에 데려올 새로운 선수들에 대해 생각했고 클럽의 정신과 독창성, 스타일을 유지하면서도 새로운 바람을 불어넣어 줄 수 있는 선수들을 찾았다.

우리는 2012년 올리비에 지루Olivier Giroud를 영입했다. 그는 몽펠리에를 떠나 아스널에 입단했고, 그 직전에 리그 1에서 득점왕을 차지한 선수였다. 그는 26세였고, 그 무렵 프랑스 대표팀에도 데뷔한 상태였다. 그는 누구라도 어려운 순간에 의존할 수 있는 존경할 만한 선수였다. 나중에 돌아보면 그가 훌륭한 커리어를 보냈다는 것을 모두 확실히 알게 될 것이다. 그는 타고난 능력과 엄청난 노력으로 잉글랜드, 프랑스에서 당연한 인정을 받았다. 그는 내면의 심리적인 강인함과 흔들리지 않는 힘을 가진 사람이었고 올바른 방법으로 성공할 거라는 강한 믿음을 가진 사람이었다. 이제 그는 프리미어리그에서 앙리, 아넬카에 이어 세 번째로 많은 골을 기록한 프랑스 선수가 됐다. 내가 이 세 선수를 모두 프리미어리그에 데려와서 그들에게 기회를 줬다는 사실과 그들이 프리미어리그에서 자신들의 재능을 극대화할 수 있었다는 사실이 자랑스럽다.

2012년 우리의 또 다른 핵심 선수는 산티 카솔라Santi Cazorla였다. 나는 말라가와 2개월간 협상한 끝에 그를 영입하는 데 성공했다. 그는 센세이셔널한 선수였다. 항상 웃는 얼굴이었지만 일단 공을 잡고 나면 엄청난 기술로 팀에 큰 기여를 했다. 스페인 스카우트였던 프란시스 카지오Francis Caggio와 카솔라와 함께 비야레알에서 뛰었던 피레스 덕분에 그를 영입할 수 있었다. 그의 경기를 직접 본 순간 그가 얼마나 좋은 플레이를 하는 선수인지를 바로 알 수 있었다. 기술적인 경쟁에서는 누구도 그를 이길 선수가 없었다. 그는 오른발잡이였지만, 양발을 모두 잘 썼다. 그는 아스널 미드필드진의 기술적인 수준을 한 단계 높이 향상시킨 선수였다.

2013년, 우리의 재정 상황이 드디어 개선되기 시작했다. 그때가 바로 우리가 가장 상징적인 영입을 했던 순간이었다. 메수트 외질Mesut Özil을 영입한 것은 수년간 우리가 한 가장 커다란 규모의 영입이었다. 나는 그를 베르더 브레멘에서 뛰던 시절부터 주목했고, 레알 마드리드가 영입하기 전에도 거의 영입할 뻔했다. 당시 그는 스페인을 선택했고 그곳에서 3년을 보냈다. 나는 그의 플레이 스타일을 아주 좋아했다. 그는 레알 마드리드에서 뛰는 동안 전보다 더 기술적으로 발전해서 왔지만 프리미어리그에 적응하기 위해 필요한 신체적인 강인함이 다소 부족했다. 이는 적응이 필요한 부분이었다. 그는 1군 팀에 쉽게 녹아들었고 뛰어난 기술적인 재능이 있었기에 행복한 시간을 보낼 수 있었다. 2013년, 그와 함께 우리는 시즌을 잘 시작했고 7주간 리그 1위를 달렸다. 그 시즌은 그에게는 여러 가지가 겹친 시즌이었다. 팬들과 기자들이 그가 실수하기를 기다리는 것 같은 순간도 있었지만, 우리는 리그에서 4위를 차지하며 챔피언스리그 진출권을 따냈고 2014년 FA컵 결승전에서 멋진 경기를 펼친 끝에 오랫동안 기다리던 우승을 차지했다.

외질은 그의 온몸과 영혼으로 축구를 느끼는 예술가다. 그는 지속적인 동기부여가 필요하고 감독과 꾸준히 신뢰 관계를 유지하는 것이 중요한 선수다. 그에게는 고압적인 자세로 대하는 것이 통하지 않는다. 모든 예술가들이 그러하듯이 그의 창의성을 인정하고 도와주는 것이 중요하다. 그의 플레이 스타일과 패스 타이밍에는 마법과 같은 힘이 있다. 프리미어리그는 마치 시속 200킬로미터로 달리는 기차와도 같은 리그인데, 외질이 그 속도에 항상 맞추지 못하는 부분이 있는 것은 사실이다. 그의 예술적인 플레이는 더 인정받을 필요가 있다.

2014년, 우리는 루이스 수아레스 영입을 추진했다. 우리는 선수와 그의 에이전트와 협상한 끝에 합의에 도달했다. 그러나 그 에이전트는 리버풀과 선수 사이의 이적료가 4,000만 파운드를 넘으면 리버풀이 선수 이적을 허락해야 한다는 조항이 있다고 주장했다. 그러나 훗날 리버풀 덕분에 그 조항이 결코 존재하지 않았다는 것을 알게 됐다. 그것이 존재하는지 확인하기 위해 우리는 4,000만 1파운드를 제시했었다. 그 제안이 조금 이상하게 보일 수 있다는 것을 인정한다. 그러나 리버풀은 수아레스를 팔고 싶지 않았고 결국 그들은 바르셀로나가 그를 노리고 있던 상황에서 일단 그를 잡아 둘 수 있었다.

2014, 2015, 2017년. 우리는 세 차례 FA컵 우승을 차지했고 2016년에는 레스터 시티에 이어 리그 2위를 차지했다. 리그 우승을 차지하지 못한 그 시즌을 실패라고 보는 사람들도 있었지만, 그 시즌 레스터가 당한 3패 중 2패가 우리에게 당한 패배라는 것을 잊어서는 안 된다. 그 시즌 우리는 9월에 카솔라를 잃었고 그것은 우리에게 기술적으로 큰 어려움을 안겨 줬다.

그 시기에 우리는 목표를 달성하고 선수들을 육성하기 위해 열심히 노력했다. 또한 클럽을 관리하며 상업적인 측면도 계속 성장시켰다. 팀의 기술 과학 관련 스태프들 역시 늘어났다. 그런 가운데 우리는 클럽의 독특한 정신을 지키기 위해서도 노력해야 했다.

나는 선수 영입과 방출도 감독의 일이라고 생각하며 시즌이 성공하기 위해서는 이적 시장의 결과가 미치는 영향도 크다고 생각한다. 그러나 나는 시즌 중 이적 시장을 폐지하는 것에 찬성하는 사람이다. 그것은 시즌 중인 선수들을 불안하게 만들고, 선수들로 하여금 문제가 있을 때마다 다른 클럽으로 간다면 어떨지 끊임없이 생각하게 만들기 때문이다.

전에도 말했듯이, 이적 협상이란 마치 포커 게임처럼 섬세한 기술이 필요한 일이다.

모든 이적이 아주 감정적인 맥락에서 진행된다. 특히 1998년 월드컵 도중에 있었던 한 이적 사례가 생각난다. 나는 당시 웨스트햄과 이안 라이트의 이적에 대해 논의하고 있었다. 그때는 아직 우리가 에메 자케 감독과 지네딘 지단이 프랑스를 월드컵 우승으로 이끌 거라는 것을 전혀 모르고 있었던 때였다. 어느 일요일 오후 한 레스토랑에서 이안 라이트와 웨스트햄 이사진, 데이비드 딘과 그의 딸 사샤 그리고 내가 함께 만났다. 인사를 나눈 후에 우리는 이적 협의를 시작했다. 그 자리에 있었던 사샤는 사실 이안 라이트의 팬이었는데, 시간이 흐르면서 점점 그가 웨스트햄으로 떠날 거라는 사실을 알게 됐다. 결국 그녀는 밥을 먹는 대신 조용히 눈물을 흘리기 시작했다. 그것은 선수의 이적이 팬들에게 어떤 의미인지 보여 주는 상징적인 장면이었다. 이처럼 선수의 이적은 때로는 엄청난 아픔을 가져다주기도 하고, 때로는 행복과 희망을 주기도 한다.

축구계에서, 특히 이적 시장에서 점잖게 굴다가는 상대에게 당하는 일이 허다하다.

아스널에서 보낸 시절, 나는 450건의 이적 협상을 진행했다. 그 모든 경우에 나는 가능한 단순하고 복잡하지 않게 이적을 진행하고자 노력했다. 지금 돌아보니 그런 노력이 좋은 결과를 남긴 것 같다. 22년간 한 팀을 이끌고 450건의 이적을 진행했지만, 우리는 단 한 번도 법적인 문제를 겪은 적이 없었다.

그 중에는 TV를 보고 영입을 결정한 선수들도 있었고 비에라, 앙리, 프티처럼 내가 원래부터 알던 선수들도 있었다. 또 나의 스카우트들이나 이적 담당자들이 추천한 선수들도 있었다. 선수를 영입할 때 항상 그 선수를 미리 확인할 수 있는 것은 아니다. 특히 어린 선수들의 경우가 그럴 때가 많다. 어린 선수들의 경우 더더욱 스카우트들을 믿어야 한다. 나는 스카우트의 강한 추천으로 영입한 파브레가스를 영입 전에는 본 적이 없었다.

몇몇 이적은 후회스럽기도 했다. 세르지 나브리는 모든 포지션에서 뛸 수 있는 아주 큰 잠재력을 가진 선수였다. 그는 17세에 아스널에서 데뷔했고, 심한 무릎 부상을 겪은 후 웨스트 브롬으로 임대를 떠났으며 나중에 베르더 브레멘으로 옮겼다. 훗날 그는 바이에른 뮌헨에서 시즌 최우수 선수로 뽑혔을 정도로 성장했다.

나는 대한민국의 공격수 박주영을 영입하기도 했다. 그가 모나코에서 좋은 활약을 했고 또 좋은 태도를 가진 선수였기 때문이다. 나는 그가 그의 재능을 아스널에서 충분히 보여 주지 못했다고 생각한다. 그의 재능은 의심하지 않았다. 다만 그가 조금 자신감이 부족했던 부분도 있다. 그는 아스널에서의 상황을 바꿀 만한 경기, 즉 "나는 아스널에서 뛸 만큼 충분히 좋은 선수다"라는 것을 보여 줄 기회를 얻지 못했다. 어쩌면 내가 그에게 자신을 증명할 충분한 기회를 주지 못한 것일 수도 있다.

나는 독일 대표팀 공격수 루카스 포돌스키Lukas Podolski가 왜 더 자주 뛰지 못하는지 그리고 왜 그가 중앙 공격수 자리가 아닌 왼쪽 측면에서 뛰는지에 대한 질문도 자주 받았다. 그러나 나는 그가 다른 선수들과 비교할 때 더 적은 경기에서 뛰었다고 생각하지 않는다. 나는 내가 적절하다고 믿는 순간에 그를 투입했다.

그 모든 이적들. 우리가 우리의 선수를 팔거나 다른 클럽에서 영입했을 경우 모두 클럽의 재정 상황과 이적료의 크기, 선수의 주급 등 이적료에 대한 논란이 늘 따라왔다. 또 감독이 이적료를 사용하는 성향과 얼마나 예산을 지키며 돈을 쓰는지 여부 등까지도 문제 삼았다. 모든 문제의 중심은 돈이었다. 나는 종종 아스널 선수들의 주급에 대한 질문을 받기도 했다. 과연 얼마 정도의 주급이 적당하단 말인가? 나는 늘 같은 대답을 했다. 클럽 내 선수들의 주급은 클럽의 예산 안에서 충당 가능한 수준일 때 합리적이다. 나는 선수들의 주급이 팬들에게 충격을 줄 수도 있다는 것을 이해한다. 그것이 내가 축구 클럽은 내부적으로 운영되어야 하고 공개적인 보조금을 받지 말아야 한다고 생각하는 이유다. 선수들의 주급은 오직 수입과 지출이 균형을 이루는 선에서만 정당할 수 있다. 오늘날 축구계의 부는

TV 중계권료에서 나온다. 내가 아스널에서 보내는 22년 사이에 TV 중계권료는 8배나 뛰었다. 그것은 오직 한 가지 사실, 선수들의 주급과 그와 관련된 문제들은 앞으로도 계속될 것이라는 것을 의미한다.

돈에 대한 나의 가치관은 어쩌면 나의 성격 혹은 과거의 경험들로부터 형성됐는지도 모른다. 나는 아무것도 없이 시작했고, 항상 돈을 아껴야 했으며 전 세계를 돌아다니며 축구공 하나를 사는 일까지 직접 협상을 했다. 경기 전날 불편한 침대에서 잠을 청했고 야간 기차의 이등석을 타고 선수들과 함께 이동하곤 했다. 훗날 나는 개인 비행기를 타고 화려한 호텔에서 잘 수 있게 됐지만, 그런 새로운 풍경이 나의 가슴속 깊이 자리 잡은, 진짜 경기에서 승리하게 만드는 데 필요한 것들을 바꾸지는 않았다.

만약 내게 열정이나 충성심보다 돈이 우선순위였다면, 아마도 나는 아스널을 떠나기 전에 이미 두세 배의 돈을 받고 다른 클럽들을 맡았을 것이다. 나는 언제나 내가 책임진 아스널의 미래만을 생각했다. 누군가가 내가 클럽을 잘못 관리했다고 말하게 하고 싶지 않았다. 무엇보다도 우선 균형을 맞추고 싶었다. 오늘날 아스널은 재정적으로 건강하고 여유 있는 상태이다. 우리는 외부의 도움 없이 우리 선수들을 좋은 이적료에 파는 방법으로 새로운 구장 건축으로 진 빚을 갚았다. 미디어와 팬들은 나의 그런 결정을 비판하기도 했지만, 그로 인해 나는 클럽의 빚을 갚았다. 우리는 언제나 좋은 이적료에 선수를 보냈다. 그것이 내가 이적 시장에서 나의 평판을 만든 방법이다. 나의 경험과 직관 그리고 항상 좋은 선수들을 찾아다녔던 스카우트들 덕분에, 또한 아스널과 나의 성격 덕분에 늘 정당하면서도 만

240

족스런 이적 활동을 할 수 있었다. 우리는 FFP가 도입되기 전에 이미 그런 생각을 하고 있었고 적극적으로 그 룰을 지키기 위해 노력했다. 우리가 다른 클럽들과 공정하게 겨룰 수 있는 유일한 방법은 그들이 갖고 있지도 않은 돈을 투자하지 못하게끔 하는 방법뿐이었다. FFP가 도입된 후로 클럽들 간의 경쟁은 더 공정해졌다. 그러나 오늘날 나는 외부 투자에 대한 룰은 조금 더 가볍게 하되, 클럽 관리에 대한 룰은 준수하게끔 하고 싶다. 그렇게 함으로써 이미 강한 클럽들 외의 다른 클럽들이 자체적인 투자가 어려워 고생하는 상황을 해결하고 싶다. 이것이 되지 않는다면 힘의 균형을 바꾸는 일은 영원히 불가능할 것이다. 클럽을 바꾸는 것은 시간과 돈이 드는 일이다. 오늘날 축구계에서 강한 입지를 가지고 있는 클럽들은 FFP 룰이 도입되기 전에 더 빠른 투자를 했기 때문에 그렇게 된 것이다.

축구와 이적 시장에 대해 생각할 때 우리는 곧바로 에이전트들을 먼저 생각한다. 내가 축구를 시작했을 때, 축구계에는 에이전트라는 개념이 없었다. 나는 늘 스스로 나 자신을 대변했고, 그것이 나의 성격과도 맞았다. 그래서 나는 한 번도 에이전트를 둔 적이 없다. 그러나 최근에는 모두가 에이전트를 활용하고 있다. 나는 경제적인 조언을 해 주는 레옹 앙헬Léon Angel과 내 커리어의 시작부터 함께했다. 그리고 상업적인 대외 이미지 부분에서는 세르주Serge와 함께하기도 했다. 지난 수년간 나에게 그 이상의 도움을 줬기에 나는 그를 전적으로 믿고 있다. 그러나 계약만큼은 항상 내가 관리했다. TV 방송과 관련된 일은 전혀 다른 세계의 일이기 때문에 세르주가 늘 좋은 결정을 내릴 수 있도록 편하게 도와주고 있다. 우리는 모나코에서 만난 후 가까운 친구가 됐고 모든 곳을 함께 다니고 있다.

에이전트들은 선수들의 계약 협상을 돕는 역할을 한다. 하지만 그들이 선수들이 아니라 클럽으로부터 비용을 받는 것은 합리적이지 않다고 생각한다. 그러나 축구계에서는 그것이 일종의 관습이 되었고 이적료를 향상시키는 요인이자 클럽들이 이적료 경쟁을 벌이는 하나의 이유가 되고 있다. 아스널 감독 시절, 나는 에이전트 수수료가 선수들 주급의 5%가 넘지 않도록 방침을 정했는데 시간이 흐르면서 점점 올라 7, 8%가 되더니 이제는 10%까지 올랐다. 선수들과 에이전트들은 점점 더 부유해졌고 강한 지위를 얻었다. 다른 직업들과 마찬가지로 모든 에이전트는 서로 다른 접근방식을 갖고 있다. 선수들을 위해 좋은 조언을 해 주는 에이전트들도 있고, 자신의 이익만 생각하고 선수를 협박까지 하는 위험한 에이전트들도 있다. 그것은 축구와 마찬가지로 계속 변화하고 있는, 역동적인 동시에 조금은 어두운 직업이다. 에이전트들 중에는 부유한 사람도 있지만, 선수들에 의존해서만 생활할 수 있는 사람들도 있다. 그러나 한편으로는 언제든지 해고당할 수 있는 매우 불안한 입지를 갖고 있기도 하다. 선수들과 의견 차이가 생기거나 선수 가족이 그들의 일을 대신하길 원하는 경우가 있기 때문이다. 때로는 에이전트들이 이룬 일의 성과를 가족들이 노리고 그렇게 하는 경우도 있다. 그들의 일은 어렵지만 생색나는 일은 아니다. 따라서 감독들은 이적 시장 분위기를 정확히 파악하고 확고한 자세를 유지하면서 돈이 선수들에게 미치는 영향을 가늠해 최고 레벨의 축구를 진정으로 이해하고 분석할 수 있는 사람을 상대하기 위해 노력해야 한다. 에이전트는 선수들의 능력을 알아볼 수 있어야 하고 선수들이 힘든 순간에도 최선을 다해 그들을 도울 수 있어야 한다. 때로 선수들은 그들의 성과에 따라 저평가되고, 보상받지 못하는 어려운 삶을 살기도 한다. 나는 축구계에서 축구에 대해 아주 피상적인 이해를 가진 사람들을 많이 만났다. 편협한 관점을 가진 가짜 전문가들이 선수들을 계속 보유하기 위해 거짓말을 하는 경우도 있었다. 나는 감독으로서 내가 생각하는 선수를 위하는 올바른 방향과 정반대로 조언하는 에이전트들과 종종 다투기도 했다. 선수가 무언가가 부족하고 잘못되고 있다고 느낄 때 그로 인해 종종 선수들과 뜻밖의 이별을 해야 하는 순간도 있었고 진실하지 못한 대화와 벽 때문에 서로를 제대로 이해하지 못하는 순간도 있었다.

선수들의 계약 기간 동안 에이전트들과 종종 만남을 갖고 대화를 나누는 것은 감독의 업무 중 하나다. 훌륭한 에이전트들은 그런 부분에 있어 감독이나 코치들에게 적극적으로 협력한다. 감독으로서 나는 선수들과 어느 정도 거리를 뒀다. 선수들의 사생활에도 잘 개입하지 않았다. 특히 선수들이 아내나 혹은 그 외의 사적인 문제를 겪을 때는 더욱 그랬다. 물론 예외적으로 선수들이 먼저 내게 조언을 구할 때는 그에 응했다. 감독은 스포츠와 경기를 위해 존재하는 사람이다. 그러나 에이전트는 그렇지 않다. 그들은 선수들과 훨씬 더 가까이서 소통하고 그들에게 영향을 미친다. 그것이 내가 특히 어린 선수들에게 항상 주변에 좋은 사람들을 둬야 한다고 조언했던 이유다. 23세라는 나이는 아직 주변 사람들을 가리는 일이 익숙하지 못할 때다. 그들은 나쁜 영향을 주거나 커리어에 부정적인 역할을 하는 사람을 아직 가려보지 못한다. 선수들 주변에는 가족이나 친척,

혹은 전문가가 아니면서 조언하는 이들이 지나친 영향을 끼치는 경우가 많다. 나는 늘 감독들에게 필요한 원칙이 선수들에게도 적용되어야 한다고 믿고 있다. 선수들 주변에는 정말 좋은 사람들이 필요하다.

감독은 자기만의 팀이 있어야 한다. 감독은 완전히 불안정한 삶을 산다. 결과나 그의 가치관이 하루가 다르게 달라지는 삶이다. 그런 환경에서 상황이 어렵게 돌아갈 때 중심을 잡고 원칙을 고수하는 것은 쉽지 않다. 그것이 감독이 자기 주변에 좋은 환경을 만들어야 하는 이유다. 나에게도 팻 라이스와 보로, 게리 르윈Gary Lewin이 이끄는 의료진, 스티브 보울드, 토니 콜버트Tony Colbert, 게리 페이튼Gerry Peyton, 션 오코너Sean O'Connor, 스티브 브라독Steve Braddock, 스티브 로울리Steve Rowley 등이 있었다. 선수 시절 스티브 보울드는 수비진에서 헌신적인 플레이를 하는 기술적으로도 뛰어난 선수였으며 축구를 잘 이해했다. 그는 지도자로서도 높은 평가를 받고 있다.

또한 나는 커리어 내내 나를 잘 도와준 크레인, 비즐리, 오드리스 콜 등 뛰어난 의료진을 갖고 있다. 어떤 클럽에 가더라도 내 주변에 능력 있고 그 클럽의 문화와 역사를 아는 사람들을 두기 위해 노력했다. 오늘날에는 약간 달라졌다. 감독들은 선수들처럼 마치 클럽 안에 또 하나의 작은 클럽 같은 자신만의 시스템에서 주변 사람들을 데리고 일한다. 나는 결코 그런 모습을 원하지 않았다. 그것은 우리의 직업이 어떻게 변하고 있는지를 보여 주는 한 사례이다. 감독과 그 주변 사람들은 모두 클럽을 위해 일해야 한다. 내가 전적으로 신뢰하는 사람들과 함께 한 클럽에서 장기적인 프로젝트를 위해 일할 수 있었던 것은 진정 행운이었다.

그러나 궁극적으로는 내가 모든 것을 관리하는 입장이라는 것을 알고 있었다. 최종 결정을 내리는 것은 감독이어야 한다. 감독은 많은 이들로부터 조언을 받지만 그 결정은 감독의 몫이고, 그 결정에 따르는 책임을 짊어져야 하는 것도 감독이다. 매 경기가 시작되기 전에 감독들은 경기에 나서지 못하는 선수들을 실망시키게 되고, 때로 그 선수들이 슬픔과 배신감을 느끼는 경우도 있다. 그럴 때 선수들이 불평을 하거나, 팀으로부터 소외되면서 팀 전체의 분위기를 해치는 경우도 있다. 관리한다는 것은 결정을 내리고 행동하는 것이며, 언제나 불확실성을 동반하는 것이다. 감독은 늘 선수와 에이전트, 팬들과의 관계를 개선하기 위해 노력해야 한다. 클럽이 어려울 때는 그 일이 힘들 수도 있지만 감독이란 원래 그런 법이다. 때로는 친구들이나 사랑하는 사람들보다 코치와 클럽에 더 관심을 기울여야 하는 존재들이다.

2014년, 우리는 알렉시스 산체스Alexis Sánchez를 영입했다. 그가 바르셀로나에서 19골을 기록하는 뛰어난 활약을 한 시즌 이후에 그를 영입했다. 바르셀로나는 그해 리그 2위를 차지했다. 그는 예측이 불가능한 폭발력과 엄청난 열정을 가진 선수였다. 중앙 공격수였지만 경기장 전체를 엄청난 에너지를 갖고 움직였다. 그는 비범한 의지를 가진 거친 선수였고, 팀의 다른 선수들과 조금은 의견이 달라 보일 수도 있는 쉽게 타협하지 않는 선수였다. 산체스는 언제나 ' 모 아니면 도'인 선수였고, 매우 개인적인 스타일로 뛰었다.

3년 후, 그가 아스널에서 완전히 자리를 잡은 후 우리는 바이에른 뮌헨을 상대로 한 홈구장 경기에서 10명의 선수로 싸우며 대패를 당했다. 그때 나는 그것이 내가 아스널 감독으로서 갖는 마지막 챔피언스리그 경기라는 것을 전혀 몰랐다.

2017년, 우리는 리그 선두였던 첼시를 상대한 FA컵 결승전에서 아론 램지의 결승골 덕분에 우승을 차지했다. 그 시즌 우리는 준결승전에서 맨시티를 꺾었다. 21년 만에 처음으로, 우리는 4위권 밖의 순위로 시즌을 마감했다. 우리의 승점은 75점이었다.

아스널을 둘러싼 모든 것들이 점점 더 어려워지기 시작했다. 팬들은 인내심의 한계를 보이고 있었고, 나에게 반대하는 목소리를 내기 시작했다. 나는 그런 모습을 지켜보면서 그들의 반응이 마치 내가 처음 아스널에 왔을 때와 비슷하다는 생각을 했다. 물론 한 팀을 22년 동안 이끄는 것이 훌륭한 일이라는 것은 알았지만, 나는 아직 아스널을 떠날 준비가 된 상태가 아니었다. 만약 그것이 순수하게 나에게만 달린 문제였다면, 나는 계약 기간이 종료될 때까지 아스널에 남았을 것이다. 나는 아스널을 위해 많은 것을 희생했기 때문에 팬들의 적개심과 이사진의 불신이 부당하다고 느꼈다. 나는 아스널의 훈련장과 경기장 벽돌 하나하나를 직접 쌓아 올린 것처럼 느낄 정도로 애정을 갖고 있었다. 나를 태운 차도 매일 아침 당연한 듯 그 두 곳으로 출근하고 있었다. 어느 날 갑자기 그곳에 갈 수 없다는 것, 더 이상 경기를 지휘할 수 없다는 것, 클럽에 대한 나의 열정을 다할 수 없다는 것은 나에게 매우 잔인한 일이었다. 아스널은 나에게 삶과 죽음의 문제와도 같았기 때문에 그 후로 나에게는 매우 외롭고 괴로운 순간들이 찾아왔다.

나는 아스널에서 총 1,235경기를 지휘했다. 에미레이트 스타디움에서 열린 나의 마지막 경기는 2018년 5월 6일 경기였다. 그날의 기억이 특히 가슴 아프게 남아 있다. 우리는 번리를 상대했고 5-0 승리를 거뒀다. 우리는 그날 내 기준에서는 흡족한 경기를 했다. 하지만 경기를 지켜보면서 또 작별 행사를 보면서, 관중석 시점에서 그것들을 보면서 그 긴 시간 동안 함께했던 일들과 그 경기장을 짓기 위해 우리가 바친 모든 노력과 기억들이 다시 떠올랐다. 나는 내가 할 수 있는 한 최선을 다해 감정을 억누르려고 노력했다. 친구들을 초대해 식사를 같이 했고 그 후에도 인생이 계속될 것이라고 스스로를 달랬다.

며칠을 슬프게 보낸 후에야 마음을 추스를 수 있었다. 나의 업무를 인수인계하는 과정은 어려웠다. 나는 계속 겸허하게 받아들이려 노력했다. 나를 떠나보내려는 결정을 내린 사람들이 나보다 클럽에 대해 잘 알지 못한다는 것을 알면서도 말이다.

축구에서는 어떤 팀이 강할 때도 있지만 약할 때도 있다. 전 세계의 아스널 팬들은 아스널이 단순히 하나의 축구 클럽이 아니기 때문에 사랑했다. 아스널은 스포츠를 통한 삶과 열정, 공정함과 클래스를 상징하는 클럽이었다. 우리의 가치는 물론 결과를 통해서도 드러나지만, 우리가 행동하고 말하는 방식을 통해서도 드러난다. 모든 클럽이 저마다의 가치를 갖고 있고 그것이 잠시 잊힐 수는 있지만, 그것은 언제든 다시 표면으로 떠오르기 마련이다. 2019년 12월에 아스널 감독이 된 미켈 아르테타와 함께 아스널의 가치와 정신, 스타일은 다시 한번 표출될 것이다. 선수로서의 그는 언제나 열정적이고 지능적이며 유소년 선수들에 대한 애정을 가진 선수였다. 나는 그가 그의 그런 면들을 여전히 잃지 않았다고 생각한다. 그가 감독이 된 것은 클럽과 선수들 사이를 이어 줄 수 있는 아주 좋은 선택이라는 생각이 든다. 그는 경험이 있고, 아스널의 영혼을 되살리고 싶은 열망이 있다. 첫 시즌에 FA컵 결승전에서 첼시를 꺾고 우승을 차지한 것은 아주 좋은 시작이었다. 모든 것들을 고려할 때 나는 피레스, 비에라, 앙리처럼 예전 선수들이 축구계에서 힘을 발휘해야 한다고 생각한다.

과거에 의존해서 살아갈 수는 없다. 아스널은 내 삶의 근간이었고, 나의 심장이었고, 내 기억의 많은 부분을 차지하는 클럽이었지만 이제 아스널의 미래에 대해 생각하고, 그들을 이끄는 것은 내 일이 아니다. 새로운 세대가 나타나기 시작했고, 이제부터는 그들의 몫이다.

FIFA는 내게 다른 기회를 제안했다.

돌아보면 나는 아주 운 좋은 삶을 살았다. 축구계 최고의 사람들을 만났고 그들과 같이 일했다. 성공의 공통분모는 태도와 능력 그리고 약간의 운이다. 최고 레벨에 있는 선수들은 자기 자신에게 엄격하고 자신의 퍼포먼스를 객관적으로 볼 줄 안다. 지능과 동기부여 그리고 겸손의 균형이 중요하다. 스포츠계에서는 과거의 기록이 영광을 가져다주기는 하지만 그것이 미래의 특권이 될 수는 없기에 겸손이 필요하다. 겸손이야말로 사람을 계속 노력하게 만드는 필수적인 요소다.

나는 내가 떠난 축구계가 계속 진화하는 곳이라는 것을 알고 있다. 오늘날의 감독에게는 세 가지 측면에서의 접근이 필요하다. 사람들에게 권한을 주고, 그것을 개인화하고, 또 개방하는 것이 그것이다. 감독으로서 오늘날의 과학을 활용해 계속 명확하고 분명하게 커뮤니케이션하는 것이다. 감독은 반드시 다른 사람들에게 자신의 가치를 요구하기 위해서는 자기 자신이 그 가치를 드러내는 존재가 되어야 한다는 것을 잊어서는 안 된다.

또 선수들은 자신들의 노력이 동반되지 않으면 재능이 낭비될 수 있다는 것을 잊어서는 안 된다. 자신에 대한 불만족은 때로 사람을 긴장하게 만들지만, 앞으로 계속 나아가게 하기도 한다. 내 경험에 비춰 볼 때 필요한 모든 부분들에서 끊임없는 노력을 기울이는 것이야말로 그 분야에서 최고에 오른 모든 사람들의 공통점이 아닌가 싶다.

10

아스널 이후의 삶

"세상을 떠난 후 신을 만나면 그가 어떤 말을 먼저 꺼낼지 생각해 보곤 한다. 그는 아마도 사는 동안 무엇을 했느냐고 물을 것이다. 그러면 나는 "축구 경기에서 이기려고 노력했다!"고 답할 것이다. "그게 다야?"라고 실망한 그가 물어 오면, 나는 그에게 경기에서 이기는 것은 생각처럼 쉬운 일이 아니며, 축구는 많은 사람들이 함께 공유하고 기뻐하며 때로는 슬퍼하는 아주 중요한 무언가라고 설명할 것이다."

아스널을 떠나는 것은 내게 아주 어렵고 힘든 일이었다.

내가 기억하는 가장 첫 번째 순간부터 나는 오직 축구를 위해 살 았다.

축구가 내 삶의 속도를 결정했다. 긴 하루 일과를 마치고 집에 돌 아오면 축구 경기를 보면서 다음 날 할 일을 생각하고 하루를 마무리 하곤 했다. 다음 날 어떻게 내가 문제를 해결할 것인지, 어떻게 팀을 더 발전시킬 것인지를 생각했다. 침대에 누워서도 하루를 돌아보며 선수들과 경기들 그리고 훈련에서 있었던 일들을 생각하며 잠이 들 었다.

나의 삶은 마치 축구에 대한 사명감을 가진 사제의 삶과도 같았다. 축구에 대한 열정과 헌신, 때로는 약간 미친 듯한 광기와 희생이 동 반됐던 삶이었다.

세상을 떠난 후 신을 만나면 그가 어떤 말을 먼저 꺼낼지 생각해 보곤 한다. 그는 아마도 사는 동안 무엇을 했느냐고 물을 것이다. 그 러면 나는 "축구 경기에서 이기려고 노력했다!"고 답할 것이다. "그게 다야?"라고 실망한 그가 물어 오면, 나는 그에게 경기에서 이기는 것은 생각처럼 쉬운 일이 아니며, 축구는 많은 사람들이 함께 공유하고 기뻐하며 때로는 슬퍼하는 아주 중요한 무언가라고 설명할 것이다.

나는 아스널을 떠난 후의 삶에 대해 배워야 했다. 끝없는 긴장과 내가 사랑했던 선수들, 축구장, 나의 기쁨이자 약이고 삶의 이유였던 축구 없이 사는 법을 배워야 했다. 그러나 나는 열정을 포기할 수 없었고 모험을 포기할 수 없었다. 어린 시절부터 나는 늘 모험과 도전으로 가득한 삶을 원했다. 그것은 지금도 마찬가지다. 나는 70세이고 내일 무슨 일이 일어날지 알 수 없는 나이가 되었다. 나는 이제 런던, 파리, 취리히를 오가며 살고 있다. 많은 곳을 오가며 때로는 호텔에서 지내기도 한다.

다시 감독이 되어 달라는 셀 수 없이 많은 제안을 받았다. 그리고 내가 가는 곳마다 다음엔 어디에서 감독을 맡을지 물어보는 팬들을 만나곤 한다.

나에게 FIFA에서 일할 것을 제안하고 그들과 대화해 보라고 처음 제안한 사람은 딘이었다. 그는 내가 아스널을 떠난 후로 얼마나 슬펐는지를 잘 알고 있었다. 2018년 5월에 아스널을 떠난 후에도 우리는 매주 만나 아스널과 미래에 대해 이야기하곤 했다. 우리 두 사람은 우리가 그렇게도 사랑했고 많은 것을 함께했던 클럽에 대해 지금도 이야기 나누고 있다.

우리는 직접 아스널을 위해 일할 수 없다는 비슷한 어려움을 안고 있다. 그것은 그들의 삶을 클럽을 위해 바친 사람들에게는 받아들이기 힘든 것이다. 그러나 우리는 한 걸음 물러서야 할 때를 알아야 하고 우리 뒤에 올 사람들의 역할을 존중해야 한다.

딘은 나보다 덜 급진적인 사람이었다. 그는 지금도 에미레이트 구장에 경기를 보러 가지만 나는 TV로 경기를 본다. 내가 지었고 구석구석 잘 알고 있는 경기장에 더는 갈 수 없다는 사실이 나를 감상에 빠지게 만든다. 내가 가장 좋아하는 장소였던 런던 교외의 훈련장에 갈 수 없는 것도 마찬가지다.

나는 클럽으로부터 스스로 거리를 뒀지만 그렇다고 어떤 팬들처럼 아스널을 열정적으로 응원하고 지켜보는 것을 멈추지는 않았다. 내 모든 것을 아스널에 바쳤기 때문에 이제 아스널의 감독이 아니더라도 나의 마음은 여전히 아스널에 남아 있다. 아스널을 한 번 사랑한 사람에게 그 사랑은 영원한 것이다.

물론 나는 지금도 아스널에 많은 친구들이 있고 그들은 내게 종종 아스널 이야기들을 들려주곤 한다. 그러나 어떤 곳을 떠날 때는 진정으로 떠나야 한다. 애매모호함을 남겨 둬서는 안 된다. 그것은 나 자신에게도 클럽에게도 좋지 않다. 사람은 인사이더이거나 아웃사이더이거나 둘 중 하나다. 몇 개월의 어려운 시기를 보낸 뒤 이제 나와 아스널의 시간이 끝났다는 것을 받아들였다. 새로운 세대의 감독들과 코치진, 모든 선수들이 클럽의 운명을 손에 쥐고 아스널의 정신을 되찾아 주기를 기대하고 있다.

딘은 나에게 FIFA를 소개하면서 "이제 축구를 위해 봉사할 때다"라고 말했다. 다른 관점으로 축구를 보면서 축구계의 이익을 위해 더 글로벌하게 일해 보라고 권했다. 지금까지 한 클럽을 위해 일했던 나의 경험과 경쟁력과 축구에 대한 지식을 더 넓은 범주의 축구를 위해 쓰라는 의미였다.

그의 추천과 이제 국경이 없어진 변화된 축구계의 환경 속에서 축구를 전 세계적으로 더 발전시키기 위해 2019년 11월 13일, FIFA의 글로벌 축구 개발부장head of Global Football Development 자리를 받아들였다.

이 직책을 받아들이기 전에 나는 내가 무엇을 할 수 있을지, 나에게 필요한 것은 무엇인지, FIFA가 개혁을 위해 무엇을 할 수 있을지 그리고 미래의 축구를 위해 FIFA가 할 수 있는 일은 무엇일지 등에 대해 생각했었다. 나는 감독들의 지도 방식과 주심의 활동 그리고 팀의 관리나 훈련, 발전 등에 대한 분명한 아이디어를 갖고 있었다.

FIFA는 211개의 회원국을 가진 거대하고 엄청난 영향력을 가진 조직이다. 그것은 곧 의사결정을 내리고 행동하기 위한 과정이 복잡하고 느릴 수도 있다는 것을 의미한다. 나는 내가 주도적으로 이끌 수 있는 전문가들과 함께 효율적으로 일할 수 있는 조직 구조를 만들어야 한다.

지금부터는 그 일이 나의 집중 과제다.

FIFA는 3가지 중요한 역할을 하고 있다. 대회를 조직하고, 축구의 규칙을 세계적으로 알리고, 적용하고 교육하는 일이다.

특히 교육적인 부분을 효율화하는 것에 큰 역할을 부여받았다. 나는 그 부분에 대해 무엇이 필요한지에 대한 분명한 생각을 갖고 일을 시작했다.

　나는 취리히에 축구 교육과 법, 기술 등의 발전을 위한 리서치 센터를 만들고 싶다. 이 리서치 센터는 FIFA 조직 전체에 도움을 줄 수 있을 것이다.

　또한 유소년 선수들의 발전에도 집중하고 싶다. 유럽이든 아프리카든 지역과 관계없이 모든 선수들이 동등한 기회를 얻을 수 있도록 만들고 싶다. 그것은 아직 이루지 못한 일이다. 우리는 물론 더 많은 대회가 필요하다. 그것은 FIFA의 중요한 임무다. 그래서 우리는 새로운 교육 방법을 생각하고 있고, 특히 온라인 프로그램과 트레이닝 세션을 포함해 나이에 따른 훈련의 효율성을 측정할 수 있는 방법도 연구하고 있다.

　우리는 또한 여자 월드컵에도 적절한 투자를 해야 한다. 여자 축구는 지난 프랑스 월드컵 이후로 더 큰 대중적 관심을 받고 있다. 아스널도 여자 축구팀을 갖고 있는데, 그들은 세계 최고의 팀 중 하나다. 잉글랜드는 더 많은 팀에 적극적인 투자를 한 덕분에 프랑스 여자 축구를 앞질렀다.

　월드컵을 보면서 우리는 축구라는 것이 얼마나 즐겁고 흥미로운 스포츠인지 느끼게 된다. 또한 선수들의 플레이 스타일은 위대한 집단지성이 담긴 조직적인 측면이 강조되는 경향이 있다. 여자 축구는 남자 축구처럼 육체적인 면이 두드러지지는 않지만, 남자 축구만큼이나 열정적이다. 여자 축구에는 거친 반칙이 덜하고 그만큼 카드도 덜 나오기 때문에 경기 중의 방해가 적어서 플레이하는 시간이 더 많다.

　앞으로 여자 축구의 큰 도전 과제는 기술적인 측면이라고 생각한
다. 방송이나 미디어의 관심은 그 뒤에 따라올 수 있다. 선수들도 좀
더 기술적으로 정교해질 필요가 있다. 특화된 훈련을 통하거나 그들
의 현재 플레이 스타일을 발전시킴으로써 더 정교해질 수 있을 것이
다. 여자 축구의 묘미를 더 많이 알리고 싶어 하는 노력과 관심이 있
기에 그런 부분은 긍정적이다.

　미국 축구의 문제도 있다. 커리어 초기에 나는 미국 축구에 대해
거의 아는 것이 없었다. 1970년대 뉴욕 코스모스가 미국 축구를 발
전시키기 위해 노력한 적이 있었다. 그것은 아직 미국에 축구에 대
한 대중적인 관심이나 팬 베이스가 없는 상황에서 이뤄진 영리한 시
도였다. 그러나 그들은 금세 사라졌다. 축구는 미국의 다른 스포츠인
농구, 야구, 미식축구 등에 가려 지금까지 큰 인기를 얻지 못했다.

　이제는 상황이 크게 바뀌었다. 미국 이민자들은 축구에 대한 엄청
난 열정을 미국에 가져왔다. 예를 들어 중남미나 아프리카에서 이민
온 사람들이 그렇다. 미국에 축구를 전한 첫 번째 세대는 잉글랜드,
아일랜드, 스코틀랜드 그리고 웨일즈인들이었다. 그들은 그들이 사
랑하는 축구 클럽에 대한 애정을 그대로 미국으로 가져왔다. 그것 자
체는 좋은 기반이다. 그러나 오늘날 사회는 스포츠의 여러 문제에 더
예민하다. 미식축구가 특히 그렇다. 부모들은 자녀들에게 폭력적인
접촉이 있는 미식축구보다 축구를 더 장려하는 경향이 더 늘어나고
있다.

　다만 미국에서는 아직까지도 스포츠 교육을 일 년에 반 정도밖에

하지 않고 있다. 같은 나이라도 미국에서 6개월밖에 운동하지 않은 아이와 유럽에서 10, 11개월 운동한 아이들이 똑같이 경쟁할 수는 없다. 기술적인 어려움이 있는 것도 당연하다. 축구는 기본적으로 기술 스포츠이며 그 기술의 습득은 7~12세 사이에 이뤄진다. 그 시기를 지나면 큰 변화가 올 가능성이 매주 줄어든다. 그래서 그 시기의 훈련은 매우 중요하다. 미국은 이런 부분에 중점을 둬야 한다. 따라서 유소년 선수들을 키우는 기관이 더 필요하다.

훌륭한 지도자들을 육성하는 것도 필요하다. 유럽에서 스포츠는 학교가 아니라 연맹을 통해 교육이 이뤄질 때 더 잘 발전되는 경향이 있다. 학교에는 축구를 가르치는 데 특화된 코치들이 많지 않다. 스포츠 교육을 학교에만 의존한다면, 그 스포츠는 충분한 경쟁력을 가질 수 없을 것이다. 그것 또한 하나의 큰 도전이다.

미국이 거대한 나라라는 것은 설명할 필요도 없다. 최고의 선수들을 빠른 시기에 조직화시키고 교육할 수 있는 시설이 반드시 필요하다. 좋은 선수들에게 집중하는 것이 성공의 요소라는 점은 분명하다. 중요한 것은 훌륭한 선수들의 숫자가 아니라 비율이다. 집중적인 교육은 더 많은 선수들에게 자극제가 된다. 그것은 마치 한 반에 뛰어난 학생들을 모아 두는 것이 뛰어난 학생 한 명을 여러 반에 두는 것보다 효과적인 것과 마찬가지다. 경험이 많은 한 탁구 선수는 내게 잉글랜드 최고의 스포츠 선수들 중 7명이 같은 거리 출신이라는 이야기를 들려줬다. 그들은 어릴 때부터 서로 경쟁하며 자랐다고 한다. 그들 서로가 경쟁을 제공하며 최고의 선수로 성장한 것이다. 그러므로 엘리트 선수를 육성하기 위해서는 최고의 선수들을 한데 불러 모아야 한다.

미국 선수들 중에서도 재능 있는 선수들이 유럽 최고의 클럽들에게 뛰게 될 것이라는 건 자명한 사실이다. 미국인들은 긍정적인 사고 방식을 갖고 있다. 그들은 더 나아지기 위해 최선의 노력을 다한다.

많은 미국의 톱클래스 선수들은 골키퍼였다. 아마도 그 포지션이 가장 처음에 육성하기 좋은 포지션이어서 그럴 것이다. 골키퍼들에 특화된 학교를 만드는 것도 가능하다. 선수들에게 반복적인 움직임을 가르쳐서 개인들의 훈련 방식을 하나의 전체적인 커리큘럼으로 만드는 것도 가능하다. 다른 포지션의 경우에는 좀 더 조직적인 접근방식이 필요하다.

나는 코치들을 훈련하는 방식도 생각하고 있다. 더 좋은 코치들을 육성하기 위해서는 적절한 교육이 필요하고, 연맹의 적극적인 관여로 코치들을 최고 수준의 전문가와 계속 연계하게 만드는 것도 필요하다. 지도자들은 고립되어서는 안 된다. 엘리트 스포츠를 제대로 이해하기 위해서는 최고의 팀으로 가야 한다. 우리는 뛰어난 코치의 육성을 위해 노력해야 한다. 미국은 2026년 월드컵을 개최한다. 6년은 긴 시간이 아니다! 그들은 그 수준에 도달하기 위해 더 빨리 움직여야 할 것이다.

프리미어리그에 세계적인 관심이 쏠리는 것은 분명한 사실이며, 그것은 강력한 잉글랜드 축구의 영향력과 매우 높은 기대 수준과 연관되어 있다. 팬들은 크게 세 단계의 열정을 갖고 있다. 국가대표팀을 응원하는 팬, 리그 클럽을 응원하는 팬 그리고 마지막 세 번째로 자신의 고향 팀을 응원하는 팬이다. 때로는 그 세 개의 층이 서로 중첩

되기도 한다. 그러나 우리가 발견한 것은 로컬 팀들의 관중석에는 여전히 빈자리가 많다는 점이다. 이는 축구 팬들이 최고 수준의 경기들을 늘 지켜볼 수 있어서 더 높은 수준의 축구를 원하기 때문이다. 미국의 상황도 다르지 않다. 그들은 최고의 축구를 보고 싶어 한다. 프리미어리그는 바로 그 세계적인 수준의 경기가 펼쳐지는 리그다.

나는 농구도 아주 좋아한다. 농구와 축구에는 흥미로운 공통점이 존재한다. 어린 축구 선수를 훈련시킬 때 농구는 유익한 스포츠다. 다른 선수들과 더 빠른 의사소통이 가능하기 때문이다. 발보다 손으로 더 빨리 패스를 할 수 있기 때문에 다른 선수들과 협업하는 일도 가능하다.

FIFA의 핵심적인 역할은 축구의 규칙을 규정하고 실행에 옮기는 것이다. 이 규칙들이 모든 곳에 동등하게 적용되어 축구를 두 단계로 이분되지 않도록 하는 것이다. 그러나 축구의 흥미로움을 유지하는 것도 중요하다.

축구의 매 경기는 그것을 보는 사람들에게 상상의 나래를 펼치게 해 준다. 그 이야기는 사람들의 기억에 남아 몇몇 팬들은 30년이 지난 후에도 그 경기에 대해 정확하게 더 격정적으로 전하곤 한다.

지난 몇 년간 축구계에서 일어난 규칙의 변화는 축구 팬들이 훨씬 더 공정하고 빠르고 흥미롭게 축구를 볼 수 있게 해 주었다. 그 노력은 앞으로도 계속 지원을 받으며 장려되어야 한다.

나는 선수로서 또 감독으로서 주심들의 결정에 관한 모든 종류의 경험을 해 봤다. 주심들은 오랫동안 지나치게 권위적이었고, 그들의 실수도 묵과됐으며 그로 인해 선수들이나 감독들, 팬들 모두가 그들의 결정을 불공평하다고 여기며 그로 인해 분노하기도 했다.

나는 주심들과는 다소 거리를 유지하는 감독이었다. 어쩌면 그것이 문제였을 수도 있다. 하지만 나는 단 한 번도 다음 경기의 주심이 누구인지 관심을 가져 본 적이 없다. 사실 주심의 판정이 공정할 거라 기대하고 경기에 임한 경험이 많았지만 나 역시 명백한 오심에 실망하거나 화를 냈던 경험도 많았다.

나 역시 자제심을 잃은 적이 있었고, 몇몇 주심의 결정에 항의를 하는 바람에 그로 인한 제재를 당한 적도 있었다. 평정심을 유지해야 한다는 것은 알고 있었지만, 경기에 집중하다 보면 심한 압박감과 긴장감이 우리의 관점이나 태도에 영향을 줄 때도 있다. 주심의 오심이 너무나 명백할 때면 나 역시 그냥 좌시할 수 없는 경우들이 있었다.

그러다가 퇴장을 당한 적도 있었다. 맨유와의 경기에서 주심이 나를 맨유 관중석으로 퇴장시켰던 일이었다. 관중석에 앉을 자리가 없어서 홈 팬들에 둘러싸여 화가 난 채로 서서 경기를 지켜봐야 했다. 나에게 그건 재미있는 일은 아니었다. 그때 나에게는 그 경기가 정말 삶과 죽음의 문제만큼이나 중요했다.

오늘날 주심들은 전보다 더 잘 관리되고 있다. 경기에 나서는 심판들 역시 철저한 교육을 받은 프로들이며 전보다 더 잘 훈련받고 더 좋은 장비들을 활용할 수 있게 됐다. VAR은 특히 주심이 경기를 더 잘 운영하도록 도와주고 있고, 더 공정한 판정을 내릴 수 있게 하고 있다. 이 부분에 있어 FIFA는 앞으로도 흥미로운 일들을 해 나갈 것으로 기대한다.

그중에서도 가장 중요한 도전은 VAR과 같은 새로운 기술들을 더 잘 활용하는 방법을 찾는 것이다. 지금까지 해 왔던 것보다 더 발전할 수 있도록 말이다.

예를 들어 오프사이드 여부는 지금도 여전히 문제가 되고 있다. VAR이 오프사이드 여부를 체크하는 사이 경기가 중지되고 팬들은 모두 그 결정만 기다리는 상황이 지속되고 있다. 앞으로 중요한 발전 과제는 VAR의 활용을 좀 더 빠르고 부드럽게 만드는 일이 될 것이다.

축구는 정체해서는 안 된다. 더 투명해지고 더 진화해야 한다. 그것이 필수적이다. 그것이 내가 FIFA에서의 역할을 맡은 이유이기도 하다. 축구를 그런 방향으로 진화시킴으로써 우리는 팀과 조직의 예술인 축구의 진정한 의미를 되찾을 수 있을 것이다.

FIFA에서 내가 맡은 역할 가운데 특히 내가 사명감을 갖고 하고 있는 일이 있다. 선수 커리어를 마친 선수들이 클럽과 축구 리그, 연맹 등의 단체에서 중요한 역할을 맡을 수 있도록 지도하는 일이 그것이다.

현역 시절이 끝난 후, 내게도 멘토와 롤모델이 있었지만 나는 감독 일을 하면서 그 일에 대해 배웠다. 내 팀과 그 팀의 도전으로부터 배웠고 단 한 번도 배움을 멈추지 않았다. 어쩌면 그때가 더 감독의 역량을 증명할 기회가 많았는지도 모른다. 조직화된 훈련도, 제대로 된 지원도 드물었지만 오직 감독이 팀을 이끌었고 팀도 감독에 전적으로 의존해야 했다. 오늘날 감독을 포함한 축구계의 직업들은 훨씬 더 조직적이 되었다. 나는 FIFA나 다른 단체들을 대신해 감독이라는 직업에 대한 나의 생생한 경험과 책임에 대해 대변하는 역할을 하고 있다.

그것은 곧 전보다 훨씬 다양해진 정보들을 활용해서 감독이 그것을 분석하고 새로운 기술들을 접목해 선수들의 성장을 더 정확하고 더 성공적으로 활용할 수 있어야 한다는 것을 의미한다. 그것이 어린 유망주 선수들의 커리어를 끝내는 것을 막을 수 있고, 그들의 성장을 정체시키는 것도 피할 수 있는 길이다.

오늘 나의 책임은 FIFA에서 내가 맡은 이러한 역할에 전념하면서 내가 지금까지 배운 것을 토대로 "감독이란 무엇인가? 코치란 무엇인가?"라고 묻는 아직 어린 미래의 축구인들의 질문에 답하는 것이다. 그들 자신이 직접 경험으로 배우는 것보다 더 좋은 것은 없다. 그러나 그들은 내가 수십 년간 이 직업을 수행하며 축구계에서 겪고 배웠던 것들을 통해 더 많은 것을 배울 수 있을 것이다.

나는 생각한다. 감독이란 그들이 원하는 바를 분명히 알고 그에 대한 분명한 시각과 그걸 달성하기 위한 전략을 아는 사람이다.

감독은 자기 자신을 명확하게 표현할 수 있는 사람이다. 자신의 생각을 행동으로 옮길 수 있고 감독의 계획을 선수들이 지지하게끔 만들 수 있는 사람이다. 그렇게 되기 위해서는 반드시 의사소통을 잘할 수 있어야 한다.

감독은 일을 하면서 겪는 스트레스나 결정, 압박감을 견딜 수 있는 사람이다. 그런 환경에서도 평정심을 유지하면서 어려운 순간에는 한 발 뒤로 물러나 상황을 큰 그림에서 볼 수 있어야 한다. 그리고 스트레스에 부정적이거나 공격적으로 반응하지 않아야 한다.

감독은 강한 확신을 갖고 자신의 행동이나 가치관, 발언들을 통해 자신의 팀과 선수들의 삶에 영향을 줄 수 있는 사람이다. 감독은 반드시 선수들의 존중과 신뢰를 얻을 수 있어야 한다.

감독은 경험이 부족한 어린 선수들의 목소리에 귀 기울이고 때로는 계획을 바꿀 수 있는 열린 마음을 갖고 어린 선수들을 이해시킬 수 있는 사람이다.

감독은 또한 자기 팀 선수들을 사랑하고 연민하면서도, 동시에 그들의 실수나 단점들을 지적하고 개선할 수 있는 동기부여를 할 수 있어야 한다.

감독은 늘 최고와 최선을 추구하는 사람이다. 자기 자신이 먼저 나서서, 작고 세세한 부분도 무시하지 않으며 모든 선수들에게 관심을 기울여야 한다. 또 선수들로부터 최선을 이끌어 낼 수 있도록 선수들에게 요구하고 그들이 계속 발전하기 위해 노력하도록 이끌어야 한다. 감독은 최고의 선수도 늘 100%의 실력을 발휘할 수 없다는 것을 알고, 선수들이 한계를 뛰어넘을 수 있도록 만들어야 한다.

감독은 축구가 사회와 어린이들에게 주는 영향력과 힘, 책임감, 매력에 대해, 때로는 축구가 할 수 있는 공헌에 대해 아는 사람이다. 감독이란 축구가 그 힘에 필적할 만큼 최대한 아름다울 수 있도록, 그리고 순수한 축구의 예술을 보여 줄 수 있도록 만들어 나갈 의무를 가진 사람이다.

아직도 나는 감독 시절에 지켰던 규율을 그대로 지키고 있다. 내가 종종 말했던 것처럼 자유란 사람이 자기 자신에게 부여한 규율 안에 존재하는 것이다. 나는 매일 아침마다 한 시간 반 운동을 하고 난 뒤에 하루를 시작한다. 토요일, 일요일도 예외가 아니다. 그리고 기회가 될 때면 심장 강화 운동을 하기도 한다. 이러한 철저한 규율은 나를 계속 건강하게 만들어 줄 뿐 아니라 나의 에너지 수준도 유지시켜 준다. 나는 FIFA에서 하고 있는 일 외에도 여러 가지 일들로 많은 곳을 다니고 있다.

나는 비인 스포츠의 축구 해설가 역할을 맡고 있고, 종종 비즈니스 업계에서 인터뷰를 요청할 때 그에 응하기도 한다. 인터뷰에서 나는 감독으로서 내가 경험한 것들과 그로부터 내가 전해 줄 수 있는 인사이트에 대해 이야기하고 있다. 스포츠와 비즈니스 업계에는 많은 유사점들이 있고 그에 대해 관심을 갖는 사람들도 많다.

아스널을 떠난 이후 나는 축구 외의 다른 것들도 할 수 있게 됐다. 이를테면 세계 각지의 뉴스를 보는 일이 있다. 나는 관심 있는 것들이 많고 그에 대해 알아보려는 열정이 강하다. ('거의' 모든 것이라고 하자.) 특히 경제, 정치, 과학 분야가 그렇다. 나는 이제 잡지, 소설, 철학 서적들을 읽을 시간을 갖게 됐다. 오늘날의 사회에서 종교와 사람의 관계, 행복과 자유의 추구 같은 주제들은 내가 늘 관심 깊게 지켜보는 것들이다. 극장에도 가고 TV 드라마 시리즈를 보기도 한다. 친구들과 시간을 보내기도 하고 전에는 갖지 못했던 딸과의 시간을 갖기도 한다. 그건 정말 소중한 일이다. 여가 시간이 있다는 것은 중요한 일이며 어쩌면 특히 내 나이대에 있는 사람들에겐 더욱 그럴 수 있다.

나는 아주 운 좋은 삶을 살았다. 알자스 시골 마을에서 보낸 소년 시절에 내가 상상했던 것보다 훨씬 더 아름다운 삶을 살았고 지금도 그 삶을 이어가고 있다. 나는 내가 가진 꿈을 다 이뤘다. 그동안 그것을 표현하기보다는 속으로만 생각하고 있었는데, 내가 어린 시절 가졌던 큰 꿈들을 대부분 초과달성한 것 같다.

나는 전 세계를 돌아다니며 수많은 강렬한 감정들을 경험했고, 소년 시절 열망했던 것처럼 자유를 만끽하며 이 끝없는 발견의 삶을 충실하게 살았다. 나에게 축구는 언제나 모험이었고, 그것은 지금도 마찬가지다.

또한 나는 생각한다. 어린 시절의 영혼을 간직하고 꿈을 결코 잃지 않는 것이 중요하다고. 그 꿈이 무엇인지, 그 꿈을 이루기 위해 필요한 것은 무엇인지(능력, 방법 등등) 늘 생각해야 하고, 그 꿈에 도달하는 것을 방해하는 모든 생각들을 차단하고, 무엇보다 꿈을 위해 전력을 다해 헌신해야 한다.

완벽한 삶은 없다. 그러나 나는 아직도 축구를 위해 그리고 내가 사랑하는 사람들을 위해, 또 나 자신을 위해 할 일들이 많다고 생각한다.

나는 운 좋은 사람이다. 나는 계속 축구계에 몸담고 있으면서 축구를 발전시키는 여정에서 축구가 주는 기쁨을 많은 사람들과 공유할 수 있었다. 그리고 나는 여전히 축구를 사랑하는 사람들을 위해 축구를 더 아름답게 만들고 싶다.

옮긴이의 말

"내가 꼭 번역하고 싶다"는 생각이 드는 책들이 있다. 역자로 활동한지 어느새 6년이 됐고 그 사이 스무 권이 넘는 책을 번역했지만, 그 모든 책들 가운데 가장 번역하고 싶었던 책을 꼽으라면 단연 아르센 벵거 감독의 자서전이 최상단에 놓일 것이다. 지금까지 내가 옮긴 책들의 주인공들 중에는 아르센 벵거 감독보다 더 위대한 커리어를 쌓은 인물(대표적으로 요한 크루이프)도 있었고, 더 대중적인 인기를 가진 선수들(메시, 호날두, 드록바 등)도 있었지만 아르센 벵거라는 인물은 아주 독특한 매력을 가졌으면서도 저평가받는 구석이 있는, 축구사에서 반드시 재조명받아야 할 그런 감독이기 때문이다.

또 한 가지, 나는 아르센 벵거 감독을 바로 눈앞에서 취재하고 그에게 수차례 직접 질문을 하며 답을 받고, 또 그와 개인적으로도 접촉이 있었던 거의 유일한 한국인 기자이다. 지금도 기억나는 몇몇 장면들이 있다. '레스터의 기적'이라고 불리는 바로 그 시즌의 일이다. 레스터와 아스널이 우승 경쟁을 하던 중 아스널이 레스터를 꺾고 승리를 차지했던 경기 직후에 열린 기자회견 현장에서 그에게 "이번 승리로 아스널이 '모멘텀'을 가져왔다고 생각하느냐"고 물었던 적이 있다. 그는 특유의 침착함을 발휘해(이 자서전 속에는 그가 왜 기자회견에서 그런 태도를 취하는지 직접 밝히는 부분이 있다) 이야기하면서도 "그래, 아스널이 우승할 것 같다"라는 속 시원한 답변은 하지 않았다. 그 순간의 아르센 벵거라는 인물이 철저히 '감독'으로서의 벵거였다면, 나중에 내가 그의 평전을 번역한 후 그에게 그 책을 선물하던 날 순수하게 인간적으로 고맙다며 인사를 할 때의 모습은 분명한 '사람'으로서의 벵거였다.

이 책에서 그가 박주영에 대해 직접 언급한 대목을 직접 번역한 것 역시 나에게는 특별한 의미가 있다. 아스널, 더 정확히 말하면 벵거 감독의 박주영 영입은 안타깝게도 양측 모두에게 결코 성공적이었다고 말하기 힘든 결과로 마무리됐다. 그러나 한국의 축구 기자이자 칼럼니스트 이전에 한 사람의 축구 팬으로서 가장 이해하기 힘들었던 것은, 그래도 한 나라의 국가대표 선수이자 주장이었고 현역 커리어의 정점을 달리고 있던 선수를 영입하고 내보내는 과정에서 아스널 측으로부터 그 어떤 제대로 된 '마침표'가 없었다는 점이었다. 아스널도 벵거 감독도 어떤 생각으로 박주영을 영입했고, 왜 내보냈는지에 대한 발언이 전무한 상황이었던 것이다. 그것은 그대로 내버려두면 안 되는 것 아닌가 하는 의문부호가 생길 수 있는 사안이었고, 그렇게 정리되기에는 아스널과 박주영에 대한 이야기가 현지 매체를 통해 수시로 재생산되고 있었고, 그중 대부분은 부정적인 기사였다. 아스널 혹은 벵거 감독의 공식적인 입장 없이 그런 상황을 그대로 방치한다면 부정적인 기사가 끝없이 계속 나올 가능성을 열어두는 것이었다. 그래서 나는 한국의 기자로서 그 상황에 대한 나름의 마침표를 찍는 것이 기자로서의 사명이라 생각했다. 아스널 혹은 벵거 감독으로부터 박주영의 영입 및 방출 과정에 대한 입장을 듣는 것은 내가 영국에 도착했던 2015년부터 항상 가슴속에 품고 있던, 그러나 지금까지 공식적으로 밝힌 적은 없는 나만의 큰 과제였다.

내가 기자로서 품었던 그 과제는 상당한 진전이 있었다. 우선 아스널이 내게 처음 밝힌 공식적인 입장은 "박주영이 팀을 떠난 후 그 누구도 우리에게 그것에 대해 물은 사람이 없어서 우리도 답하지 않았다"라는 것이었다. 나는 그들에게 아스널과 박주영의 만남과 헤어짐에 대해 어떠한 입장도 없는 이 상황은 아스널에게도 결코 좋지 않다는 점을 강조했고, 아스널도 나의 의견에 동의했다. 그래서 아스널의 미디어 팀장을 통해 벵거 감독이 그 주제에 대해 직접 코멘트한 영상을 보내 주겠다는 약속을 받았다. 그런 것까지 감안하면, 나는 벵거 감독 역시 내 질문을 듣고 그 주제에 대해 한 번쯤 의견을 밝힐 필요를 분명히 느꼈다고 생각한다. 내 유일한 아쉬움은, 그 후 얼마 지나지 않아 벵거 감독 경질설이 불거지면서 그가 대부분의 인터뷰를 거절하기 시작했고, 그래서 결국 그 인터뷰 혹은 입장문을 전달받을 수 없었다는 점이다. 모든 것이 영상 위주인 요즘처럼 그가 직접 육성으로 이 일에 대해 밝히는 기회가 있었다면 얼마나 좋았을까? 그것이 가장 큰 아쉬움이다.

그때 나의 노력과 벵거 감독 혹은 아스널과의 이루어지지 않은 약속이 이 책에서 벵거 감독이 직접 박주영에 대한 생각을 밝히게 된 계기가 된 것은 아닐까? 솔직히 나 한 사람의 노력으로 그렇게 되었다고 생각하지는 않는다. 지난 수년간 취재한 아르센 벵거라는 사람은, 직접 눈앞에서 보고 대화했던 경험을 통해서 볼 때, 적어도 그때의 내 질문과 그 약속을 기억하고 있었을 것이라고 굳게 믿는다. 만약 나의 그 수년간의 노력이 아주 작고 미세한 영향이라도 미칠 수 있었다면, 그것으로 나는 내 스스로 정했던 사명을 아주 조금은 이뤘다고 생각할 것이다. 그것이 사실인지 아닌지 벵거 감독에게 직접 확인하는 것이 나의 새로운 목표다. 지금 여러분이 읽고 있는 이 자서전을 직접 만나 선물로 주면서 이에 대해 꼭 질문해 볼 것이다.

아르센 벵거의 감독으로서의 모습과 사람으로서의 모습을 모두 눈앞에서 지켜본 것은 내 기자로서의 커리어에 있어서도 가장 자랑스러운 기억 중 하나로 영원히 남을 것이다. 그렇기에 개인적으로 대단히 어려운 일들을 겪던 시기에 바로 그 벵거의 자서전 번역 의뢰가 왔을 때, 이 책을 번역한다는 사실 자체가 나에게는 힘이었고 위안이었다. 나에게 그런 기회를 준 한스미디어 박재성 이사님과 편집팀 모든 분들께 감사의 인사를 드리고 싶다.

끝으로 아르센 벵거라는 인물과 이 책에 대해 이렇게 말하고 싶다. 이 책은 아스널이라는 클럽이 아닌 아르센 벵거라는 한 사람의 인생에 대한 책이다. '아르센 벵거 = 아스널'이라는 인식이 너무 강한 나머지 그 둘을 동일시하는 팬들이 있는 것도 사실이다. 하지만 아스널에서의 커리어는 그의 인생의 절반이지 전체가 아니다. 따라서 오직 아스널 시절 벵거의 행적을 보려는 팬들에게 이 책의 내용은 어쩌면 다소 의외일 수 있다. 그러나 아르센 벵거라는 축구계의 아이콘이자 전설적인 감독이 어떤 환경에서 태어나 자랐고 어떤 경험들을 통해 성장하고 발전해서 독특한 축구 철학을 가진 '아스널의 아르센 벵거'가 됐는지, 그가 왜 아스널에서 그런 선택을 했고 그와 관련된 유명한 일화들에 대해서는 어떻게 생각하고 있는지를 이해하는 '아르센 벵거의 코드와 철학'을 파헤치는 관점에서 본다면, 이 책은 앞으로도 유일무이하고 대체재가 없는 아르센 벵거와 아스널 및 축구팬들의 영원한 필독서로 남을 것이다.

커리어 기록

ARSÈNE WENGER

〈선수 기록〉

클럽	시즌	리그			쿠프 드 프랑스		UEFA 컵		합계	
		단계	경기	득점	경기	득점	경기	득점	경기	득점
무지크	1969–70	CFA								
	1970–71	나시오날								
	1971–72	나시오날								
	1972–73	나시오날			3	1			3	1
	합계				3	1			3	1
뮐루즈	1973–74	리그 2	25	2					25	2
	1974–75	리그 2	31	2					31	2
	합계		56	4					56	4
ASPV 스트라스부르 (보방)	1975–76	바랭			3	1			3	1
	1976–77	레지오날 1			5	0			5	0
	1977–78	나시오날								
	합계				8	1			8	1
스트라스부르 (라싱)	1978–79	리그 1	2	0			1	0	3	0
	1979–80	리그 1	1	0					1	0
	1980–81	리그 1	8	0	1	0			9	0
	합계		11	0	1	0	1	0	13	0
커리어 합계			67	4	12	2	1	0	80	6

출처: footballdatabase.eu, racingstub.com

〈아스널 감독 기록〉

1996-97시즌 리그 성적

리그 순위 : 3위

감독 : 스튜어트 휴스턴, 아르센 벵거(1996년 10월 12일 첫 경기)

최다 득점 : 이안 라이트 23

최다 어시스트 : 데니스 베르캄프 9

최다 출전 : 나이젤 윈터번 38

대승 : 아스널 4-1 셰필드 W. (홈)

대패 : 리버풀 2-0 아스널 (어웨이)

	팀	경기	승	무	패	득점	실점	득실차	승점
1	맨유	38	21	12	5	76	44	32	75
2	뉴캐슬	38	19	11	8	73	40	33	68
3	아스널	38	19	11	8	62	32	30	68
4	리버풀	38	19	11	8	62	37	25	68
5	애스턴 빌라	38	17	10	11	47	34	13	61
6	첼시	38	16	11	11	58	55	3	59
7	셰필드 W.	38	14	15	9	50	51	−1	57
8	윔블던	38	15	11	12	49	46	3	56
9	레스터 시티	38	12	11	15	46	54	-8	47
10	토트넘	38	13	7	18	44	51	-7	46
11	리즈	38	11	13	14	28	38	-10	46
12	더비	38	11	13	14	45	58	-13	46
13	블랙번	38	9	15	14	42	43	-1	42
14	웨스트햄	38	10	12	16	39	48	-9	42
15	에버튼	38	10	12	16	44	57	-13	42
16	사우샘턴	38	10	11	17	50	56	-6	41
17	코벤트리	38	9	14	15	38	54	-16	41

	팀	경기	승	무	패	득점	실점	득실차	승점
18	선덜랜드	38	10	10	18	35	53	-18	40
19	미들즈브러	38	10	12	16	51	60	-9	39
20	노팅엄	38	6	16	16	31	59	-28	34

1997-98시즌 리그 성적

순위 : 1위

감독 : 아르센 벵거

최다 득점 : 데니스 베르캄프 16

최다 어시스트 : 데니스 베르캄프 11

최다 출전 : 나이젤 윈터번 36

대승 : 아스널 5-0 반즐리 (홈)

대패 : 리버풀 4-0 아스널 (어웨이)

	팀	경기	승	무	패	득점	실점	득실차	승점
1	아스널	38	23	9	6	68	33	35	78
2	맨유	38	23	8	7	73	26	47	77
3	리버풀	38	18	11	9	68	42	26	65
4	첼시	38	20	3	15	71	43	28	63
5	리즈	38	17	8	13	57	46	11	59
6	블랙번	38	16	10	12	57	52	5	58
7	애스턴 빌라	38	17	6	15	49	48	1	57
8	웨스트햄	38	16	8	14	56	57	−1	56
9	더비	38	16	7	15	52	49	3	55
10	레스터 시티	38	13	14	11	51	41	10	53
11	코번트리	38	12	16	10	46	44	2	52
12	사우샘프턴	38	14	6	18	50	55	−5	48
13	뉴캐슬	38	11	11	16	35	44	−9	44
14	토트넘	38	11	11	16	44	56	−12	44
15	윔블던	38	10	14	14	34	46	−12	44
16	셰필드 W.	38	12	8	18	52	67	−15	44
17	에버턴	38	9	13	16	41	56	−15	40
18	볼턴	38	9	13	16	41	61	−20	40
19	반즐리	38	10	5	23	37	82	−45	35
20	크리스탈	38	8	9	21	37	71	−34	33

1998-99시즌 리그 성적

순위 : 2위

감독 : 아르센 벵거

최다 득점 : 니콜라 아넬카 17

최다 어시스트 : 데니스 베르캄프 13

최다 출전 : 마크 오베르마스 37

대승 : 미들즈브러 1-6 아스널 (어웨이)

대패 : 애스턴 빌라 3-2 아스널 (어웨이)

	팀	경기	승	무	패	득점	실점	득실차	승점
1	맨유	38	22	13	3	80	37	43	79
2	아스널	38	22	12	4	59	17	42	78
3	첼시	38	20	15	3	57	30	27	75
4	리즈	38	18	13	7	62	34	28	67
5	웨스트햄	38	16	9	13	46	53	-7	57
6	애스턴 빌라	38	15	10	13	51	46	5	55
7	리버풀	38	15	9	14	68	49	19	54
8	더비	38	13	13	12	40	45	-1	52
9	미들즈브러	38	12	15	11	48	54	-6	51
10	레스터 시티	38	12	13	13	40	46	-6	49
11	토트넘	38	11	14	13	47	50	-3	47
12	셰필드 W.	38	13	7	18	41	42	-1	46
13	뉴캐슬	38	11	13	14	48	54	-6	46
14	에버턴	38	11	10	17	42	47	-5	43
15	코번트리	38	11	9	18	39	51	-12	42
16	윔블던	38	10	12	16	40	63	-23	42
17	사우샘프턴	38	11	8	19	37	64	-27	41
18	찰턴	38	8	12	18	41	56	-15	36
19	블랙번	38	7	14	17	38	52	-14	35
20	노팅엄	38	7	9	22	35	69	-34	30

1999-2000시즌 리그 성적

순위 : 2위

감독 : 아르센 벵거

최다 득점 : 티에리 앙리 17

최다 어시스트 : 데니스 베르캄프 9

최다 출전 : 티에리 앙리, 카누, 실빙요, 오베르마스 31

대승 : 아스널 5-1 미들즈브러 (홈)

대패 : 뉴캐슬 4-2 아스널 (어웨이)

	팀	경기	승	무	패	득점	실점	득실차	승점
1	맨유	38	28	7	3	97	45	52	91
2	아스널	38	22	7	9	73	43	30	73
3	리즈	38	21	6	11	58	43	15	69
4	리버풀	38	19	10	9	51	30	21	67
5	첼시	38	18	11	9	53	34	19	65
6	애스턴 빌라	38	15	13	10	46	35	11	58
7	선덜랜드	38	16	10	12	57	56	1	58
8	레스터 시티	38	16	7	15	55	55	0	55
9	웨스트햄	38	15	10	13	52	53	−1	55
10	토트넘	38	15	8	15	57	49	8	53
11	뉴캐슬	38	14	10	14	63	54	9	52
12	미들즈브러	38	14	10	14	46	52	−6	52
13	에버턴	38	12	14	12	59	49	10	50
14	코번트리	38	12	8	18	47	54	−7	44
15	사우샘턴	38	12	8	18	45	62	−17	44
16	더비	38	9	11	18	44	57	−13	38
17	브래드포드	38	9	9	20	38	68	−30	36
18	윔블던	38	7	12	19	46	74	−28	33
19	셰필드 W.	38	8	7	23	38	70	−32	31
20	왓포드	38	6	6	26	35	77	−42	24

2000-01시즌 리그 성적

순위 : 2위
감독 : 아르센 벵거
최다 득점 : 티에리 앙리 17
최다 어시스트 : 티에리 앙리 9
최다 출전 : 티에리 앙리 35
대승 : 아스널 6-1 레스터 시티 (홈)
대패 : 맨유 6-1 아스널 (어웨이)

	팀	경기	승	무	패	득점	실점	득실차	승점
1	맨유	38	24	8	6	79	31	48	80
2	아스널	38	20	10	8	63	38	25	70
3	리버풀	38	20	9	9	71	39	32	69
4	리즈	38	20	8	10	64	43	21	68
5	입스위치	38	20	6	12	57	42	15	66
6	첼시	38	17	10	11	68	45	23	61
7	선덜랜드	38	15	12	11	46	41	5	57
8	애스턴 빌라	38	13	15	10	46	43	3	54
9	찰턴	38	14	10	14	50	57	-7	52
10	사우샘프턴	38	14	10	14	40	48	-8	52
11	뉴캐슬	38	14	9	15	44	50	-6	51
12	토트넘	38	13	10	15	47	54	-7	49
13	레스터 시티	38	14	6	18	39	51	-12	48
14	미들즈브러	38	9	15	14	44	44	0	42
15	웨스트햄	38	10	12	16	45	50	-5	42
16	에버턴	38	11	9	18	45	59	-14	42
17	더비	38	10	12	16	37	59	-22	42
18	맨시티	38	8	10	20	41	65	-24	34
19	코번트리	38	8	10	29	36	63	-27	34
20	브래드포드	38	5	11	22	30	70	-40	26

2001-02시즌 리그 성적

순위 : 1위

감독 : 아르센 벵거

최다 득점 : 티에리 앙리 24

최다 어시스트 : 로베르 피레스 15

최다 출전 : 패트릭 비에이라 36

대승 : 미들즈브러 0-4 아스널 (어웨이)

대패 : 아스널 2-4 찰턴 (홈)

	팀	경기	승	무	패	득점	실점	득실차	승점
1	아스널	38	26	9	3	79	36	32	87
2	리버풀	38	24	8	6	67	30	37	80
3	맨유	38	24	5	9	87	45	42	77
4	뉴캐슬	38	21	8	9	74	52	22	71
5	리즈	38	18	12	8	53	37	16	66
6	첼시	38	17	13	8	66	38	28	64
7	웨스트햄	38	15	8	15	48	57	-9	53
8	애스턴 빌라	38	12	14	12	46	47	-1	50
9	토트넘	38	14	8	16	49	53	-4	50
10	블랙번	38	12	10	16	55	51	4	46
11	사우샘프턴	38	12	9	17	46	54	-8	45
12	미들즈브러	38	12	9	17	35	47	-12	44
13	풀럼	38	10	14	14	36	44	-8	44
14	찰턴	38	10	14	14	38	49	-11	44
15	에버턴	38	11	10	17	45	57	-12	43
16	볼턴	38	9	13	16	44	62	-18	40
17	선덜랜드	38	10	10	18	29	51	-22	40
18	입스위치	38	9	9	20	41	64	-23	36
19	더비	38	8	6	24	33	63	-30	30
20	레스터 시티	38	5	13	20	30	64	-34	28

2002-03시즌 리그 성적

순위 : 2위

감독 : 아르센 벵거

최다 득점 : 티에리 앙리 24

최다 어시스트 : 티에리 앙리 20

최다 출전 : 티에리 앙리 37

대승 : 아스널 6-1 사우샘프턴 (홈)

대패 : 2-0 블랙번 (어웨이), 맨유 (어웨이)

	팀	경기	승	무	패	득점	실점	득실차	승점
1	맨유	38	25	8	5	74	34	40	83
2	아스널	38	23	9	6	85	42	43	78
3	뉴캐슬	38	21	6	11	63	48	15	69
4	첼시	38	199	10	9	68	38	30	67
5	리버풀	38	18	10	10	61	41	20	64
6	블랙번	38	16	12	10	52	43	9	60
7	에버턴	38	17	8	13	48	49	-1	59
8	사우샘프턴	38	13	13	12	43	46	-3	52
9	맨시티	38	15	6	17	47	54	-7	51
10	토트넘	38	14	8	16	51	62	-11	50
11	미들즈브러	38	13	10	15	48	44	4	49
12	찰턴	38	14	7	17	45	56	-11	49
13	버밍엄	38	13	9	16	41	49	-8	48
14	풀럼	38	13	9	16	41	50	-9	48
15	리즈	38	14	5	19	58	57	1	47
16	애스턴 빌라	38	12	9	17	42	47	-5	45
17	볼턴	38	10	14	14	41	51	-10	44
18	웨스트햄	38	10	12	16	42	59	-17	42
19	WBA	38	6	8	24	29	65	-36	26
20	선덜랜드	38	4	7	27	21	65	-44	19

2003-04시즌 리그 성적

순위 : 1위

감독 : 아르센 벵거

최다 득점 : 티에리 앙리 30

최다 어시스트 : 로베르 피레스 8

최다 출전 : 얀스 레만 38

대승 : 아스널 5-0 리즈 (홈)

대패 : 없음

	팀	경기	승	무	패	득점	실점	득실차	승점
1	아스널	38	26	12	0	73	26	47	90
2	첼시	38	24	7	7	67	30	37	79
3	맨유	38	23	6	9	64	35	29	75
4	리버풀	38	16	12	10	55	37	18	60
5	뉴캐슬	38	13	17	8	52	40	12	56
6	애스턴 빌라	38	15	11	12	48	44	4	56
7	찰턴	38	14	11	13	51	51	0	53
8	볼턴	38	14	11	13	48	56	−8	53
9	풀럼	38	14	10	14	52	46	6	52
10	버밍엄	38	12	14	12	43	48	−5	50
11	미들즈브러	38	13	9	116	44	52	−8	48
12	사우샘프턴	38	12	11	15	44	45	−1	44
13	포츠머스	38	12	9	17	47	54	−7	45
14	토트넘	38	13	6	19	47	57	−10	45
15	블랙번	38	12	8	18	51	59	−8	44
16	맨시티	38	9	14	15	55	54	1	41
17	에버턴	38	9	12	17	45	57	−12	39
18	레스터 시티	38	6	15	17	48	65	−17	33
19	리즈	38	8	9	21	40	79	−39	33
20	울버햄튼	38	7	12	19	38	77	−39	33

2004-05시즌 리그 성적

순위 : 2위

감독 : 아르센 벵거

최다 득점 : 티에리 앙리 25

최다 어시스트 : 티에리 앙리 14

최다 출전 : 애슐리 콜, 콜로 투레 35

대승 : 아스널 7-0 에버턴 (홈)

대패 : 아스널 2-4 맨유 (홈)

	팀	경기	승	무	패	득점	실점	득실차	승점
1	첼시	38	29	8	1	72	15	57	95
2	아스널	38	25	8	5	87	36	51	83
3	맨유	38	22	11	5	58	26	32	77
4	에버턴	38	18	7	13	45	46	-1	61
5	리버풀	38	17	7	14	52	41	11	58
6	볼턴	38	16	10	12	49	44	5	58
7	미들즈브러	38	14	13	11	53	46	7	55
8	맨시티	38	13	13	12	47	39	8	52
9	토트넘	38	14	10	14	47	41	6	52
10	애스턴 빌라	38	12	11	15	45	52	-7	47
11	찰턴	38	12	10	16	42	58	-16	46
12	버밍엄	38	11	12	15	40	46	-6	45
13	풀럼	38	12	8	18	51	60	-8	44
14	뉴캐슬	38	10	14	14	47	57	-10	44
15	블랙번	38	9	15	14	32	43	-11	42
16	포츠머스	38	10	9	19	43	59	-16	39
17	WBA	38	6	16	16	36	61	-25	34
18	크리스탈	38	7	12	19	41	62	-21	33
19	노리치	38	7	12	19	42	77	-35	33
20	사우샘프턴	38	6	14	18	45	66	-21	32

2005-06시즌 리그 성적

순위 : 4위

감독 : 아르센 벵거

최다 득점 : 티에리 앙리 27

최다 어시스트 : 호세 안토니오 레예스 10

최다 출전 : 얀스 레만 38

대승 : 아스널 7-0 미들즈브러 (홈)

대패 : 2-0 볼턴 (어웨이), 맨유 (어웨이)

	팀	경기	승	무	패	득점	실점	득실차	승점
1	첼시	38	29	4	5	72	22	50	91
2	맨유	38	25	8	5	72	34	38	83
3	리버풀	38	25	7	6	57	25	32	82
4	아스널	38	20	7	11	68	31	37	67
5	토트넘	38	18	11	9	53	38	15	65
6	블랙번	38	19	6	13	51	41	9	62
7	뉴캐슬	38	17	7	14	47	42	5	58
8	볼턴	38	15	11	12	49	41	8	56
9	웨스트햄	38	16	7	15	51	55	-3	55
10	위건	38	15	6	17	45	52	-7	51
11	에버턴	38	14	8	16	34	49	-15	50
12	풀럼	38	14	6	18	48	58	-10	48
13	찰턴	38	13	8	17	41	55	-14	47
14	미들즈브러	38	12	9	17	48	58	-10	45
15	맨시티	38	13	4	21	43	48	-5	43
16	애스턴 빌라	38	10	12	16	42	55	-13	42
17	포츠머스	38	10	8	20	37	62	--25	38
18	버밍엄	38	8	10	20	28	50	-22	34
19	WBA	38	7	9	22	31	58	-27	30
20	선덜랜드	38	3	6	29	26	69	-43	15

2006-07시즌 리그 성적

순위 : 4위

감독 : 아르센 벵거

최다 득점 : 로빈 판 페르시 11

최다 어시스트 : 세스크 파브레가스 11

최다 출전 : 세스크 파브레가스 38

대승 : 아스널 6-2 블랙번 (홈)

대패 : 리버풀 4-1 아스널 (어웨이)

	팀	경기	승	무	패	득점	실점	득실차	승점
1	맨유	38	28	5	5	83	27	56	89
2	첼시	38	24	11	3	64	24	40	83
3	리버풀	38	20	8	10	57	27	30	68
4	아스널	38	19	11	8	63	35	28	68
5	토트넘	38	17	9	12	57	54	3	60
6	에버턴	38	15	13	10	52	36	16	58
7	볼턴	38	16	8	14	47	52	-5	56
8	레딩	38	16	7	15	52	47	5	55
9	포츠머스	38	14	12	12	45	42	3	54
10	블랙번	38	15	7	16	52	54	-2	52
11	애스턴 빌라	38	11	17	10	43	41	2	50
12	미들즈브러	38	12	10	16	44	19	-5	46
13	뉴캐슬	38	11	10	17	38	47	-9	43
14	맨시티	38	11	9	18	29	44	-15	42
15	웨스트햄	38	12	5	21	35	59	-24	41
16	풀럼	38	8	15	15	38	60	-22	39
17	위건	38	10	8	20	37	59	-22	38
18	셰필드 U.	38	10	8	20	32	55	-23	38
19	찰턴	38	8	10	20	34	60	-26	34
20	왓포드	38	5	13	20	29	59	-30	28

2007-08시즌 리그 성적

순위 : 3위

감독 : 아르센 벵거

최다 득점 : 엠마누엘 아데바요르 24

최다 어시스트 : 세스크 파브레가스 17

최다 출전 : 가엘 클리시 38

대승 : 아스널 5-0 더비 (홈)

대패 : 2-1 첼시 (어웨이), 맨유 (어웨이), 미들즈브러 (어웨이)

	팀	경기	승	무	패	득점	실점	득실차	승점
1	맨유	38	27	6	5	80	22	58	87
2	첼시	38	25	10	3	65	26	39	85
3	아스널	38	24	11	3	74	31	43	83
4	리버풀	38	21	13	4	67	28	39	76
5	에버턴	38	19	8	11	55	33	22	65
6	애스턴 빌라	38	16	12	10	71	51	20	60
7	블랙번	38	15	13	10	50	48	2	58
8	포츠머스	38	16	9	13	48	40	8	57
9	맨시티	38	15	10	13	45	53	−8	55
10	웨스트햄	38	13	10	15	42	50	−8	49
11	토트넘	38	11	13	14	66	61	5	46
12	뉴캐슬	38	11	10	17	45	65	−20	43
13	미들즈브러	38	10	12	16	43	53	−10	42
14	위건	38	10	10	18	34	51	−17	40
15	선덜랜드	38	11	6	21	36	59	−23	39
16	볼턴	38	9	10	19	36	54	−18	37
17	풀럼	38	8	12	18	38	60	−22	36
18	레딩	38	10	6	22	41	66	−25	36
19	버밍엄	38	8	11	19	46	62	−16	35
20	더비	38	1	8	29	20	89	−69	11

2008-09시즌 리그 성적

순위 : 4위

감독 : 아르센 벵거

최다 득점 : 로빈 판 페르시 11

최다 어시스트 : 로빈 판 페르시 10

최다 출전 : 데닐손 37

대승 : 블랙번 0-4 아스널 (어웨이)

대패 : 아스널 1-4 첼시 (홈)

	팀	경기	승	무	패	득점	실점	득실차	승점
1	맨유	38	28	6	4	68	24	44	90
2	리버풀	38	25	11	2	77	27	50	86
3	첼시	38	25	8	5	68	24	44	83
4	아스널	38	20	12	6	68	37	31	72
5	에버턴	38	17	12	9	55	37	18	63
6	애스턴 빌라	38	17	11	10	54	48	6	62
7	풀럼	38	14	11	13	39	34	5	53
8	토트넘	38	14	9	15	45	45	0	51
9	웨스트햄	38	14	9	15	42	45	-3	51
10	맨시티	38	15	5	18	58	50	8	50
11	위건	38	12	9	17	34	45	-11	45
12	스토크	38	12	9	17	38	55	-17	45
13	볼턴	38	11	8	19	41	53	-12	41
14	포츠머스	38	10	11	17	38	57	-19	41
15	블랙번	38	10	11	17	40	60	-20	41
16	선덜랜드	38	9	9	20	34	54	-20	36
17	헐 시티	38	8	11	19	39	64	-25	35
18	뉴캐슬	38	7	13	18	40	59	-10	34
19	미들즈브러	38	7	11	20	28	57	-29	32
20	WBA	38	8	8	22	36	67	-31	32

2009-10시즌 리그 성적

순위 : 3위

감독 : 아르센 벵거

최다 득점 : 세스크 파브레가스 15

최다 어시스트 : 세스크 파브레가스 13

최다 출전 : 바카리 사냐 35

대승 : 에버턴 1-6 아스널 (어웨이)

대패 : 아스널 0-3 첼시 (홈)

	팀	경기	승	무	패	득점	실점	득실차	승점
1	첼시	38	27	5	6	103	32	71	86
2	맨유	38	27	4	7	86	28	58	85
3	아스널	38	23	6	9	83	41	42	75
4	토트넘	38	21	7	10	67	41	26	70
5	맨시티	38	18	13	7	73	45	28	67
6	애스턴 빌라	38	17	13	8	52	39	13	64
7	리버풀	38	18	9	11	61	35	26	63
8	에버턴	38	16	13	9	60	49	11	61
9	버밍엄	38	13	11	14	38	47	-9	50
10	블랙번	38	13	11	14	41	55	-14	50
11	스토크	38	11	14	13	34	48	-14	47
12	풀럼	38	12	10	16	39	46	-7	46
13	선덜랜드	38	11	11	16	48	56	-8	44
14	볼턴	38	10	9	19	42	67	-25	39
15	울버햄튼	38	9	11	18	32	56	-24	38
16	위건	38	9	9	20	37	79	-42	36
17	웨스트햄	38	8	11	19	47	66	-19	35
18	번리	38	8	6	24	42	82	-40	30
19	헐 시티	38	6	12	20	34	75	-41	30
20	포츠머스	38	7	7	24	34	66	-32	19

2010-11시즌 리그 성적

순위 : 4위

감독 : 아르셴 벵거

최다 득점 : 로빈 판 페르시 18

최다 어시스트 : 안드레이 아르샤빈 11

최다 출전 : 안드레이 아르샤빈 37

대승 : 아스널 6-0 블랙풀 (홈)

대패 : 스토크 시티 3-1 아스널 (어웨이)

	팀	경기	승	무	패	득점	실점	득실차	승점
1	맨유	38	23	11	4	78	37	41	80
2	첼시	38	21	8	9	69	33	36	71
3	맨시티	38	21	8	9	60	33	27	71
4	아스널	38	19	11	8	72	43	29	68
5	토트넘	38	16	14	8	55	46	9	62
6	리버풀	38	17	7	14	59	44	15	58
7	에버턴	38	13	15	10	51	45	6	54
8	풀럼	38	11	16	11	49	43	6	49
9	애스턴 빌라	38	12	12	14	48	59	−11	48
10	선덜랜드	38	12	11	15	45	56	−11	47
11	WBA	38	12	11	15	56	71	−15	47
12	뉴캐슬	38	11	13	14	56	57	−1	46
13	스토크	38	13	7	18	46	48	−2	46
14	볼턴	38	12	10	16	52	56	−4	46
15	블랙번	38	11	10	17	46	59	−13	43
16	위건	38	9	15	14	40	61	−21	42
17	울버햄튼	38	11	7	20	46	66	−20	40
18	버밍엄	38	8	15	15	37	58	−21	39
19	블랙풀	38	10	9	19	55	78	−23	39
20	웨스트햄	38	7	12	19	43	79	−27	33

2011-12시즌 리그 성적

순위 : 3위

감독 : 아르센 벵거

최다 득점 : 로빈 판 페르시 30

최다 어시스트 : 알렉스 송 11

최다 출전 : 보이치에흐 슈쳉스니, 로빈 판 페르시 38

대승 : 아스널 7-1 블랙번 (홈)

대패 : 맨유 8-2 아스널 (어웨이)

	팀	경기	승	무	패	득점	실점	득실차	승점
1	맨시티	38	28	5	5	93	29	64	89
2	맨유	38	28	5	5	89	33	56	89
3	아스널	38	21	7	10	74	49	25	70
4	토트넘	38	20	9	9	66	41	25	69
5	뉴캐슬	38	19	8	11	56	51	5	65
6	첼시	38	18	10	10	65	46	19	64
7	에버턴	38	15	11	12	50	40	10	56
8	리버풀	38	14	10	14	47	40	7	52
9	풀럼	38	14	10	14	48	51	-3	52
10	WBA	38	13	8	17	45	52	-7	47
11	스완지	38	12	11	15	44	51	-7	47
12	노리치	38	12	11	15	52	66	-14	47
13	선덜랜드	38	11	12	15	45	46	-1	45
14	스토크	38	11	12	15	36	53	-17	45
15	위건	38	11	10	17	42	62	-20	43
16	애스턴 빌라	38	7	17	14	37	53	-16	38
17	QPR	38	10	7	21	43	66	-23	37
18	볼턴	38	10	6	22	46	77	-31	36
19	블랙번	38	8	7	23	48	78	-30	31
20	울버햄튼	38	5	10	23	40	82	-42	25

2012-13시즌 리그 성적

순위 : 4위

감독 : 아르센 벵거

최다 득점 : 시오 월콧 14

최다 어시스트 : 산티 카솔라 11

최다 출전 : 산티 카솔라 38

대승 : 아스널 6-1 사우샘프턴 (홈)

대패 : 0-2 맨시티 (홈), 스완지 시티 (홈)

	팀	경기	승	무	패	득점	실점	득실차	승점
1	맨유	38	28	5	5	86	43	43	89
2	맨시티	38	23	9	6	66	34	32	78
3	첼시	38	22	9	7	75	39	36	75
4	아스널	38	21	10	7	72	37	35	73
5	토트넘	38	21	9	8	66	46	20	72
6	에버턴	38	16	15	7	55	40	15	63
7	리버풀	38	16	13	9	71	43	28	61
8	WBA	38	14	7	17	53	57	-4	49
9	스완지	38	11	13	14	47	51	-4	46
10	웨스트햄	38	12	10	16	45	53	-8	46
11	노리치	38	10	14	14	41	58	-17	44
12	풀럼	38	11	10	17	50	60	-10	43
13	스토크	38	9	15	14	34	45	-11	42
14	사우샘프턴	38	9	14	15	49	60	-11	41
15	애스턴 빌라	38	10	11	17	47	69	-22	41
16	뉴캐슬	38	11	8	19	45	68	-23	41
17	선덜랜드	38	9	12	17	41	54	-13	39
18	위건	38	9	9	20	47	73	-26	36
19	레딩	38	6	10	22	43	73	-30	28
20	QPR	38	4	13	21	30	60	-35	25

2013-14시즌 리그 성적

순위 : 4위

감독 : 아르센 벵거

최다 득점 : 올리비에 지루 16

최다 어시스트 : 메수트 외질 9

최다 출전 : 보이치에흐 슈쳉스니 37

대승 : 아스널 4-1 노리치 (홈)

대패 : 첼시 6-0 아스널 (어웨이)

	팀	경기	승	무	패	득점	실점	득실차	승점
1	맨시티	38	27	5	6	102	37	65	86
2	리버풀	38	26	6	6	101	50	51	84
3	첼시	38	25	7	6	71	27	44	82
4	아스널	38	24	7	7	68	41	27	79
5	에버턴	38	21	9	8	61	39	22	72
6	토트넘	38	21	6	11	55	51	4	69
7	맨유	38	19	7	12	64	43	21	64
8	사우샘프턴	38	15	11	12	54	46	8	56
9	스토크	38	13	11	14	45	52	−7	50
10	뉴캐슬	38	15	4	19	43	59	−16	49
11	크리스탈	38	13	6	19	33	48	−15	45
12	스완지	38	11	9	18	54	54	0	42
13	웨스트햄	38	11	7	20	40	51	−11	40
14	선덜랜드	38	10	8	20	41	60	−19	38
15	애스턴 빌라	38	10	8	20	39	61	−22	38
16	헐 시티	38	10	7	21	38	53	−15	37
17	WBA	38	8	12	18	43	59	−16	36
18	노리치	38	8	9	21	28	62	−34	33
19	풀럼	38	9	5	24	40	85	−45	32
20	카디프	38	7	9	22	32	74	−42	30

2014-15시즌 리그 성적

순위 : 3위

감독 : 아르센 벵거

최다 득점 : 알렉시스 산체스 16

최다 어시스트 : 산티 카솔라 11

최다 출전 : 산티 카솔라 37

대승 : 아스널 5-0 애스턴 빌라 (홈)

대패 : 0-2 첼시 (어웨이), 사우샘프턴 (어웨이)

	팀	경기	승	무	패	득점	실점	득실차	승점
1	첼시	38	26	9	3	73	32	41	87
2	맨시티	38	24	7	7	83	38	45	79
3	아스널	38	22	9	7	71	36	35	75
4	맨유	38	20	10	8	62	37	25	70
5	토트넘	38	19	7	12	58	53	5	64
6	리버풀	38	18	8	12	52	48	4	62
7	사우샘프턴	38	18	6	14	54	33	21	60
8	스완지	38	16	8	14	46	49	−3	56
9	스토크	38	15	9	14	48	45	3	54
10	크리스탈	38	13	9	16	47	51	−4	48
11	에버턴	38	12	11	15	48	50	−2	47
12	웨스트햄	38	12	11	15	44	47	−3	47
13	WBA	38	11	11	16	38	51	−13	44
14	레스터 시티	38	11	8	19	46	55	−9	41
15	뉴캐슬	38	10	9	19	40	63	−23	39
16	선덜랜드	38	7	17	14	31	53	−22	38
17	애스턴 빌라	38	10	8	20	31	57	−26	38
18	헐 시티	38	8	11	19	33	51	−18	35
19	번리	38	7	12	19	28	53	−25	33
20	QPR	38	8	6	24	42	73	−31	30

2015-16시즌 리그 성적

순위 : 2위

감독 : 아르센 벵거

최다 득점 : 올리비에 지루 16

최다 어시스트 : 메수트 외질 19

최다 출전 : 올리비에 지루 38

대승 : 아스널 4-0 왓포드 (홈), 애스턴 빌라 (홈)

대패 : 사우샘프턴 4-0 아스널 (어웨이)

	팀	경기	승	무	패	득점	실점	득실차	승점
1	레스터 시티	38	23	12	3	68	36	32	81
2	아스널	38	20	11	7	65	36	29	71
3	토트넘	38	19	13	6	69	35	34	70
4	맨시티	38	19	9	10	71	41	30	66
5	맨유	38	19	9	10	49	35	14	66
6	사우샘프턴	38	18	9	11	59	41	18	63
7	웨스트햄	38	16	14	8	65	51	14	62
8	리버풀	38	16	12	10	63	50	13	60
9	스토크	38	14	9	15	41	55	-14	51
10	첼시	38	12	14	12	59	53	6	50
11	에버턴	38	11	14	13	59	55	4	47
12	스완지	38	12	11	15	42	52	-10	47
13	왓포드	38	12	9	17	40	50	-10	45
14	WBA	38	10	13	15	34	48	-14	43
15	크리스탈	38	11	9	18	39	51	-12	42
16	본머스	38	11	9	18	45	67	-22	42
17	선덜랜드	38	9	12	17	48	62	-14	39
18	뉴캐슬	38	9	10	19	44	65	-21	37
19	노리치	38	9	7	22	39	67	-28	34
20	애스턴 빌라	38	3	8	27	27	76	-49	17

2016-17시즌 리그 성적

순위 : 5위

감독 : 아르센 벵거

최다 득점 : 알렉시스 산체스 24

최다 어시스트 : 알렉시스 산체스 10

최다 출전 : 알렉시스 산체스 38

대승 : 웨스트햄 1-5 아스널 (어웨이)

대패 : 크리스탈 3-0 아스널 (어웨이)

	팀	경기	승	무	패	득점	실점	득실차	승점
1	첼시	38	30	3	5	85	33	52	93
2	토트넘	38	26	8	4	86	26	60	86
3	맨시티	38	23	9	6	80	39	41	78
4	리버풀	38	22	10	6	78	42	36	76
5	아스널	38	23	6	9	77	44	33	75
6	맨유	38	18	15	5	54	29	25	69
7	에버턴	38	17	10	11	62	44	18	61
8	사우샘프턴	38	12	10	16	41	48	-7	46
9	본머스	38	12	10	16	55	67	-12	46
10	WBA	38	12	9	17	43	51	-8	45
11	웨스트햄	38	12	9	17	47	64	-17	45
12	레스터 시티	38	12	8	18	48	63	-15	44
13	스토크	38	11	11	16	41	56	-15	44
14	크리스탈	38	12	5	21	50	63	-13	41
15	스완지	38	12	5	21	45	70	-25	41
16	번리	38	11	7	20	39	55	-16	40
17	왓포드	38	11	7	20	40	68	-28	40
18	헐 시티	38	9	7	22	37	80	-43	34
19	미들즈브러	38	5	13	20	27	53	-26	28
20	선덜랜드	38	6	6	26	29	69	-40	24

2017-18시즌 리그 성적

순위 : 6위

감독 : 아르센 벵거

최다 득점 : 알렉상드르 라카제트 14

최다 어시스트 : 메수트 외질 8

최다 출전 : 그라니트 샤카 38

대승 : 아스널 5-0 허더즈필드 (홈), 번리 (홈)

대패 : 리버풀 4-0 아스널 (홈)

	팀	경기	승	무	패	득점	실점	득실차	승점
1	맨시티	38	32	4	2	106	27	79	100
2	맨유	38	25	6	7	68	28	40	81
3	토트넘	38	23	8	7	74	36	38	77
4	리버풀	38	21	12	5	84	38	46	75
5	첼시	38	21	7	10	62	38	24	70
6	아스널	38	19	6	13	74	51	23	63
7	번리	38	14	12	12	36	39	−3	54
8	에버턴	38	13	10	15	44	58	−14	49
9	레스터 시티	38	12	11	15	56	60	−4	47
10	뉴캐슬	38	12	8	18	39	47	−8	44
11	크리스탈	38	11	11	16	45	55	−10	44
12	본머스	38	11	11	16	45	61	−16	44
13	웨스트햄	38	10	12	16	48	68	−20	42
14	왓포드	38	11	8	19	44	64	−20	41
15	브라이튼	38	9	13	16	34	54	−20	40
16	허더즈필드	38	9	10	19	28	58	−30	37
17	사우샘프턴	38	7	15	16	37	56	−19	36
18	스완지	38	8	9	21	28	56	−28	33
19	스토크	38	7	12	19	35	68	−33	33
20	WBA	38	6	13	19	31	56	−25	31

출처 : www.premierleague.com/tables

〈숫자로 보는 아스널 재임 시절 기록〉

감독
1,235 경기

프리미어리그
828 경기, 476 승리, 199 무승부, 153 패배

챔피언스리그
191 경기, 96 승리, 42 무승부, 53 패배

FA 컵
109 경기, 78 승리, 16 무승부, 15 패배

리그 컵
73 경기, 45 승리, 4 무승부, 24 패배

UEFA 컵/ 유로파 리그
25 경기, 14 승리, 5 무승부, 6 패배

커뮤니티 실드
9 경기, 7 승리, 2 패배

리그 최종 순위
1위 3회, 2위 6회, 3위 5회, 4위 6회, 5위 1회, 6위 1회

〈하이버리 & 에미레이트 스타디움 전적〉

스타디움	경기	승	무	패	득점	실점	승률	경기당 득점	경기당 실점
하이버리	265	186	53	26	574	218	70.2%	2.17	0.82
에미레이트	333	226	65	42	709	264	67.9%	2.13	0.79

아르센 벵거는 자신의 생일에 세 번 프리미어리그 경기에서 승리했다.(2005, 2006, 2017) 이는 프리미어리그 역사상 최다 기록이다.

아스널은 벵거 감독의 지휘 아래 124개 팀과 상대했는데, 그중 이기지 못한 팀은 5개 팀뿐이다. (피오렌티나, PAOK 살로니카, PSG, 포트 베일, 로테르담 유나이티드).

벵거 감독 재임 시절, 가장 많이 나온 스코어는 2-1과 1-1(각각 127회)이고 그 다음은 1-0(124회)이다.

1997-98시즌, 벵거 감독은 잉글랜드 축구에 2부 리그가 도입된 1892-93시즌 이래 처음으로 1부 리그 우승을 차지한 외국인 감독이 됐다.

벵거 감독은 레딩을 상대로 10전 10승을 거뒀다. 이는 아스널 감독으로서 한 팀을 상대로 거둔 100% 승률 기록이다.

〈아스널 재임 시절 주요 선수 득점 기록〉

티에리 앙리 228

로빈 판 페르시 132

시오 월콧 108

올리비에 지루 105

데니스 베르캄프 102

로베르 피레스 84

알렉시스 산체스 80

프레디 융베리 72

엠마누엘 아데바요르 62

아론 램지 58

〈주목할 만한 득점 기록〉

아르센 벵거 감독 아스널 취임 후 첫 골

– 이안 라이트 (vs 블랙번 로버스, 1996년 10월 12일)

50호 골

– 토니 아담스 (vs 레스터 시티, 1997년 4월 12일)

100호 골

– 마크 오베르마스 (vs 리즈 유나이티드, 1998년 1월 11일)

500호 골

– 티에리 앙리 (vs 왓포드, 2002년 1월 5일)

1000호 골

– 호세 안토니오 레예스 (vs 맨체스터 시티, 2006년 5월 5일)

2000호 골

올리비에 지루 (vs 스완지 시티, 2015년 11월 1일)

〈프리미어리그 주요 감독 기록〉

감독	경기	승	무	패	득점	실점
아르센 벵거	828	476	199	153	1561	807
알렉스 퍼거슨	810	528	168	114	1627	703
해리 래드냅	641	236	167	238	818	846
데이비드 모예스	545	209	149	187	718	687
샘 앨러다이스	512	174	138	200	606	698
마크 휴즈	466	158	127	181	572	643
스티브 브루스	430	121	120	189	440	573
마틴 오닐	359	130	115	114	474	447
라파엘 베니테즈	340	168	82	90	519	316
앨런 커비실리	328	108	85	135	381	472

〈49경기 무패 기록〉

아스널은 2003년 5월부터 2004년 10월까지 1부 리그 49경기에서 무패 행진을 달렸다. 이는 1977년 11월부터 1978년 11월까지 노팅엄 포레스트가 기록한 42경기 무패 행진 기록을 경신한 것이다. 이 기간에 아스널은 1부 리그 무패 우승도 차지했다. 이는 1888-89 시즌의 프레스턴 노스엔드 이후 첫 기록이었다.

	경기	승	무	패	득점	실점	득실차	승점
홈	25	20	5	0	63	21	42	65
어웨이	24	16	8	0	49	14	35	56
합계	49	36	13	0	112	35	77	121

〈49경기 무패 여정〉

승 – 승 – 승 – 승 – 승 – 승 – 무 – 무 – 승 – 승
승 – 무 – 승 – 승 – 승 – 무 – 무 – 승 – 무 – 승
승 – 무 – 승 – 승 – 승 – 승 – 승 – 승 – 승 – 승
승 – 무 – 승 – 무 – 승 – 무 – 무 – 무 – 승 – 승
승 – 승 – 승 – 승 – 승 – 무 – 승 – 승 – 승 – 패

2002-03시즌

1. 2003년 5월 7일 : 아스널 6-1 사우샘프턴
2. 2003년 5월 11일 : 선덜랜드 0-4 아스널

2003-04시즌

3. 2003년 8월 16일 : 아스널 2-1 에버턴
4. 2003년 8월 24일 : 미들즈브러 0-4 아스널
5. 2003년 8월 27일 : 아스널 2-0 애스턴 빌라
6. 2003년 8월 31일 : 맨시티 1-2 아스널

7. 2003년 9월 13일 : 아스널 1-1 포츠머스

8. 2003년 9월 21일 : 맨유 0-0 아스널

9. 2003년 9월 26일 : 아스널 3-2 뉴캐슬

10. 2003년 10월 4일 : 리버풀 1-2 아스널

11. 2003년 10월 18일 : 아스널 2-1 첼시

12. 2003년 10월 26일 : 찰턴 1-1 아스널

13. 2003년 11월 1일 : 리즈 1-4 아스널

14. 2003년 11월 8일 : 아스널 2-1 토트넘

15. 2003년 11월 22일 : 버밍엄 0-3 아스널

16. 2003년 11월 30일 : 아스널 0-0 풀럼

17. 2003년 12월 6일 : 레스터 1-1 아스널

18. 2003년 12월 14일 : 아스널 1-0 블랙번

19. 2003년 12월 20일 : 볼턴 1-1 아스널

20. 2003년 12월 26일 : 아스널 3-0 울버햄튼

21. 2003년 12월 29일 : 사우샘프턴 0-1 아스널

22. 2004년 1월 7일 : 에버턴 1-1 아스널

23. 2004년 1월 10일 : 아스널 4-1 미들즈브러

24. 2004년 1월 18일 : 애스턴 빌라 0-2 아스널

25. 2004년 2월 1일 : 아스널 2-1 맨시티

26. 2004년 2월 7일 : 울버햄튼 1-3 아스널

27. 2004년 2월 10일 : 아스널 2-0 사우샘프턴

28. 2004년 2월 21일 : 첼시 1-2 아스널

29. 2004년 2월 28일 : 아스널 2-1 찰턴

30. 2004년 3월 13일 : 블랙번 0-2 아스널

31. 2004년 3월 20일 : 아스널 2-1 볼턴

32. 2004년 3월 28일 : 아스널 1-1 맨유

33. 2004년 4월 9일 : 아스널 4-2 리버풀

34. 2004년 4월 11일 : 뉴캐슬 0-0 아스널

35. 2004년 4월 16일 : 아스널 5-0 리즈

36. 2004년 4월 25일 : 토트넘 2-2 아스널

37. 2004년 5월 1일 : 아스널 0-0 버밍엄

38. 2004년 5월 4일 : 포츠머스 1-1 아스널
39. 2004년 5월 9일 : 풀럼 0-1 아스널
40. 2004년 5월 15일 : 아스널 2-1 레스터 시티

2004-05시즌

41. 2004년 8월 15일 : 에버턴 1-4 아스널
42. 2004년 8월 22일 : 아스널 5-3 미들즈브러
43. 2004년 8월 25일 : 아스널 3-0 블랙번
44. 2004년 8월 28일 : 노리치 1-4 아스널
45. 2004년 9월 11일 : 풀럼 0-3 아스널
46. 2004년 9월 18일 : 아스널 2-2 볼턴
47. 2004년 9월 25일 : 맨시티 0-1 아스널
48. 2004년 10월 2일 : 아스널 4-0 찰턴
49. 2004년 10월 16일 : 아스널 3-1 애스턴 빌라

〈49경기 무패 관련 선수〉

선수	선발	교체	득점
티에리 앙리	48	–	39
콜로 투레	47	1	1
얀스 레만	47	–	–
로베르 피레스	40	5	23
로렌	39	2	–
솔 캠벨	38	–	1
질베르토	36	3	4
프레디 융베리	35	4	10
애슐리 콜	35	–	1
패트릭 비에이라	34	–	3
데니스 베르캄프	29	10	7
레이 팔러	18	9	–
파스칼 시강	15	8	–
에두	14	19	2
호세 안토니오 레예스	14	8	8
가엘 클리시	8	8	–
실비앙 윌토르	8	4	3
세스크 파브레가스	6	2	1
카누	4	8	1
마틴 키언	3	7	–
제레미 알리아디에르	3	7	–
저메인 페넌트	2	5	3
올렉 루즈니	2	–	–
이고르 스테파노브스	2	–	–
저스틴 호이트	1	2	–
히오바니 판 브롱크호르스트	1	1	–
데이비드 벤틀리	1	–	–

선수	선발	교체	득점
라이언 게리	1	–	–
데이비드 시먼	1	–	–
스튜어트 테일러	1	–	–
마티유 플라미니	–	5	–
로빈 판 페르시	–	3	–
스타티스 타블라리디스	–	1	–
자책골	–	–	5

〈아스널 재임 시절 프리미어리그 승점 평균〉

클럽	1998~2018 승점 평균
맨유	80.0
첼시	76.0
아스널	75.7
리버풀	67.3
맨시티	60.9
토트넘	58.7

〈Top 4 클럽 상대 전적〉

상대 팀	경기	승	무	패	득점	실점	승률
첼시	62	23	18	21	79	88	37.1%
맨유	60	18	15	27	69	85	30.0%
리버풀	53	19	17	17	83	88	35.8%
토트넘	52	23	20	9	94	65	44.2%

출처: opta

〈감독별 상대 전적〉

감독	경기	승	무	패	득점	실점	승률
알렉스 퍼거슨	49	15	12	22	55	71	30.6%
샘 앨러다이스	34	20	8	6	69	36	58.8%
데이비드 모예스	34	22	8	4	69	28	64.7%
해리 래드냅	33	16	13	4	67	34	48.5%
마크 휴즈	29	16	4	9	51	31	55.2%
스티브 브루스	27	19	6	2	52	13	70.4%
라파엘 베니테즈	24	10	6	8	40	35	41.7%
마틴 오닐	21	10	9	2	31	16	47.6%
토니 풀리스	19	12	2	5	33	19	63.2%
조세 무리뉴	19	2	7	10	12	29	10.5%
스티브 맥클라렌	18	15	0	3	46	11	83.3%
앨런 커비쉴리	17	12	2	3	33	12	70.6%
클라우디오 라니에리	17	10	6	1	33	19	58.8%
제라르 울리에	16	7	4	5	22	21	43.8%
고든 스트라칸	16	11	3	2	30	12	68.8%
로베르토 마르티네즈	16	10	3	3	36	16	62.5%
앨런 파듀	16	9	5	2	33	16	56.3%
그레임 수네스	15	10	1	4	25	15	66.7%

출처: opta

〈팀 우승 기록〉

선수

RC 스트라스부르
리그 1 : 1978-79

감독

모나코
리그 1 : 1987-88
쿠프 드 프랑스 : 1990-91

나고야 그램퍼스 에이트
천황배 : 1995
J리그 슈퍼컵 : 1996

아스널
프리미어리그 : 1997-98, 2001-02, 2003-04
FA 컵 : 1997-98, 2001-02, 2002-03, 2004-05, 2013-14,
　　　2014-15, 2016-17
커뮤니티 실드 : 1998, 1999, 2002, 2004, 2014, 2015, 2017
UEFA 챔피언스리그 준우승 : 2005-06
UEFA 컵 준우승 : 1999-2000

⟨개인 수상 기록⟩

J. League Manager of the Year : 1995

Onze d'Or Coach of The Year : 2000, 2002, 2003, 2004

Premier League Manager of the Season : 1997–98, 2001–02, 2003–04

LMA Manager of the Year : 2001–02, 2003–04

BBC Sports Personality of the Year Coach Award : 2002, 2004

London Football Awards : Outstanding Contribution to a London Club : 2015

World Manager of the Year : 1998

FWA Tribute Award : 2005

English Football Hall of Fame : 2006

France Football Manager of the Year : 2008

IFFHS World Coach of the Decade : 2001–10

Facebook FA Premier League Manager of the Year : 2014–15

Premier League Manager of the Month: 1998년 3월, 1998년 4월, 2000년 10월, 2002년 4월, 2002년 9월, 2003년 8월, 2004년 2월, 2004년 8월, 2007년 9월, 2007년 12월, 2011년 2월, 2012년 2월, 2013년 9월, 2015년 3월, 2015년 10월

France Football 32nd Greatest Manager of All Time : 2019

World Soccer 36th Greatest Manager of All Time : 2013

Laureus Lifetime Achievement Award : 2019

출처: 아르센 벵거, 위키피디아

〈아스널 재임 시절 선수 명단〉

벵거 감독의 지휘 아래 53개국 선수들이 아스널에서 뛰었다. 벵거 감독이 아스널에 오기 전까지 110년 아스널 역사에는 오직 13개국의 선수들만이 활약했다. 아래는 벵거 감독 재임 시절 아스널 소속으로 경기에 출전한 222명의 선수 명단이다.

선수	선발 / 교체	합계
데이비드 시먼	245	245
마틴 키언	250+14	264
리 딕슨	207+18	225
토니 아담스	188	188
스티브 볼드	81+12	93
나이젤 윈터번	155+11	166
패트릭 비에이라	393+9	402
데이비드 플랫	41+27	68
폴 머슨	30	30
존 하트슨	9+7	16
이안 라이트	56+3	59
레이 팔러	270+48	318
데니스 베르캄프	298+78	376
스티브 모로우	2+11	13
레미 가르드	27+16	43
존 루킥	19	19
앤디 리니간	3+1	4
폴 쇼	1+7	8
개빈 맥고완	1+1	2
스콧 마샬	8+5	13
스티븐 휴즈	35+39	74
매튜 로즈	1	1
리 하퍼	1	1

선수	선발 / 교체	합계
이안 셀리	0+1	1
니콜라 아넬카	73+17	90
자일스 그리망디	128+42	170
에마뉘엘 프티	114+4	118
마크 오베르마스	127+15	142
루이스 보아 모르테	13+26	39
크리스토퍼 레	18+28	46
알렉스 마닝거	63+1	64
매튜 업슨	39+17	56
알베르토 멘데스	6+5	11
파올로 베르나차	7+5	12
제이슨 크로우	0+3	3
지하드 문타세르	0+1	1
이사야 랜킨	0+1	1
넬슨 비바스	29+40	69
프레디 융베리	285+43	328
다비드 그롱당	4	4
오메르 리자	0+1	1
파비안 카바예로	0+3	3
마이클 블랙	0+1	1
카바 디아와라	3+12	15
카누	104+94	198
시우비뉴	66+14	80
올레흐 루주니	91+19	110
티에리 앙리	337+40	377
다보르 수케르	15+24	39
스테판 말츠	6+8	14
토미 블랙	1+1	2
리스 웨스턴	2+1	3

선수	선발 / 교체	합계
저메인 페넌트	12+14	26
애슐리 콜	218+10	228
그레이엄 바렛	1+2	3
브라이언 맥거번	0+1	1
줄리언 그레이	0+1	1
로베르 피레스	238+46	284
로렌	227+14	241
실뱅 윌토르	124+51	175
이고르 스테파노우스	29+2	31
스튜어트 테일러	26+4	30
모리츠 볼츠	1+1	2
리 카노빌	0+1	1
토마스 다닐레비시우스	0+3	3
에두	76+51	127
솔 캠벨	208+3	211
지오바니 판 브롱크호르스트	39+25	64
프란시스 제퍼스	13+26	39
이나모토 준이치	2+2	4
리처드 라이트	22	22
스타티스 타블라리디스	7+1	8
존 홀스	0+3	3
로한 리케츠	0+1	1
칼린 이퉁가	0+1	1
후안	2	2
세바스티안 스바르트	2+2	4
제레미 알리아디에르	19+32	51
질베르토	213+31	244
콜로 투레	295+31	326
파스칼 시강	80+18	98

선수	선발 / 교체	합계
라이언 게리	1+1	2
라미 샤반	5	5
데이비드 벤틀리	5+4	9
저스틴 호이트	50+18	68
얀스 레만	199+1	200
그래엄 스탁	5	5
가엘 클리시	230+34	264
세스크 파브레가스	266+37	303
제롬 토마스	1+2	3
라이언 스미스	2+4	6
퀸시 오우수 아베이에	8+15	23
존 스파이서	0+1	1
프랭크 지메크	1	1
올라푸르 스쿨라손	0+1	1
미칼 파파도풀로스	0+1	1
호세 안토니오 레예스	89+21	110
로빈 판 페르시	211+67	278
마티유 플라미니	174+72	246
마누엘 알무니아	173+2	175
세바스티안 라르손	7+5	12
아르투로 루폴리	6+3	9
필레페 센데로스	105+12	117
대니 카르바시윤	1+2	3
요한 주루	123+21	144
패트릭 크레그	0+3	3
에마뉘엘 에부에	159+55	214
알렉산더 흘렙	109+21	130
알렉스 송	179+25	204
파브리스 무암바	2	2

선수	선발 / 교체	합계
안소니 스톡스	0+1	1
니클라스 벤트너	83+88	171
케리어 길버트	10+2	12
아부 디아비	136+44	180
엠마누엘 아데바요르	114+28	142
토마시 로시츠키	158+88	246
시오 월컷	252+145	397
윌리엄 갈라스	142	142
줄리우 밥티스타	17+18	35
매튜 코놀리	1+1	2
데닐손	120+33	153
아르망 트라오레	28+4	32
마크 랜달	4+9	13
마르트 품	1+1	2
바카리 사냐	272+12	284
에두아르도	41+26	67
라사나 디아라	8+5	13
우카시 파비안스키	75+3	78
프란 메리다	7+9	16
키어런 깁스	183+47	230
헨리 랜스버리	1+7	8
나세르 바라지테	0+3	3
아론 램지	237+92	329
사미르 나스리	110+15	125
카를로스 벨라	19+43	62
잭 윌셔	150+47	197
가빈 호이트	4	4
프란시스 코클랭	115+45	160
제이 심슨	1+2	3

선수	선발 / 교체	합계
미카엘 실베스트르	37+6	43
아마우리 비쇼프	0+4	4
루이 폰테	0+1	1
폴 로저스	1	1
안드레이 아르샤빈	97+47	144
비토 마노네	22+1	23
토마스 베르마엘렌	136+14	150
보이치에흐 슈쳉스니	181	181
산체스 와트	1+2	3
질 수누	1+1	2
크랙 이스트몬드	7+3	10
카일 바틀리	1	1
토마스 크루스	1	1
제이 엠마뉴엘 토마스	1+4	5
마루안 샤마크	36+31	67
로랑 코시엘니	318+6	324
세바스티앙 스킬라치	35+4	39
이그나시 미켈	9+5	14
코너 헨더슨	1	1
제르비뉴	44+19	63
엠마누엘 프림퐁	10+6	16
칼 젠킨슨	43+14	57
앨릭스 옥슬레이드 체임벌린	115+83	198
페어 메르테자커	215+6	221
미켈 아르테타	131+19	150
요시 베나윤	15+10	25
안드레 산투스	21+12	33
박주영	4+3	7
미야이치 료	2+5	7

선수	선발 / 교체	합계
오구잔 외자쿱	0+2	2
척스 아네케	0+1	1
니콜라스 예나리스	2+2	4
다니엘 보아텡	0+1	1
산티 카솔라	166+14	180
루카스 포돌스키	55+27	82
올리비에 지루	169+84	253
마르틴 앙가	1+1	2
에밀리아노 마르티네스	12+1	13
세르쥬 나브리	9+9	18
토마스 아이스펠트	1+1	2
저나드 미드	1+1	2
나초 몬레알	187+25	212
야야 사노고	9+11	20
메수트 외질	187+9	196
추바 아크폼	1+11	12
이삭 하이든	2	2
크리스토페르 올슨	0+1	1
엑토르 베예린	150+12	162
게디온 젤라렘	0+4	4
킴 셀스트룀	1+3	4
마티유 드뷔시	29+1	30
칼럼 챔버스	57+26	83
알렉시스 산체스	153+13	166
조엘 캠벨	23+17	40
대니 웰백	71+41	112
다비드 오스피나	67+3	70
에인슬리 메잇랜드 나일스	24+14	38
스테판 오코너	53+11	64

선수	선발 / 교체	합계
페트르 체흐	117	117
알렉스 이워비	71+27	98
글렌 카마라	1	1
이스마엘 베네세르	0+1	1
크리스티안 비엘릭	0+2	2
제프 르네 아들레이드	5+3	8
모하메드 엘네니	52+20	72
롭 홀딩	39+5	44
그라니트 샤카	85+9	94
슈코드란 무스타피	73+2	75
루카스 페레즈	9+12	21
크리스 윌록	0+2	2
알렉상드르 라카제트	33+6	39
세아드 콜라시나츠	28+8	36
리스 넬슨	8+8	16
조시 다실바	0+3	3
조 윌록	6+5	11
마커스 맥관	0+2	2
에디 은케티아	0+10	10
벤 세프	0+2	2
매트 메이시	2	2
헨리크 미키타리안	14+3	17
피에르 에므리크 오바메양	13+1	14
콘스탄티노스 마브로파노스	3	3

벵거는 아스날 아카데미 졸업생 83명을 데뷔시켰다.

〈아스널 재임 시절 이적료 지출 Top 10 기록〉

1. 피에르-에메릭 오바메양 – 5,600만 파운드

2. 알렉상드르 라카제트 – 4,700만 파운드

3. 메수트 외질 – 4,250만 파운드

4. 슈코드란 무스타피 – 3,500만 파운드

5. 그라니트 자카 – 3,400만 파운드

6. 알렉시스 산체스 – 3,200만 파운드

7. 칼럼 챔버스 – 1,800만 파운드

8. 호세 안토니오 레예스 – 1,750만 파운드

9. 루카스 페레즈 – 1,710만 파운드

10. 대니 웰백 – 1,600만 파운드

이적료 지출 총액 : 7억 6,700만 파운드

넷 스펜딩 : 3억 4,900만 파운드

출처: Arsenal Database, Arsenal.com

아르센 벵거 자서전
My Life in Red and White

1판 1쇄 발행 2021년 3월 10일
1판 5쇄 발행 2023년 8월 10일

지은이 아르센 벵거
옮긴이 이성모
펴낸이 김기옥

실용본부장 박재성
편집 실용1팀 박인애
영업 김선주
커뮤니케이션 플래너 서지운
지원 고광현, 김형식, 임민진

디자인 푸른나무디자인
인쇄 · 제본 민언프린텍

펴낸곳 한스미디어(한즈미디어(주))
주소 121-839 서울시 마포구 양화로 11길 13(서교동, 강원빌딩 5층)
전화 02-707-0337 | 팩스 02-707-0198 | 홈페이지 www.hansmedia.com
출판신고번호 제 313-2003-227호 | 신고일자 2003년 6월 25일

ISBN 979-11-6007-579-3 03690

책값은 뒤표지에 있습니다.
잘못 만들어진 책은 구입하신 서점에서 교환해드립니다.